Bleiben Sie behütet!

Dietrich Rusam

Bleiben Sie behütet!
Durch das Jahr
mit 365 Gedanken zum Tag
auf Radio Mainwelle

Bibliografische Information der Deutschen National-bibliothek:
Die Deutsche Nationalbibliothek verzeichnet diese Publikation in der Deutschen Nationalbibliografie; detaillierte bibliografische Daten sind im Internet über http://dnb.dnb.de abrufbar.

Herstellung und Verlag: BoD – Books on Demand, Norderstedt

ISBN: 978-3-7481-8052-4

Vorwort

Seit etwa zwanzig Jahren spreche ich immer wieder im Bayreuther Lokalradio Mainwelle wochenweise die „Gedanken zum Tag". Manchmal fiel es mir ungeheuer schwer, so einen Gedanken innerhalb von rund 70 Sekunden auf den Punkt zu bringen, manchmal flossen die Gedanken aber auch nur so aus mir heraus. In jedem Fall habe ich mich aber immer wieder sehr gerne bereit erklärt, Gedanken zum Tag auszuarbeiten und aufzunehmen. Sind sie doch eine willkommene Möglichkeit, Menschen, die kaum den Weg in eine Kirche finden, zum Nachdenken zu bringen, ihnen zu helfen, ihr Leben etwas leichter zu führen!

Immer wieder bin ich gefragt worden, ob es nicht die Möglichkeit gebe, die Gedanken einmal nachzulesen. Aufgrund dieses Anliegens ist das vorliegende Büchlein entstanden. Anlässlich der Veröffentlichung danke ich allen treuen Zuhörerinnen und Zuhörern der „Gedanken zum Tag", ganz besonders aber meinem Aufnahmeleiter Sven Ammon, der – obwohl längst Pressesprecher bei „medi Bayreuth" – immer noch zu den Aufnahmen in die Mainwelle kommt, der klaglos alle Versprecher in mühevoller Kleinarbeit ausmerzt, der mich immer wieder zu neuen Gedanken zum Tag anregt und mit dem ich im Rahmen der Aufnahmen immer wieder auch herzlich lachen kann.

Bayreuth im November 2018   Dietrich Rusam

Januar

1. Januar

Als ich nach vielen Jahren wieder einmal einen guten Freund besuchte, legte mir dieser – gerade als ich mich verabschieden wollte – sein Gästebuch vor. Ehe ich etwas hineinschrieb, blätterte ich es ein bisschen durch. Da fanden sich ganz unterschiedliche Eintragungen, lustige und nachdenkliche, langweilige und spannende. Ein Gästebucheintrag zum Neujahr hat mich besonders beeindruckt. Dort stand ein Gedicht, das ich Ihnen zum Neuen Jahr weitergeben möchte:

Fang das Jahr mit Jesus an,
denn er zahlt mit seinem Leben,
dass ich neu beginnen kann,
alte Schulden sind vergeben.
Jünger Jesu, denkt daran:
Fangt das Jahr mit Jesus an!

Fang das Jahr mit Jesus an!
Jesus zeigt die Liebe Gottes.
Fang das Jahr mit Lieben an;
Gottes Sohn war Raub des Todes.
Wer dies' Opfer ahnen kann,
fängt das Jahr mit Jesus an

Fang das Jahr mit Jesus an!
Jesus ist der Quell des Lebens.

Fang das Jahr mit Hoffnung an!
Keiner kommt zu ihm vergebens.
Jeder von ihm trinken kann;
fang das Jahr mit Jesus an!

In diesem Sinne: Bleiben Sie behütet!

2. Januar

Vielleicht ist es trotz allem noch nicht zu spät! Vielleicht ändert sich ja doch etwas in den Köpfen der Menschen! Unsere Bibel erzählt auch von Menschen, die in der Gestaltung ihrer Lebensumstände ihre eigene Begrenztheit vergessen und in ihrem Hochmut meinen, immer höher hinauf steigen zu können. Die Ereignisse in Japan zwingen uns aber dazu, Verantwortung für das Handeln der letzten Jahrzehnte zu übernehmen, indem auch wir uns jetzt fragen: Wie wollen wir weitergehen? Wie soll es weitergehen? Die Bibel kennt das Motiv der Umkehr. Gleich zu Beginn des Markusevangeliums ruft Jesus seinen Zuhörern zu: „Die Zeit ist erfüllt und das Reich Gottes ist nahe herbeigekommen. Kehrt um und glaubt an das Evangelium!" Und Martin Luther war es, der in der ersten seiner 95 Thesen von 1517, die den Anfang der Reformation bildeten uns die Notwendigkeit einer täglichen Umkehr, Buße ins Stammbuch geschrieben hat: „Wenn unser Herr und Meister Jesus Christus sagt: Tut Buße! So wollte er, dass das ganze Leben der Christen eine stete und unaufhörliche Buße sei. Vielleicht fangen wir spätestens heute an – mit dem Umdenken und mit der Buße. Vielleicht ist es noch nicht zu spät! Bleiben Sie behütet!

3. Januar

Haben Sie eigentlich gute Vorsätze gefasst für's Neue Jahr? Oder haben Sie längst vor sich selbst kapituliert: Ich schaffe das sowieso nicht, was ich mir vorgenommen habe. Vielleicht fangen Sie dieses Jahr einmal ganz anders an und nehmen sich als Einziges vor, dass Sie sich selbst treu bleiben. Machen Sie sich bewusst, was zu Ihnen passt und ob Sie sich verbiegen müssen, um es dem einen oder anderen Recht machen zu können. Ja, natürlich werden da auch Fehler nicht unterbleiben. Aber dafür kann man auch um Verzeihung bitten. Das gehört dazu. Aber letzten Endes kommt es doch darauf an, dass man seinen eigenen Weg und seine eigene Art und Weise zu leben, zu lieben, zu vergeben und zu arbeiten findet. Machen Sie's in diesem Jahr auf Ihre Weise; und dann können Sie vielleicht auch zufrieden mit sich und in Frieden mit anderen am Ende des Jahres sagen: Ich habe vielleicht Fehler gemacht, ich habe gekämpft und gearbeitet, auch mal gestritten und geliebt, aber ich bin mir treu geblieben, ich hab's auf meine Weise getan – i did it my way! Bleiben Sie behütet!

4. Januar

Freuen Sie sich, wenn Ihnen ein Schornsteinfeger begegnet oder wenn Sie ein Hufeisen finden würden? Haben Sie Angst, wenn eine schwarze Katze Ihnen über den Weg läuft, am Ende noch von links nach rechts, wenn ein Spiegel zerbricht oder etwas Schwarzes unter dem Christbaum liegt? Ich weiß nicht, woher alle diese Anschauungen kommen, die wir unter dem Begriff „Aberglauben" subsummieren. Fraglos aber ist, dass die Glückssträhne, die uns Hufeisen oder Schornsteinfeger versprechen, irgendwann aufhört, sofern es sie überhaupt gibt. Und die Angst vor dem Unglück, das uns in Aussicht gestellt wird bei der schwarzen Katze, dem zerbrochenen Spiegel, dem teilweise schwarz eingepackten Geschenk unter dem Christbaum, die kann lähmen. „Glaube, dem die Tür versagt, steigt als Aberglaub' ins Fenster. Wenn ihr Gott vom Haus verjagt, kommen die Gespenster!" So sagt es ein altes Sprichwort. Darum möchte ich all dem Aberglauben, den es bei uns gibt, ein gesundes Gottvertrauen gegenüberstellen. Gott verheißt uns zwar nicht eine immerwährende Glückssträhne, aber er ist bei uns - was auch passiert. Und diese Zuversicht kann befreien, befreien von unnötiger Angst vor einem möglicherweise schlechten Vorzeichen. Sie brauchen keinen Glücksbringer, denn Gott ist bei Ihnen – an jedem neuen Tag. Bleiben Sie von diesem Gott behütet!

5. Januar

Wir Menschen stehen immer wieder an Schwellen, an denen wir uns entscheiden und Wege einschlagen müssen, die wir nicht überschauen. Ob Ausbildung oder Beruf, ob Partnerschaft oder Familie, ob Karriere oder Krankheit, immer wieder liegen vor uns verschiedene Möglichkeiten, und wir müssen uns entscheiden. Dabei bleibt jede Entscheidung unklar und unsicher. Ein einfaches Schwarz oder Weiß, ein schlichtes Rechts oder Links, ein eindeutiges Plus oder Minus, das mögen die Alternativen einer Computerwelt sein, nicht aber die des wirklichen Lebens.

Manchmal möchten wir wirklich gerne in die Zukunft schauen, Wahrsager befragen, Handleserinnen in Anspruch nehmen. Welche Entscheidung wird die richtige sein? Aber bei aller Unsicherheit, die uns immer wieder beschleicht, dürfen und sollten wir uns durch selbsternannte Hellseher die eigenen Entscheidungen nicht aus der Hand nehmen lassen. Glaube an Gott besagt, dass unsere Entscheidungen haltbar sind und von Dauer, obwohl wir ihr Ende nicht absehen können; dass unser Tun und Lassen zum Guten gedeiht, auch wenn wir immer wieder im Kreis gehen. Dies alles ist mit der Hoffnung des Glaubens auf ein gesegnetes Leben verbunden. Bleiben Sie behütet!

6. Januar

Am 6. Januar feiert die orthodoxe Kirche ihr Weihnachtsfest. „Ja, wie denn nun?" möchte man fragen, „wann ist Jesus denn wirklich geboren? In der Heilige Nacht zwischen dem 24. und dem 25. Dezember oder am 6. Januar?" Ganz ehrlich: Wir wissen es nicht. Unserer orthodoxen Schwesterkirche sei zugestanden, dass der 6. Januar das ältere Datum ist. Die Westkirche hat irgendwann einfach beschlossen, das Weihnachtsfest zwei Wochen vorzuverlegen, und zwar auf den Tag der Wintersonnenwende. Dann werden die Tage wieder länger und die Nächte wieder kürzer. Was liegt näher als, auf diesen Termin die Geburt dessen zu legen, von dem wir glauben, dass er das Licht der Welt ist? Machen wir es uns heute also noch einmal bewusst: Jesus ist kommen, Grund ewiger Freude! A und O, Anfang und Ende steht da! Gottheit und Menschheit vereinen sich beide. Schöpfer, wie kommst du uns Menschen so nah! Himmel und Erde, erzählet's den Heiden: Jesus ist kommen, Grund ewiger Freuden! Bleiben Sie froh und behütet!

7. Januar

Wenn die Arbeitswoche beginnt, setzt wieder der gleiche Trott wie immer ein, man sieht wieder die gleichen Gesichter, hat wieder die gleichen Probleme und alles ist wie immer. In einer Fernsehreportage habe ich vor einiger Zeit gehört, wie ein Psychologe seinem Patienten empfohlen hat, sich bei Auftreten von Problemen und Angstzuständen ein Helferwesen vorzustellen, ein Helferwesen, das einen beschützt und die Gedanken wärmt. Ich glaube, diese Vorstellung ist von aus der Bibel übernommen – denn wir Christen haben doch auch ein bzw. vielleicht sogar viele Helferwesen, die viel größer und stärker ist als alle bösen Gedanken, die uns tagtäglich Angst machen. Der evangelische Theologe Dietrich Bonhoeffer hat – im Gefängnis sitzend und von vielen Ängsten bedrängt – dies in folgende Verse gefasst: „Von guten Mächten wunderbar geborgen erwarten wir getrost, was kommen mag. Gott ist mit uns am Abend und am Morgen und ganz gewiss an jedem neuen Tag." Ja, er ist auch bei Ihnen und mir – darauf können wir vertrauen. Bleiben Sie von diesen guten Mächten wunderbar geborgen!

8. Januar

Kennen Sie das auch, das Gefühl der Leere am Abend eines Tages. Irgendwie ist nichts richtig geglückt, irgendwie ging alles schief. Ein unsäglicher Streit oder ein kaputter Computer ... ein muffiger Chef oder nervige Kinder. Es war einfach ein vertaner Tag, ein Tag, den man am besten aus dem Kalender oder zumindest aus der Erinnerung streichen sollte! Am Abend eines solchen Tages fällt man dann abgekämpft und gestresst ins Bett und meistens dann noch in einen unruhigen Schlaf, weil man ja nicht weiß, wie es am nächsten Tag weitergeht. Manchmal kommt man eine ganze Zeit aus so einer Talsohle nicht heraus.

Probieren Sie doch heute Abend einmal etwas Neues aus! Vielleicht sprechen Sie heute Abend ein Gebet, in dem sie danken für all das Gute und Schöne, was ihnen an einem Tag, den sie in so schlechter Erinnerung haben, begegnet ist. Es ist ganz sicher mehr, als sie denken. Und wenn Sie dann müde werden, halten Sie es mit einem afrikanischem Christen, der mir einmal sagte: „Wenn ich Grund zur Sorge habe, sage ich in meinem Abendgebet zu Gott: „Herr, ich habe mich den ganzen Tag bemüht, jetzt bin ich müde und möchte schlafen. Nimm du jetzt alles in deine Hände – und morgen früh bin ich wieder für dich da." Bleiben Sie behütet!

9. Januar

Not lehrt beten – sagt der Volksmund, und aus unserer eigenen Erfahrung wissen wir vielleicht auch um die Wahrheit dieses Satzes. Wenn alles über uns zusammenschlägt, wir nichts mehr richtig begreifen, uns nicht mehr im Griff haben, nicht mehr wissen, was wir machen sollen, dann beten wir, stammelnd, weinend, flüsternd, verstummend. Und vielleicht merken wir, dass uns dann die Worte fehlen, weil wir uns schon so lange nicht mehr an Gott gewandt haben. Wenn wir mit unserer Weisheit am Ende sind, brauchen wir eine größere Weisheit, die uns Auswege oder Schlupflöcher oder wenigstens Stabilität aufzeigt. Eine Macht, die uns stärkt und ermächtigt, den Schicksalsschlag abzuwenden, unter dem unser Leben droht, aus den Fugen zu geraten. Wir brauchen ein „Du", ein Gegenüber, mit dem wir reden können. Wer miteinander leben will, muss miteinander reden ... immer wieder, immer neu! Und gerade dann, wenn die Not am größten ist – ich will das gar nicht schlecht machen, aber manchmal vielleicht auch dann, wenn wir in Saft und Kraft stehen und meinen, nicht könnte uns aus der Bahn werfen – denn auch dies ist eine Gabe Gottes. Bleiben Sie behütet!

10. Januar

Der Fallschirmspringer war gelandet. Eine gute sportliche Leistung, ja sogar eine Rekordleistung; denn einen solchen Sprung aus einer so großen Höhe punktgenau ins Ziel hatte noch niemand vor ihm geschafft. Die Reporter drängten sich an ihn heran und umringten ihn. Fragen wurden gestellt: „Wie alt sind sie? - Wer war ihr Lehrer? - Wo sind sie ausgebildet worden? - Wie lange sind Sie dabei?" Als alle Fragen beantwortet waren, trat einer hervor und schaute dem jungen Mann forschend in die Augen, und dann fragte er: „Als sie sprangen, hatten sie da keine Angst, dass sich der Fallschirm möglicherweise nicht öffnen könnte?" - Der Fallschirmspringer dachte nach, dann sagte er: „Manchmal habe ich schon Angst, aber ich kann doch gar nicht tiefer fallen als in Gottes Hände!"

Ja, Angst kennen wir auch, vielleicht weniger die Angst vor einem Fallschirmsprung, aber doch die Angst vor einem Unfall, vor einer Krankheit, vor der Arbeitslosigkeit, vor der Einsamkeit. Ich wünsche Ihnen, dass Ihnen spätestens dann, wenn eine solche Angst in Ihnen aufzusteigen droht, dass Ihnen der Satz des Fallschirmspringers wieder einfällt: „Manchmal habe ich Angst, aber ich kann doch gar nicht tiefer fallen, als in Gottes Hände!" Bleiben Sie behütet!

11. Januar

Vielleicht kennen sie die Geschichte aus der Bibel: Da kommen zehn Aussätzige zu Jesus und wollen geheilt werden. Der schickt sie nach Jerusalem zum Hohenpriester; sie sollen sich ihm zeigen, damit der sie beurteilt, ob sie gesund seien. Unterwegs fällt ihnen auf, dass sie tatsächlich vom Aussatz befreit worden sind. Da kehrt einer um, sucht und findet Jesus, fällt vor ihm auf die Knie und dankt ihm. Ja, bitten konnten sie alle Zehn, und zwar sehr eindringlich. Aber so selbstverständlich ihnen das Bitten war, so wenig war ihnen das Danken eine Selbstverständlichkeit, als Jesus sie gesund gemacht hatte. Nur einer kehrte um und gab Gott die Ehre. Viele Worte der Bibel sprechen vom Danken. Eines der bekanntesten ist wohl: „Danket dem Herrn, denn er ist freundlich, und seine Güte währet ewiglich." Fünfmal kommt es in Psalmen vor, und dann gibt es noch zahlreiche andere Stellen. Dass Gottes Güte auch heute im 21.Jahrhundert wirkt, das können wir sehen, sogar an uns selbst. Wir brauchen uns nur zu überlegen, wofür wir heute danken könnten. Ich wünsche Ihnen, dass Ihnen dazu ganz besonders viel einfällt. Bleiben Sie behütet!

12. Januar

Beruflichen oder privaten Erfolg, Reichtum, Macht … all das ist vielfach der Motor unseres Lebens. Wir bewundern die Stars, die – wie wir meinen – es geschafft haben, die Grammys, Echos, Bambis und Oskars einheimsen. Aber vielleicht lassen Sie sich heute einmal auf ein Gedankenexperiment ein. Stellen Sie sich selbst einmal folgende Fragen: Muss ich Millionär werden? Muss mein Bild auf den Titelseiten der Regenbogenpresse erscheinen? Muss ich am Supermarkt an der Ecke von fremden Menschen erkannt und um ein Selfie gebeten werden? Muss mein Album an der Spitze der Charts stehen? Muss jemand meine Biographie schreiben? Zu welchen Antworten kommen Sie? Ich meine dazu: Sie brauchen gar nichts von alledem! So ein Erfolg führt zu einem unmittelbaren, aber sehr kurzlebigen Glücksgefühl – bei dem Gewinn einer olympischen Goldmedaille spricht man von etwa zwei Monaten. Erfüllung, Lebenserfüllung hat nichts mit Erfolg zu tun. Das Leben ist dann erfüllt, wenn man sich an etwas Lebendiges unbedingt hingeben kann, wenn man eine Aufgabe hat, die einen erfüllt. Preise und Ehrungen erlauben es, sich einen kurzen Zeitraum einzigartig zu fühlen. Wärme, Geborgenheit, Liebe, Gemeinschaft mit denen, die uns am Herzen liegen – all das erlaubt es uns, dass wir uns ein Leben lang einzigartig fühlen. Und – glauben Sie es mir – Sie sind einzigartig. Bleiben Sie behütet!

13. Januar

Einmal brachte eine Mutter ihren Sohn zu einem jüdischen Rabbi. Da fragte der Sohn den Rabbi: „Ich gebe dir einen Gulden, wenn du mir sagen kannst, wo Gott wohnt!" Da blickte der Rabbi den Jungen lächelnd an und meinte: „Und ich gebe dir zwei Gulden, wenn du mir sagen kannst, wo er nicht wohnt!"
Ich habe lange über diese Geschichte nachgedacht. Die Antwort des Rabbi ist genial, aber sie scheint unserem Weltbild zu widersprechen. Alles kann man da erklären, selbst am Himmel waren wir Menschen schon, aber Gott scheinen wir auch dort nicht gefunden zu haben. Für Gott ist kaum noch Platz mehr in der Welt, und je weiter unsere naturwissenschaftliche Erkenntnis fortschreitet, desto weniger Platz bleibt für Gott; denn wir können immer mehr logisch erklären. Nein, keine Angst! Ich rechne Ihnen jetzt nicht

vor, was wir alles noch nicht wissen, und wo noch Platz für Gott bleibt. Platz für Gott bleibt da, wo wir ihn einlassen, wo wir mit ihm rechnen, wo wir auf ihn vertrauen und uns in seine Hand geben. Und wenn wir mit offenen Augen durch die Welt gehen, dann werden wir erkennen, dass die ganze Welt, auch unser eigenes Leben voll von Gottes Herrlichkeit ist. Gott sei Dank! Bleiben Sie behütet!

14. Januar

Warum ist Glück eigentlich kein Wort, das in der Bibel vorkommt? Wenn ich mit Schülerinnen und Schülern diese Frage bespreche, kommen sie ziemlich schnell darauf, dass für die Verfasser der biblischen Schriften der glückliche Zufall keine Rolle spielt. Sie rechnen einfach mit dem Wirken Gottes in ihrem Leben. Natürlich ist auch in biblischen Zeiten längst nicht alles glatt gelaufen – aber man hat sich in Gottes Hand geglaubt … oder sollte ich vielleicht besser sagen: in Gottes Hand gewusst. Deshalb ist so ein glücklicher Zufall im Leben eines Menschen für sie kein Glück, sondern Ausfluss des Segens Gottes. Er ist es, der dafür sorgt, dass wir heute aufgestanden sind, dass wir atmen und mit jedem Atemzug das Leben, das er uns geschenkt hat, spüren können. Er leitet uns auf unserem Weg durch jeden Tag unseres Lebens – auch heute. Sie dürfen darauf vertrauen – und vielleicht finden sie in dem einen oder anderen Menschen oder der einen oder anderen Begebenheit tatsächlich den Segen Gottes. In diesem Sinne: Bleiben Sie behütet!

15. Januar

Heute möchte ich Ihnen einen fast 900 Jahre alten Text vorlesen. Er stammt von dem Zisterziensermönch Bernhard von Clairvaux. Und er richtet sich vor allem an diejenigen unter uns, die immer nur für andere da sind, die sich aufopfern für andere. Ja, es sind äußerst aktuelle Worte. Bernhard sagt: „Wenn du ganz und gar für alle da sein willst, ... dann lobe ich deine Menschlichkeit - aber nur, wenn sie voll und echt ist. Wie kannst du aber voll und echt Mensch sein, wenn du dich selbst verloren hast? ... Wenn also alle Menschen ein Recht auf dich haben, dann sei auch du selbst ein Mensch, der ein Recht auf sich selbst hat. Warum solltest einzig du selbst nichts von dir haben? ... Wie lange noch schenkst du allen anderen deine Aufmerksamkeit, nur nicht dir selber? Bist du dir etwa selbst ein Fremder? Bist du nicht jedem fremd, wenn du dir selber fremd bist? Ja, wer mit sich selbst schlecht umgeht, wie kann der gut sein? Denke also daran: Gönne dich dir selbst. Ich sage nicht: Tu das immer, ich sage nicht: tu das oft, aber ich sage: Tu es immer wieder einmal. Sei wie für alle anderen auch für dich selbst da oder jedenfalls, sei es nach allen anderen." In diesem Sinne: Bleiben Sie behütet!

16. Januar

Als meine Kinder noch klein waren, pflegten wir vor dem Einschlafen immer dasselbe Ritual. Wir sangen ein Gesangbuchlied und beteten. In unserem frei gesprochenen Gebet ließen wir den

Tag im Dank vor Gott Revue passieren und baten nicht nur um eine gute Nacht, sondern auch für alle Menschen, die uns gerade besonders am Herzen liegen. Eines Abends ging es aus irgendeinem Grund in der Familie drunter und drüber. Wir waren bereits eine Stunde über der üblichen Bettgehzeit und ich hatte noch einiges für den folgenden Tag vorzubereiten. Da sagte ich zu meiner sechsjährigen Tochter: „Es ist schon so spät und Papa muss noch arbeiten. Heute gehst Du bitte ganz schnell ins Bett, und auf das Singen und Beten verzichten wir ausnahmsweise!" Meine Tochter sah mich enttäuscht an und meinte dann: „Aber Papa, ein Gebet gehört doch dazu!" Damit hat sie mich nicht nur sehr betroffen gemacht, sondern auch überzeugt! Und Sie? Bleiben Sie behütet!

17. Januar

Stillstand ist Rückschritt - das ist eine der Maximen unserer Gesellschaft. Es muss immer weitergehen. Und auch wir können uns dem nicht entziehen. Wir müssen mitmachen, sonst fallen wir durch das Netz. Neulich war ich in einer fremden Stadt. Ich bummelte durch die Fußgängerzone und beobachtete die einzelnen Stände. Aus vielen Kaufhäusern drang Musik an meine Ohren. Da fiel mein Blick auf eine Kirche. Es war eine alte Kirche. Still und mächtig stand sie inmitten des Gewimmels von Menschen. Die Ruhe, die von dieser Kirche ausging, ist für mich heute noch spürbar. Innen hörte man die Geräusche der Gesellschaft draußen kaum noch. Es war, als wer man herausgenommen aus dieser Welt, als wäre man der Ewigkeit ein Stückchen näher. Und es tat gut, dort, wo schon so viele Gebete gesprochen worden waren, im Gebet seine Gedanken zu sammeln und in Lob und Bitte vor Gott zu bringen. Ich brauche solche Ruhepunkte, und ich glaube, wir brauchen sie alle. Denn nur dann vermag ich mich, den Herausforderungen meiner Zeit zu stellen, wenn ich immer wieder solche Oasen der Ruhe, des Gebetes, des Lobes und Dankes finde. Probieren Sie es aus - warum nicht gleich morgen? Bleiben Sie behütet!

18. Januar

„Hier ist gut sein - hier lasst uns Hütten bauen!" sagt Petrus zu Jesus auf dem Berg. Gerade war Petrus Zeuge eines besonderen Ereignisses geworden. Eine Wolke war gekommen, Jesu Gesicht hatte zu leuchten begonnen, und aus der Wolke hatten sie die Worte vernommen: „Dies ist mein lieber Sohn! Auf den sollt ihr hören!" So wird es im Markusevangelium berichtet: „Hier ist gut sein - hier lasst uns Hütten bauen!" Petrus wäre gerne oben geblieben, oben auf dem Berg am Ort der Verklärung Jesu, an einem Ort, an dem er in besonderer Weise Gottes Nähe und Zuwendung erfahren hatte. Doch er musste wieder hinabsteigen in die Niederungen des Alltags. Auch wir können unsere Oasen - erholsame Urlaube, herrliche Ferien, bestärkende Gotteserfahrungen, beglückende Gottesdienste - nicht in den Alltag ausdehnen, auch wenn wir es uns manchmal vielleicht wünschen würden. Gott hat mit uns noch etwas vor. Er schickt uns zurück in unseren Alltag, aber er schickt uns gestärkt zurück in unsere Welt, damit wir getrost die Wege weitergehen können, die er uns führen will. Bleiben Sie behütet!

19. Januar

Kennen Sie Georg Schmalzing? Nein? Schmalzing war der Reformator Bayreuths. Ursprünglich war er ein einfacher Messpriester, dessen Aufgabe es lediglich war, die lateinische Messe zu lesen. Nach der Lektüre von Luthers Schriften fiel ihm auf: „Luther hat Recht! Die Menschen werden für dumm verkauft, wenn man ihnen sagt, dass sie Geld zahlen müssen, damit ihnen ihre Sünden vergeben werden. Das sollen alle hören!" So fing er im Frühjahr 1520 an, in seinen Messen auf deutsch zu predigen – obwohl das nicht seine Aufgabe war. Die Bayreuther sind ihm scharenweise zugelaufen. Seine Predigten sind ihm schlecht bekommen. Im Jahr 1526 wurde er inhaftiert und knapp vier Jahre lang im Bamberger Hofgefängnis gefangen gehalten. Während dieser Zeit schrieb er eine Auslegung der Psalmen. Darin ist zu lesen: *„Gütiger Gott, leite mich nach deinem Rat, lass mich auf Erden zu nichts Lust haben, denn zu dir allein. Sei du meines Herzens Hort und mein Teil ewiglich. Lass mich nicht von dir entfernen noch wider dich huren, sondern zu dir halten und meine Zuversicht auf dich setzen, dass ich allezeit verkündige deine Worte und Werke und nicht der Menschenlehre noch Ruhm. Amen.* An so einem Gottvertrauen kann ich mich immer wieder festhalten – und Sie? Bleiben Sie behütet!

20. Januar

Nachdem im Jahr 2018 zum ersten Mal bei einer Fußball-Weltmeisterschaft überhaupt die deutsche Nationalmannschaft sang- und klanglos nach der Vorrunde ausgeschieden war, sank mein Interesse an den Spielen schlagartig. Nur am Rande bekam ich mit, wenn wieder der eine oder andere Favorit oder Geheimfavorit aus dem Turnier flog. Dabei wurde mir bewusst: Durch das Ausscheiden „unserer" Mannschaft war mir plötzlich viel Zeit geschenkt worden, die ich sonst wahrscheinlich vor dem Fernseher verbracht hätte. Ja, natürlich freue auch ich mich, wenn „wir" gewinnen und vielleicht sogar den Titel holen, aber wenn ich plötzlich nicht mehr so viel vor dem Fernseher sitze, bleibt doch viel mehr Zeit für das Wesentliche: für Freunde, für Gemeinsamkeit, für gute Gespräche, für das, was wirklich wichtig ist in meinem Leben. Ja, so hatte das frühe Ausscheiden der Deutschen für mich auch etwas Gutes. Ich habe ganz bewusst versucht, diese geschenkte Zeit zu nutzen. Sollten Sie trotzdem die Spiele in ihren Bann gezogen haben, … es ist nie zu spät, für sich die Fragen zu beantworten: Was ist wirklich wichtig in meinem Leben? Wofür möchte ich in Zukunft mehr Zeit übrig haben? Bleiben Sie behütet!

21. Januar

Ein Theologiestudent besuchte während seines Gemeindepraktikums einen alten kränklichen Bauern. Sein Rücken war von der vielen harten Feldarbeit krumm geworden. Während ihres Gespächs kamen die beiden auch auf Gott zu sprechen. Freimütig gab der Student zu: „Wissen Sie, ich habe inzwischen viele Bücher gelesen, ich habe wirklich fleißig studiert, aber Gott ist mir noch nie begegnet." - Worauf der Alte meinte: „Da hast du dich wohl noch nie richtig gebückt."

Soweit die Geschichte! In der Tat: Gott lässt sich nicht finden bei den Starken und Mächtigen dieser Erde. Er kommt in einer Krippe auf die Welt und verlässt sie als Gekreuzigter. Ganz tief unten, im Elend, in den Armen, in den Verzweifelten, in den Traurigen, in den Kranken und in den Sterbenden, in unserem Nächsten, der unsere Hilfe braucht, begegnet uns Jesus. Mögen unsere Augen scharf genug sein, zu erkennen, wo Jesus in unserer Umwelt zu finden ist. Dann erkennen wir vielleicht auch die Logik Gottes, ja Gott selbst. Bleiben Sie behütet!

22. Januar

Wunder gibt es immer wieder – heute oder morgen können sie gescheh'n! Wunder gibt es immer wieder – wenn sie Dir begegnen, musst Du sie auch seh'n!" Das von Katja Ebstein gesungene Lied ist inzwischen 35 Jahre alt. Aber irgendwie hat der Refrain eine tiefe Wahrheit. Wunder können immer wieder geschehen. Dabei gibt es viele Arten von Wundern. Es gibt Wunder, die mir in den Schoß fallen, für die ich nichts kann und nichts tun kann. Aber es gibt auch Wunder, die am Ende einer gewaltigen eigenen Anstrengung sehen. Was immer ich vorhabe, was immer ich tue – das Gelingen liegt eigentlich nie in meiner Hand. Wenn eine Fußballmannschaft in der Nachspielzeit das entscheidende Tor schießt, oder als Deutschland neun Jahre nach dem verlorenen Weltkrieg plötzlich Fußballweltmeister wurde, spricht man gerne von einem „Wunder". Wer resigniert, hat schon verloren und gibt dem Wunder in seinem Leben keinen Raum! Deshalb: Geben Sie Wundern eine Chance! Manchmal passiert tatsächlich das völlig Unerwartete – auch in meinem kleinen Leben. Bleiben Sie behütet!

23. Januar

Ich erinnere mich noch sehr genau an ein Wort, das ein Professor zu Beginn meines Studiums zu mir gesagt hatte: „Lernen Sie, Wichtiges von Eiligem zu unterscheiden!" In einer Zeit, in der permanente Erreichbarkeit durch Smartphones gewährleistet werden kann, wird dieser Satz immer wichtiger. Lernen Sie, Wichtiges von Eiligem zu unterscheiden. Wichtig sind die Menschen, mit denen Sie zu tun haben, wichtig ist das Gespräch, das ich jetzt gerade mit einem Menschen führe. Und da hat mich kein Smartphonegepiepe und kein Vibrationsalarm zu stören. Wer mich erreichen will, wird mich erreichen. Aber jetzt lebe ich hier. Es ist ja geradezu prophetisch, was der Erfinder des Comics Wilhelm Busch schon vor über 150 Jahren einmal über einen Menschen geschrieben hat, der permanent in sein Fernrohr geblickt hat: »Warum soll ich nicht beim Gehen« – Sprach er – »in die Ferne sehen? Schön ist es auch anderswo, Und hier bin ich sowieso.« Hierbei aber stolpert er In den Teich und sieht nichts mehr. Das Fernglas von damals ist das Smartphone von heute. Also, damit Sie nicht auch in den Teich hineinfallen und dann überhaupt nichts mehr sehen. Es lohnt sich, wenn man Wichtiges (die Gegenwart, mein Umfeld, in dem ich lebe, die Menschen, mit denen ich zu tun habe) von scheinbar Eiligem unterscheiden kann. Bleiben Sie behütet!

24. Januar

In der Fernsehsendung "Wetten, dass ..." werden bei der sogenannten "Saalwette" in der Regel die tollsten Vorschläge eingelöst. Große Überraschung aber am 15. September 1990: Es sollten zehn in Prozesse verwickelte Nachbarn erscheinen und vor den Fernsehnationen ihren Streit beenden. Es erschien – kein Paar. Der Moderator Thomas Gottschalk musste im Anzug eine Runde durch den Pool schwimmen.

Ja, liebe Zuhörerinnen und Zuhörer, 2000 Jahre Christentum, davon gut 1200 christliches Abendland. Theoretisch wissen wir, wie Versöhnung funktioniert, theoretisch wissen wir, dass die Wahrheit immer nur in der Mitte liegt und keiner die Wahrheit für sich gepachtet hat, wir schütteln den Kopf über die Unversöhnlichkeit von Palästinensern und Israelis, aber finden wir bei unseren kleinen und großen Streitereien den Weg zum Frieden, zu einem echten und ehrlichen Frieden? Versuchen Sie es heute doch einmal! Machen Sie von ihrem Standpunkt aus einen Schritt auf denjenigen zu, der Ihnen Ärger und Kummer macht! Und bleiben Sie behütet!

25. Januar

Der österreichische Liedermacher Wolfgang Ambros hat einmal ein Lied geschrieben, in dem die Zeile vorkommt: „Das Leben ist ein Heidenspaß. Für Christen ist das nichts!" Ich frage mich heute. Ist das wirklich so? Müssen wir Christen wirklich immer mit einem miesepetrigen Gesicht durch die Gegend laufen und alles, was Spaß macht, als Teufelszeug abtun? Na, wohl eher nicht! Ich halte es da eher mit Erwin Pelzig, unserem unterfränkischen Kabarettisten, der einmal gesagt hat: Also für mich ist das Schönste am Christentum das Schweinfleisch ... Jägerschnitzel, Rahmschnitzel .... Aber nur mit Kroketten!" Ich denke, das Schweinefleisch steht hier exemplarisch für die Freiheit, die den Christen geschenkt ist. Wir müssen nicht bei allem und jedem fragen: Ist das erlaubt? Was sagt die Bibel? Darf ich das wirklich? Der Apostel Paulus schreibt ganz bewusst: „Alles ist mir erlaubt!" Ja, wirklich alles! Lassen Sie sich diese Freiheit nicht nehmen, dann ist das Leben ein Christenspaß! Bleiben Sie behütet!

26. Januar

Ein junger Mann betrat im Traum einen Laden. Hinter der Theke stand ein Engel. Hastig fragt er ihn: "Was verkaufen Sie, mein Herr?" Der Engel antwortete freundlich: "Alles, was Sie wollen." Der junge Mann begann aufzuzählen: "Dann hätte ich gern das Ende aller Kriege in der Welt, bessere Bedingungen für die Randgruppen der Gesellschaft, Beseitigung der Elendsviertel in

Lateinamerika, Arbeit für die Arbeitslosen, mehr Gemeinschaft und Liebe in der Kirche und ... und ..."

Da fiel ihm der Engel ins Wort: "Entschuldigen Sie, junger Mann, Sie haben mich falsch verstanden. Wir verkaufen keine Früchte, wir verkaufen nur den Samen."

Ja, liebe Zuhörerinnen und Zuhörer, das ist ganz schön wenig, möchte man sagen. Aber es ist auch ganz schön viel. Denn das Wachsen müssen wir nicht selbst besorgen, das können wir abwarten. Wir brauchen den Samen nur in die Erde zu stecken. Ich wünsche Ihnen besonders am heutigen Tag und an diesem Wochenende offene Augen für all das Unrecht und den Streit in ihrer Umwelt, damit sie den Boden erkennen, in dem ihr Same gedeihen kann. Bleiben Sie behütet!

27. Januar

Neulich habe ich einmal den Satz gelesen: „Man weiß selten, was Glück ist, aber man weiß meistens, was Glück war!" Tatsächlich scheinen viele in unserem Land nicht zu wissen, wie glücklich sie sind. Der Liedermacher Reinhard Mey hat über den Abschied von seinem verstorbenen Sohn ein Lied geschrieben mit dem Titel „Dann machs gut!" Und in diesem Lied taucht die Zeile auf: „Wir hatten doch alles, aber wir wussten's einfach nicht!" Ja, was haben wir denn alles? Im Alten Testament ist es ein Zeichen des Segens Gottes, wenn man alles hat, was man zum Leben braucht. „Man weiß selten, was Glück ist, aber man weiß meistens, was Glück war!" Vielleicht ist heute ein Tag, an dem Sie sich Ihr Glück, Ihr Lebensglück einmal bewusst machen. Nicht dass Sie dann im Angesichts des Verlustes dann – ähnlich wie Reinhard Mey – sagen müssen: Wir hatten doch alles, aber wir wussten's einfach nicht. Bleiben Sie behütet!

28. Januar

In China gab es einst ein Gesetz, laut dem die Ärzte verpflichtet waren, nach dem Tode jedes ihrer Patienten abends eine Laterne mehr herauszuhängen. Ein kürzlich in die Stadt zugereister Chinese, dessen Frau plötzlich erkrankt war, begab sich auf die Suche nach einem Arzt. Die enorme Zahl von Laternen vor dem Hause eines jeden macht auf ihn einen beklemmenden Eindruck. Endlich entdeckte er vor der Praxis eines Arztes bloß fünf Laternen. Er klingelte hocherfreut und bat den Mann, seine Frau zu behandeln. Auf dem Wege zur Kranken beglückwünschte er den Arzt wegen seiner erstaunlich geringen Zahl von Laternen vor seinem Hause. „Das ist kein Wunder!" erwiderte der Arzt, „ich habe mich gestern erst hier niedergelassen."

Liebe Zuhörerinnen und Zuhörer, aus den Quellen der chinesischen Weisheit können wir viel lernen. Beurteilen wir nicht allzu oft voreilig einen Menschen, weil wir kurzschlüssig nach einseitig messbaren Leistungen urteilen? Fällen wir nicht leichtfertig ein Urteil über unsere Mitmenschen ohne sie überhaupt zu kennen – auch wenn es hier ein positives ist? Vielleicht ist es gut, wenn wir in Zukunft ein bisschen mehr auf uns und unsere Urteile über andere achtgeben.

Nehmen wir uns Zeit, einander kennen zu lernen, damit unsere Mitmenschen nicht vorschnell in Schubladen verschwinden, in die sie nicht gehören. Bleiben Sie behütet!

29. Januar

„Hinter jedem großen Mann steht eine starke Frau!" so lautete einmal die Überschrift über einen großen Artikel im Nordbayerischen Kurier. Hintergrund der Reportage war der Film über Martin Luther; und es ging in dem Artikel über Luthers Frau, Katharina von Bora, die am 29. Januar 1499 geboren wurde. In der Tat, was wären wir Männer ohne unsere Frauen? Vor einiger Zeit stieß ich auf ein Gedicht von Bert Brecht zu. Ich habe es ein bisschen umgeändert und möchte es Ihnen heute am Geburtstag von Katharina von Bora mitgeben: Wer reformierte die Kirche? In den Büchern steht der Name eines Mannes. Wer wusch ihm seine Hemden und sorgte dafür, dass er nicht abhob? Caesar besiegte die Gallier. Wer kochte den Siegesschmaus? Philipp von Spanien weinte, als seine Flotte untergegangen war. Weinte sonst niemand? Helmut Kohl war der Kanzler der Einheit. Wer zog seine Kinder groß? In den Büchern stehen die Namen von Königen und Feldherrn. Wer bezahlte die Spesen?

Ich wünsche mir, dass wir Männer das, was die Frauen für uns, unsere Familien und die Gesellschaft meist klaglos tun, besser erkennen, damit wir einander achten lernen und gegenseitig Lasten abnehmen. Bleiben Sie behütet!

30. Januar

Am 30. Januar 1948 wurde Mahatma Gandhi in Indien Opfer eines Attentats. Unter ihm erhoben sich die Inder gegen die Kolonialmacht, aber es war kein Aufstand mit Gewehren, sondern ein gewaltloser Aufstand, ein Aufstand der Liebe. Sein Aufstand hat Indien, hat die Welt verändert. Er wurde zum Vorbild des gewaltlosen Widerstands der Schwarzen unter Martin Luther King.

Menschen wie Mahatma Gandhi und Martin Luther King sind für mich Vorbilder bis heute. Sie haben sich nicht still in ihr Kämmerlein zurückgezogen, haben Kosten und Nutzen ihres Vorhabens überschlagen, haben festgestellt, dass das Ganze ihnen das Leben kosten könne und es schließlich sein gelassen. Nein, sie haben angepackt, sie haben Menschen Hoffnung gegeben und nicht auf ihren eigenen Vorteil geschaut. In diesem Sinne: Zögern Sie nicht länger, wenn Sie etwas Gutes vorhaben. Fangen Sie einfach an! Und auch Sie werden überrascht sein, dass auf dem guten Vorhaben der Segen Gottes liegt, auch wenn der eine oder andere Nachteil für einen selbst dabei entstehen könnte.

31. Januar

Meine Damen und Herren, der amerikanische Journalist Hunter S. Thompson ist bekannt für ungewöhnlich gründliche Recherche. So verbrachte er ein ganzes Jahr mit den "Hell's Angels" für einen authentischen Bericht über die Rocker. Seine Honorarforderungen an seinen

Verleger: zwölf Dollar pro Wort. Aus Ulk schickten ihm Studenten einmal zwölf Dollar: er solle ihnen dafür sein wichtigstes Wort zukommen lassen. Es kam postwendend: "Danke!"

Die Geschichte zum Schmunzeln macht mir eines deutlich: Das Danke-Sagen ist nicht selbstverständlich, eben weil wir keine 12 Dollar dafür bekommen. Dabei macht ein unverhofft erhaltenes „Danke!" den Tag oft ein bisschen heller und fröhlicher. „Danke!" für's Tür-Aufhalten, „danke" für's Essenkochen, „danke" für ein gutes Wort.

Ja, und ich danke Ihnen für's Zuhören in dieser Woche und bleiben Sie behütet!

Februar

1. Februar

Als Pfarrer beschäftigt mich immer wieder die Wahrheitsfrage. „Was ist Wahrheit?" fragt Pilatus beim Prozess Jesu. Und die Frage muss gestellt werden. „Was ist Wahrheit?" Ist Wahrheit Objektivität? Das objektive Wissen um die absolute Wahrheit? Und dann wäre zu fragen, ob wir Menschen überhaupt die Welt und unser eigenes Leben von außen betrachten können, sodass wir die absolute Wahrheit erkennen könnten? In einem Buch habe ich neulich den Satz gelesen: „Prediger absoluter Wahrheiten sind immer absolute Lügner!" Und ich denke, der Satz stimmt! Menschen, die meinen, Sie hätten alle Weisheit und Wahrheit für sich gepachtet, lügen immer! Dabei gibt es noch ein ganz anderes Verständnis von Wahrheit. Ein „wahrer" Freund ist einer, auf den man sich verlassen kann, einer, der zu mir steht, was auch passiert! In diesem Sinne spricht Jesus davon, dass er der Weg, die Wahrheit und das Leben ist! Ja, darauf will ich mich in meinem Leben verlassen, darauf will ich vertrauen. Und wenn ich jetzt „Amen" sage, dann heißt das nichts anderes als: Darauf verlasse ich mich! Und worauf verlassen Sie sich? Bleiben Sie behütet!

2. Februar

Im Lehrerzimmer lag neulich auf einem Tisch eine CD-ROM mit dem Titel „Schüler Know How". Wichtige Grundlagen in verschiedenen Unterrichtsfächern sollten hier spielerisch erlernt werden; und die einzelnen Fächer waren auch noch aufgeführt … in dieser Reihenfolge: „Mathematik, Geschichte, Physik, Erdkunde, Chemie, Biologie, Sport, Politik, Informatik, Kuns, Kultur u.v.m." Mir als Religionslehrer fällt da schon auf, dass neben „Deutsch" auch „Religion" da fehlt. Tja, ist Reli jetzt schon so unwichtig geworden, dass man es allenfalls unter u.v.m. zusammenfasst? Anscheinend! Das ist bitter, denn gerade das Wissen um unsere Religion, das Wissen von dem Gott, der nicht im Himmel bleibt und irgendwelche Anweisungen erteilt, sondern der in Jesus Christus auf die Erde gekommen ist, um ganz nah bei seinen Geschöpfen sein zu können, das Wissen um den Gott, der in Jesus Christus sogar den Tod überwunden hat und uns

Hoffnung gibt, dass auch unser eigenes Leben nicht vergeblich ist, dieses Wissen hilft zum Leben in dieser Welt. Mögen wir diese Grundlagen unserer Gesellschaft und Kultur nicht vergessen. Bleiben Sie behütet!

3. Februar

Einmal starb plötzlich und unerwartet ein Schotte. Er hatte nicht wenig Angst, denn seine Bilanz an guten Werken sah eher mager aus. Weder hatte er den Hungernden etwas zum Essen, noch den Dürstenden etwas zum Trinken gegeben, auch hatte er keine Gefangenen im Gefängnis besucht. So stand er mit ungutem Gefühl in der Schlange der Wartenden, um vor den göttlichen Richter zu treten. Jedesmal, wenn er hörte, welche guten Werke all die verrichte hatten, die vor ihm an der Reihe waren, überfiel ihn ein großes Zittern. Als er nun selbst drankam, Christus ihn anschaute und in dem Buch nachschlug, schlotterten seine Knie. Und Christus sprach: „Da steht nicht viel geschrieben. Aber etwas hast du auch getan: Ich war traurig, ich war enttäuscht, ich war niedergeschlagen, und du bist gekommen und hast mich aufgeheitert. Du hast mich immer wieder zum Lachen gebracht und mir Mut gegeben." Da hellte sich die Miene des Schotten auf. Lachen, ja Lächeln ist eine Gottesgabe, es ist ansteckend und macht das Leben lebenswert. Wir gehen viel zu häufig mit Leichenbittermiene durch die Straßen unserer Stadt, weil wieder irgendetwas furchtbar wichtig ist. Versuchen Sie es einmal anders herum! Gehen Sie mit einem offenen Auge durch die

Fußgängerzone und verschenken Sie hie und da ein Lächeln – es kommt bestimmt zu ihnen zurück. Bleiben Sie behütet!

4. Februar

Ein alter Geschäftsmann lag im Sterben. Sein Augenlicht war bereits beinahe erloschen, und die Familie hatte sich an seinem Bett versammelt. Seine Frau beugte sich über ihn, richtete das Kissen und fragte ihn schluchzend: „Kannst du mich hören? Wir sind alle hier und beten für dich." Mit letzter Kraft begann der Sterbende noch einmal zu sprechen: „Meine liebe Frau, du bist wirklich da?" – „Ja, natürlich bin ich hier!" – „Hans, mein Ältester, bist du auch hier?" – „Ja, gewiss, Vater!" – „Und Hanna, meine Tochter, auch du?" – „Ja, auch ich, Vater!" – „Franz, mein Jüngster, du bist auch da?" – „Ja, Vater, ich bin auch da!" – Da richtete sich der Sterbende mit letzter Kraft auf: „Und wer ist im Geschäft?" Ja, liebe Zuhörerinnen und Zuhörer, was hier etwas karikierend dargestellt wird, legt den Finger auf ein großes Problem unserer Zeit. Was ist wirklich wichtig für uns und unser Leben? Gewiss, wir müssen unsere Geschäfte machen, sonst können wir nicht leben, unsere Tages- unsere Alltagsgeschäfte, aber letzten Endes – und das wissen wir im Grunde unseres Herzens auch – ist wirklich wichtig etwas Anderes. Ich wünsche Ihnen, dass sie das, was für sie wichtig ist, spätestens heute herausfinden können. Bleiben Sie behütet!

5. Februar

Es gibt wohl kaum einen Menschen, der noch keine Niederlagen erlitten hat – Niederlagen im beruflichen, aber auch im privaten, persönlichen Bereich – das Spektrum ist immens. Und ich bin mir sicher, dass jeder da ein ganz persönliches Niederlagenszenario vor seinem geistigen Auge hat. Es gibt ganz unterschiedliche Möglichkeiten, mit Niederlagen umzugehen. Wahrscheinlich am schlausten macht es der Fuchs in einer Fabel des antiken Dichters Äsop:

Ein Fuchs schlich sich an einen Weinstock heran. Sein Blick hing sehnsüchtig an den dicken, blauen und überreifen Trauben. Er stützte sich mit seiner Vorderpfote gegen den Stamm, reckte seinen Hals empor und wollte ein paar Trauben erwischen, aber sie hingen zu hoch. Verärgert versuchte er sein Glück noch einmal. Diesmal tat er einen gewaltigen Satz, doch er schnappte nur ins Leere. Ein drittes Mal sprang er aus Leibeskräften – so hoch, dass er auf den Rücken fiel. Nicht ein Blatt hatte sich bewegt. Da rümpfte der Fuchs die Nase: „Sie sind mir noch nicht reif genug, ich mag keine sauren Trauben." Mit erhobenem Haupt stolzierte er in den Wald zurück.

In diesem Sinne: Niederlage hin oder her! Machen Sie's wie der Fuchs nach dem Motto: Wer weiß, wo zu's gut ist. So kann man trotz mancher Niederlage noch sehr wohl glücklich werden. Bleiben Sie behütet!

6. Februar

Ein besonders frommer Mann saß meditierend in einer Höhle. Da huschte eine Maus herein und knabberte an seiner Sandale. Der Mann öffnete verärgert die Augen: „Warum störst du mich in meiner Meditation?" – „Ich habe Hunger", piepste die Maus. „Verschwinde, unwissendes Tier", sagte der fromme Mann, „ich suche die Einheit mit Gott – wie kannst du mich dabei stören!" – „Wie willst du dich mit Gott vereinigen", fragte da die Maus, „wenn du nicht einmal mit mir einig wirst?"

Ja, liebe Zuhörerinnen und Zuhörer, die Geschichte macht augenzwinkernd einen ganz besonderen Sachverhalt deutlich. Um es in einem Bild auszudrücken: Häufig versäumen wir es einfach, vor unserer eigenen Tür zu kehren. Ein Beispiel: Natürlich sind wir für den Frieden in der Welt, vielleicht waren Sie auch schon einmal bei einem Friedensgebet oder gar bei einer Demonstration gegen den Krieg. Das alles ist gut und wichtig. Aber leben wir in unseren Familien, als Ehepartner, leben wir mit unserer Nachbarschaft so in Frieden, wie wir es uns für die Staatengemeinschaft erhoffen? Das Wichtige, das, worauf es in unserem Leben ankommt, ist häufig direkt vor unserer Nase. In diesem Sinne: Öffnen Sie Ihre Augen, damit sie heute erkennen was für Sie und Ihr Leben gerade heute besonders wichtig ist. Bleiben Sie behütet!

7. Februar

„Warum sprichst du ständig von meinen früher begangenen Fehlern? Ich sehe sie ein, habe dich um Entschuldigung gebeten und du hast meine Entschuldigung angenommen. Ja, du hast sogar gesagt: ‚Vergeben und Vergessen‘!" beklagt sich der Ehemann bei seiner Frau. „Ich habe sie tatsächlich vergeben und vergessen", antwortet diese, „aber ich möchte sicher sein, dass DU nicht vergisst, dass ich vergeben und vergessen habe."

Ja, liebe Zuhörerinnen und Zuhörer, vergeben und vergessen, können wir das wirklich? Oder stehen wir nicht doch irgendwie auf dem Standpunkt: Vergeben kann ich schon, vergessen aber nie? Gewiss – wenn einer nicht um Entschuldigung bittet, ist das mit dem Vergeben und Vergessen so eine Sache, aber wenn er es doch tut, wenn er doch um Vergebung bittet, und wenn er es immer wieder tut, was dann ...? „Du sollst ihm siebenmal siebenundsiebzigmal vergeben!" hat Jesus auf so eine Frage gesagt. Und gemeint hat er: Man sollte vielleicht doch manchmal die Vergangenheit Vergangenheit sein lassen. Vergeben und vergessen, damit man frei wird für neue und vor allem gute Erfahrungen. Ich wünsche Ihnen heute ganz besonders, dass sie mit den Menschen, die Ihnen das Leben schwer machen, eine gute Erfahrung machen. Bleiben Sie behütet!

8. Februar

Ein Bußprediger droht seinen Gläubigen mit allen Ängsten und Qualen der Hölle, wenn sie ihr

Leben nicht ändern sollten. Das ganze Kirchenschiff zittert vor Angst, ausgenommen ein kleiner Mann ganz hinten, der stets leise vor sich hingrinst. Das ärgert den Prediger gewaltig, der von seiner Kanzel aus genau diesen Mann sieht. „Ich spreche auch für Sie da hinten!" donnert er von der Kanzel herab. „Irrtum!" entgegnet jener kleine Mann, wobei er weiter grinst, „ich bin gar nicht aus ihrer Gemeinde!"

Liebe Zuhörerinnen und Zuhörer – man kann zu Bußpredigten stehen wie man will – eines macht die Geschichte für mich überdeutlich. Unbequeme Worte, kritische Ansagen hören wir ungern. Am liebsten fühlen wir uns gar nicht angesprochen. Energiesparen, Fasten, Fernsehfasten, Alkoholfasten, Buße tun – ich doch nicht, ich bin nicht angesprochen. Aber ich kenne genug Leute, denen täte es gut, einmal in sich zu gehen und ihr Verhalten zu ändern. Mögen wir heute die Kraft finden, einmal über uns selbst nachzudenken, und das, was uns an uns selbst stört, auch Schritt für Schritt zu ändern! Bleiben Sie behütet!

9. Februar

Ein junger Mann traf einmal einen alten Derwisch in einer Bar und fragte ihn: „He, was tust du da? Gerade gestern hast du mir noch erzählt, dass du mit dem Trinken Schluss gemacht hättest und zum strikten Antialkoholiker geworden bist. Also – was soll das?" – Der Derwisch grinste und sagte: „Sicher, ich bin wirklich ein Antialkoholiker, aber ich bin doch nicht fanatisch."

Liebe Zuhörerinnen und Zuhörer: Haben Sie sich für die diesjährige Fastenzeit etwas vorgenommen? 7 Wochen ohne! Ohne Fernsehen? Ohne Alkohol? Ohne Fleisch? Ohne Zigarette? Was immer es sei, was Sie sich in der Zeit zwischen Aschermittwoch und Karsamstag vorgenommen haben. Es hat bestimmt seinen Sinn – und sei es nur der, dass Sie sich selbst beweisen: Ich komme ohne mein kleines Laster gut über die Runden. Dabei müssen sie nicht fanatisch sein. Denn auch die Fastenzeit macht Pausen – was kaum jemand weiß. Die Sonntage gehören nicht zur Fastenzeit. Deshalb können sie sich ab und zu auch in der Fastenzeit ihr kleines Laster gönnen. Bleiben Sie behütet!

10. Februar

Einer unserer Mitbürger wurde lange Zeit von einer schweren Krankheit geplagt. Der Pfarrer ermahnte ihn zur Geduld und sagte neben anderen tröstlichen Dingen, dass Gott oft denen Schlimmes sendet, die er liebt. „Kein Wunder", meinte der Kranke, „dass Gott so wenige Freunde hat. Und wenn er sie in dieser Weise gehandelt, wird er die wenigen auch noch verlieren."

Ja, liebe Zuhörerinnen und Zuhörer – hat Gott wirklich wenig Freunde? Und geht er mit ihnen wirklich besonders schlimm um? Die Geschichte macht für mich eines deutlich: Wenn es uns schlecht geht, denken wir meistens, dass alles sich gegen uns verschworen hat, und schnell machen wir – wenn wir überhaupt noch einen Glauben haben – Gott dafür verantwortlich. Dabei ist Gott keiner, der von oben herab jedem sein Scherflein zuteilt, nach dem Motto: Der eine kann ein bisschen mehr leiden, der andere weniger. Deshalb auch mein Vorschlag: Überlegen Sie – am besten im Gebet – an jedem Abend, was schön am Tag war und wofür sie danken können – und sie werden merken: Ihre Tage sind gar nicht so dunkel, wie sie manchmal meinen. Fangen Sie am besten gleich heute Abend damit an. Bleibe Sie behütet!

11. Februar

Vor ein paar Jahren habe ich mit zwei Freunden einen Garten angelegt. Um die ganzen Massen von Erde zügig bewegen zu können, haben wir uns einen Radlader ausgeliehen. Es ist gar nicht so schwer, mit so einem Ding umzugehen. Man braucht nur etwas Fingerspitzengefühl. Wie mächtig auch der Berg war, den wir abzutragen hatten, und wie groß die Löcher waren, die zuzuschütten waren ... mit Fingerspitzengefühl ging alles leichter.

Dann denke ich: Wenn es darum geht, bei einem Menschen Berge der Sorgen an die Seite zu räumen oder Täler der Angst aufzufüllen, dann wird dazu auch Fingerspitzengefühl – oder sagen wir besser „Ohrenspitzengefühl" und „Zungenspitzengefühl" – gehören. Ja, zunächst ist tatsächlich sehr feines Zuhören und sehr vorsichtiges Zusprechen wichtig- und das mit sehr langem Atem. Nur so kann es geschehen, dass Menschen das Gefühl bekommen: „Da trägt ein anderer meine Sorgen mit. Mehr noch: da sorgt jemand auch für mich." Bleiben Sie behütet!

12. Februar

Georg Hainzl lebt! Die Nachricht von dem geretteten Bergarbeiter aus Lassing in Österreich verbreitete sich vor einigen Jahren wie ein Lauffeuer. Zehn Tage war er verschüttet gewesen, und wie durch ein Wunder wurde er dann endlich von einem Rettungsteam gefunden. Ja, und auf einmal hatte man Grund, auf ein zweites Wunder zu hoffen. Wo waren die anderen 10 Bergleute? Aber dieses zweite Wunder ist nicht mehr geschehen. Die Bergleute sind nicht mehr gefunden worden. Und wir? Enttäuscht wendeten wir uns ab – und das Wort „Wunder" haben wir längst wieder aus unserem Sprachgebrauch gestrichen. Wunder gibt's ja doch nur in der Bibel oder in Märchen. In der Welt kann man alles wissenschaftlich durchdringen. Wunder haben mit unserem Leben nichts zu tun.

Wirklich? So möchte ich fragen. Gibt es wirklich keine Wunder mehr in unserem kleinen Leben? Wenn ein junges Ehepaar, das heiraten möchte, zu mir sagt: „Es war kein Zufall, dass wir uns gefunden haben." Oder wenn eine ältere Frau zu mir sagt: „Als mein Mann starb, habe ich gespürt, dass Gott mir Kraft gegeben hat.", dann sind das doch auch Wunder. Ich glaube, es gibt viele Wunder auch in unserem kleinen Leben zu entdecken. Nur wer mit offenen Augen und Ohren seinen Weg geht, dem entgehen die kleinen Wunder, die seinen Weg begleiten, nicht. (Und dann, dann stimmt er tatsächlich, der Schlager aus den 70ern: „Wunder gibt es immer wieder, heute oder morgen können sie gescheh'n! Wunder gibt es immer wieder, wenn sie dir begegnen, musst du sie auch seh'n!"). Bleiben Sie behütet!

13. Februar

„Arthur, der Träumer" – so hieß ein Hörspiel, ich früher, als ich noch klein war, immer gern gehört habe. Es handelte von einem Jungen, der Lehrbub bei einem Kaufmann war. Immer, wenn er irgendeine Ware in die Hand bekam, geriet er ins Träumen. So träumte er - während er einen eiskalten Aquavit aus dem Lager holen sollte - davon, Kapitän auf einem großen Schiff im Nordmeer zu sein. Und erst als das Schiff sank, wachte er von seinem Traum wieder auf. Kein Wunder, dass er zu nichts kam! Wohl nicht ganz zu Unrecht sagt der Volksmund „Träume sind Schäume".

Aber ich denke, auch bei Träumen sollte man unterscheiden. Es gibt nämlich noch eine andere Art von Träumen. Es gibt auch Träume, die beflügeln. Und da möchte ich einmal nachfragen: Haben wir überhaupt noch Träume – oder sind sie alle zerstoben in dem Einerlei und der Hetze des Alltags? Erinnern wir uns an das, was uns unsere Großeltern einmal von ihren Träumen und Wünschen für die Zukunft erzählt haben. Oder haben wir all das vergessen? Über den Wunschtraum vom privaten Glück hinaus teilen Christinnen und Christen einen großen Traum, den Traum von einer gerechteren Welt, einer Welt, in der Menschen einander nicht den Vogel zeigen, sondern offen und ehrlich miteinander umgehen, den anderen respektieren und achten; sie träumen von einer Welt, in der Menschen miteinander teilen können. Mögen uns unsere Träume wieder mehr bewusst werden, denn nur dann haben wir auch die Kraft, etwas zu verändern. Bleiben Sie behütet!

14. Februar

Warum schenkt man sich am 14. Februar Blumen … wahrscheinlich eine Erfindung der Floristik-Industrie! Vielleicht haben Sie diese Vermutung schon einmal gehabt. Ich kann mir auch gut vorstellen, dass die Inhaber von Blumenläden sich denken: Also, wenn es den Valentinstag nicht gäbe, müsste man ihn erfinden. Aber der Valentinstag hat einen christlichen Hintergrund. Valentin war im 3. Jahrhundert Bischof von Terni. Er verkündigte mutig und offen den christlichen Glauben. Blumen waren für ihn ein Zeichen dafür, dass Gott die Menschen liebt und für die Seinen sorgt. Bereits Jesus hatte gesagt: Schaut die Lilien auf dem Feld, wie sie wachsen! Ich sage euch, dass auch Salomo in all seiner Herrlichkeit nicht gekleidet gewesen ist wie eine von ihnen. Wenn nun Gott das Gras auf dem Feld so kleidet, sollte er das nicht viel mehr für euch tun?

Wenn wir am Valentinstag, dem Tag der Hinrichtung des Bischofs von Terni, einander Blumen schenken, geben wir etwas von dieser Zuwendung und Liebe Gottes weiter. Bleiben Sie behütet!

15. Februar

Ich kann nicht gleichzeitig auf zwei Hochzeiten tanzen. Wie soll ich denn? Manchmal ist es geradezu verrückt. Jeder will etwas von mir. Dann wehre ich mich. Doch schnell meldet sich meine innere Stimme zu Wort. Schmunzelnd sagt sie zu mir: „Gib's doch zu, es macht dir auch Spaß. Du spürst, du bist begehrt. Du bist wer." Oh, diese innere Stimme! Wie recht sie hat. Und wie schwer fällt es mir, das zuzugeben! Aber diese Sache mit den zwei Hochzeiten stimmt. Ich kann nicht gleichzeitig die Flimmerkiste laufen lassen und mich meiner Familie widmen. Auf diese Weise ist schon so manche Ehe zerbrochen. Ich kann auch nicht gleichzeitig die Zeitung lesen und meiner Frau einen Kuss geben. Ein verrückter Gedanke! Ich kann mich auch nicht in den Trubel stürzen, um mit meiner Trauer fertig zu werden. Auch Tränen und Trauer brauchen ihre Zeit. Aber ich muss auch nicht lebenslang mein Leid mit mir herumschleppen und mir damit das Lachen verbieten. Auch das Lachen hat seine Zeit.

Ja, die Sache mit den zwei Hochzeiten hat's in sich. Der Prediger Salomo hat das sehr deutlich gesehen und klipp und klar gesagt: Reden hat seine Zeit, Lachen, Weinen, Trauern, alles hat seine Zeit. Das alles zu wissen ist eins: Aber es ist etwas anderes, dann auch einmal zum Fernseher zu sagen: „Du, ich habe jetzt keine Zeit, ich will lieber mit meiner kleinen Tochter spielen. Dies ist nur ein Beispiel ... und ich denke mir, Sie werden schon ihre eigenen beiden Hochzeiten kennen. Bleiben Sie behütet!

16. Februar

Vor ein paar Jahren ich in Erfurt. Neugierig war ich, wie sich das kirchliche Leben dort seit der Wende entwickelt habe. Da sagte mir ein Pfarrer: „Sie müssen sich das so vorstellen: In der Apostelgeschichte wird erzählt, dass Paulus nach Athen kam. Dort betrachtete er sich zunächst die Heiligtümer. Die Athener hatten damals viele Götter, und damit sie auch keinen vergessen, war ein Tempel dem „unbekannten Gott" geweiht. Paulus hat auch diesen Tempel gesehen, dann hat er sich hingestellt und den Athenern gesagt: 'Von diesem unbekannten Gott erzähle ich euch etwas!' Und dann hat er gepredigt." Und dann sagte der Pfarrer: „In Erfurt ist dagegen häufig nichts! Da ist kein unbekannter Gott, da ist gar nichts. Die allermeisten haben vom Christentum keine Ahnung." Ich war sehr betroffen von diesen Sätzen. Die christliche Tradition ist vielfach abgebrochen, und es scheint ungeheuer schwer zu sein, dieser Tradition wieder Leben einzuhauchen.

So einen Abbruch gibt es auch bei uns – nur versteckt und langsam! Vielleicht wäre es gut, sich einmal zu überlegen, welche christlichen Bräuche nicht so heimlich still und leise über Bord geworfen werden sollten. Und dann kann man auch erfahren, welche Kraft von einem Abendgebet oder Morgengebet oder vielleicht sogar einem Gottesdienstbesuch ausgehen kann. Bleiben Sie behütet!

17. Februar

Stellen Sie sich vor, sie stehen vor der Fleischtheke in einer Metzgerei. Vor Ihnen ist eine junge Familie dran. Das Kleinkind auf dem Arm der Mama bekommt eine Scheibe Gelbwurst über die Theke gereicht. „Und? Was sagt man da?" so hört man die bohrende Frage der Mama. Und je nachdem, wie schnell die Kinder reagieren und wie sie es gewöhnt sind, ist die Antwort „Danke" zu hören. Wir möchten, dass unsere Kinder es lernen „danke" zu sagen. Danke für Dinge, die nicht selbstverständlich sind, die man sich nicht verdienen kann, sondern die man einfach geschenkt bekommt. Und das ist gut so. Doch wie steht es mit uns? Können wir es denn noch, das „Danke"-Sagen? Wenn mir in der Stadt einer die Tür zu einem Geschäft aufhält, so dass ich einfach so hindurchgehen kann - „danke". Wenn ich mit dem Auto links abbiegen möchte, und einer aus der mir entgegenkommenden Schlange anhält, um mich durchzulassen - „danke". Wenn ein Busfahrer losfahren möchte, aber sieht, dass ich den Bus noch zu erreichen versuche und meinetwegen noch wartet, damit auch ich noch mitkomme - „danke". Und Sie werden sehen: Jedes „danke" erntet mindestens ein Lächeln. Es sind nämlich die kleinen Dinge im Alltag, die - wenn sie uns geschenkt werden - das Leben ein bisschen froher und heller machen. Mögen Sie heute ganz besonders viel Grund bekommen, „danke" zu sagen. Dann werden Sie bestimmt auch viel Lächeln ernten. Bleiben Sie behütet!

18. Februar

Wenn ein lieber Mensch, ein Elternteil oder der Ehepartner, unerwartet gestorben ist, klafft eine Lücke in unserem Leben. Monate-, oft jahrelang schmerzt die Wunde, und für viele Menschen schließt sie sich eigentlich überhaupt nicht mehr.

Spätestens dann, wenn Pfarrer und Trauergäste weg sind, und es einem klar wird: Jetzt muss ich auf einmal allein mit seinem Leben fertigwerden! Spätestens dann wird einem der Schmerz so richtig bewusst. Die Schulter, an die man sich auch 'mal anlehnen konnte, ist weg, die Lebensstütze ist weggebrochen. So vieles war noch geplant gewesen, so vieles hat man noch gemeinsam unternehmen wollen, doch damit ist es vorbei. Nichts als Trauer und Leere bleiben zurück. Man fällt geradezu in ein tiefes Loch.

Doch das Leben geht weiter! Irgendwann kann man es sich gar nicht mehr leisten, sein eigenes Weh und Ach zu beklagen und sich im eigenen Schmerz zu vergraben. Man muss sich einfach wieder mit dem Leben draußen, mit dem Alltag auseinandersetzen, auch wenn dieser Alltag ganz anders ist als vorher, eben schwerer. Doch wer immer dies tut, wer seinem Herzen einen Stoß gibt, wer sich auch unter diesen schwierigeren Bedingungen wieder auf das Leben, seine Herausforderungen, aber auch auf seine Freunde, Nachbarn und Kollegen einlässt, wird es merken: Ganz unversehens wird mir neue Kraft geschenkt. Ich kann wieder leben, ohne die Erinnerung an den Schmerz verdrängen zu müssen. Auch Sie können diese Kraft spüren,

wenn Sie sie brauchen. Und dann wissen Sie:
Ich bin nicht allein. Bleiben Sie behütet!

19. Februar

Vor einiger Zeit stieß ich im Nordbayerischen
Kurier auf einen kleinen Artikel, in dem stand: In
Indien gibt es jetzt ein Schulfach „Glück". Ja, es
sei doch im Interesse des Staates, wenn die
Menschen, die in ihm leben „glücklich" wären.
Und deshalb müsse dies unterstützt werden.
Tatsächlich sagt auch bei uns der Volksmund
nicht ganz zu Unrecht: „Jeder ist seines Glückes
Schmied!" Und das heißt nichts anderes als: Für
sein eigenes Lebensglück bist Du selbst verantwortlich. In der Tat: Nicht die Katastrophen, die
uns begegnen, werfen uns aus der Bahn, sondern unser Umgang mit ihnen. Ja, lassen wir es
zu, dass schlechte Nachrichten uns aus dem
Gleichgewicht bringen? Oder haben wir eine gewisse Stabilität entwickelt, dass wir nach Stürzen
immer wieder aufstehen – nach dem Motto: Was
mich nicht umbringt, gibt mir neue Kraft zum Leben! „Glücklich werden", das können vor allem
diejenigen, die mit sich im Reinen sind, denen
immer wieder vermittelt worden ist und vermittelt
wird: Was auch geschieht: Du bist angenommen
und geliebt. In diesem Sinne möchte ich Ihnen
heute mit dem Apostel Paulus sagen: „Denn ich
bin gewiss, dass nichts uns scheiden kann von
der Liebe Gottes, die in Christus Jesus ist, unserem Herrn." Bleiben Sie behütet!

20. Februar

„Selig sind, die Frieden schaffen, denn sie werden Gottes Kinder heißen!" so hat Jesus einmal gesagt. „Frieden schaffen!" Unsere Welt hätte wirklich Frieden nötig: Da herrscht Krieg im Kosovo, im Nahen Osten, Krieg in Afrika, und bestimmt noch an vielen Orten unserer Welt, von denen wir nichts wissen. Daran können wir doch gar nichts ändern.

Tatsächlich, daran können wir wirklich nichts ändern. Den großen, weltweiten Frieden, den können *wir* nicht schaffen. Aber „ein bisschen Frieden", das herbeizuführen steht auch in unserer Macht. Hinter mancher Meinungsverschiedenheit steht mitunter tatsächlich bloß ein Missverständnis, ein Missverständnis, das ausgeräumt werden kann, wenn man halt bloß miteinander sprechen würde. Ein bisschen Frieden, das können selbst wir mit unserer kleinen Kraft, mit all unseren Fehlern, Schwächen und Ängsten in unserem eigenen Umfeld schaffen: Hier ein ehrlicher Guten-Morgen-Gruß und eine ernstgemeinte Nachfrage: „Na, wie geht's? Kann ich etwas helfen?" Dort ein kleines Geschenk der Versöhnung. Oder vielleicht ist sogar einmal meine Vermittlung gefragt, wo Kollegen meinen, sie hätten einander nichts mehr zu sagen. Es gibt viele kleine Kriegsschauplätze auch in unserem Leben, und entsprechend viele Möglichkeiten, Frieden zu stiften und Frieden zu schaffen. Und jedes Mal, wenn das gelingt, - sie werden es merken - dann wird das Leben wieder ein bisschen froher und heller. Bleiben Sie behütet!

21. Februar

„Forever young"! Es ist ein alter Menschheitstraum, immer jung bleiben zu dürfen. Schon im Mittelalter gibt es Darstellungen des Jungbrunnens, der die Menschen, die in ihm baden, wieder jünger macht, so dass sie an sich keinerlei körperliche Einschränkungen erleben. Ja, das wäre es, immer jung und dynamisch, immer tatkräftig und gesund zu sein, immer blendend auszusehen! Wirklich ein alter Menschheitstraum!

Aber ganz abgesehen von unserem privaten Werdegang! Ich möchte es mir nicht vorstellen, wie die Erde aussähe, wenn nicht nur wir, sondern auch noch unsere Ahnen und Urahnen in jugendlicher Kraft auf ihr herumspringen würden. Wir Menschen sind als Geschöpfe dem Werden und Vergehen unterworfen, und das ist letzten Endes auch gut so. Ich weiß von Familien, da wurden – zufällig, oder auch nicht – an den Todestagen der Großväter oder Urgroßmütter Enkel und Urenkel geboren. Geboren werden und Sterben gehören zu unserer Endlichkeit. Und es ist gut, dass wir endlich sind, sonst wäre unsere Verantwortung für die Erde noch viel größer, als sie eh' schon ist. So kommt es für uns nicht darauf an, immer gut und jung auszusehen, sondern das Leben anzunehmen, in welcher Phase wir uns auch befinden; denn nahezu jede Lebensphase hat auch ihre Reize und Freuden.

Nehmen Sie doch jenen Lebensabschnitt an, in dem Sie jetzt gerade sind, und freuen sich an ihm oder – wenn es sein muss – stehen Sie ihn mutig durch. Auf jeden Fall: Bleiben Sie behütet!

22. Februar

Je älter ich werde, desto mehr entdecke ich die tiefen Lebensweisheiten, die hinter den Worten eines gewissen Jesus von Nazareth stehen. Auf die Frage, welches denn das höchste Gebot ist, antwortete er: „Du sollst Gott, deinen Herrn, von ganzem Herzen lieben und Deinen Nächsten wie Dich selbst." Tatsächlich ist jeder Mensch aus Liebe entstanden. Wir sind entstanden, weil sich zwei Menschen geliebt haben. Und deshalb sehnen wir uns auch danach, geliebt zu werden. Wir leben, um die Liebe und das Lieben und ihre zentrale Bedeutung für ein glückliches Leben wieder zu entdecken. Diese in den Herzen der Menschen teilweise verschüttete Liebe wartet darauf, wieder entdeckt und erinnert zu werden. Übernehmen Sie ihre Verantwortung für diese Liebe! Stellen Sie sich vor, alle ihre Kollegen sehnen sich wie Sie selbst nach einer liebevollen Gemeinschaft, nach Verständnis und Unterstützung, nach einem aufmunternden Lächeln, einer liebevollen Geste und nach dem Gefühl „Ich bin hier nicht allein!" Fangen wir am besten heute früh gleich damit an! Bleiben Sie behütet!

23. Februar

Ein junger Mann fuhr zu einem Blitzbesuch zu seinem Vater auf's Land. Der Vater fütterte gerade seine Katzen. Da sagte der Sohn zu seinem Vater: „Schön hast du's hier! Schade, dass ich nicht lange bleiben kann. Das heißt: Eigentlich habe ich gar keine Zeit. Ich weiß nämlich gar nicht mehr, wo mir der Kopf steht. Ich hetze mich ab und schaffe irgendwie überhaupt nichts. Woher nimmst du nur deine Ruhe?"

Da kratzte sich der Vater am Kopf und sagte: „Lieber Sohn, hör' gut hin, es ist alles eigentlich ziemlich einfach: Wenn ich schlafe, schlafe ich, wenn ich aufstehe, steh' ich auf, wenn ich gehe, gehe ich; wenn ich esse, dann esse ich; wenn ich schaffe, schaffe ich; wenn ich plane, plane ich; wenn ich spreche, sprech ich; wenn ich höre, höre ich." Der Sohn schüttelte den Kopf: „Also, was ist das für ein Quatsch? Das mache ich doch auch und trotzdem finde ich keine Ruhe." Jetzt schüttelte der Vater den Kopf und sagte: „Lieber Sohn, hör gut zu. Du machst alles etwas anders: Wenn du schläfst, dann stehst du schon auf. Wenn du aufstehst, gehst du schon. Wenn du gehst, dann isst du schon. Wenn du isst, dann schaffst du schon. Wenn du schaffst, dann planst du schon. Wenn du planst, dann sprichst du schon. Wenn du sprichst, dann hörst du schon. Wenn du zuhörst, dann schläfst du wieder ..."

Es ist eine - wie ich finde - tiefe Wahrheit, die in dieser Geschichte steckt, und ich persönlich fühle mich richtig ertappt. Viele von uns - ich selbst eingeschlossen - brauchen wahrscheinlich tatsächlich einen neuen Umgang mit der Zeit. Es kommt darauf an, Zeit bewusst zu erleben, bewusst mit besonderen Inhalten zu füllen, Zeit neu zu nutzen. Nebenbei gesagt: Da kann auch die Sonntagsruhe ein hohes Gut sein, das wir nicht so einfach über Bord werfen sollten. Bleiben Sie behütet!

24. Februar

Ein Patient erzählt folgenden Traum: In meinem Traum ist mir Gott begegnet. Ich habe ihn sofort erkannt, und ich habe zu ihm gesagt: Ich danke dir Gott! Du warst immer da, wenn ich dich gebraucht habe. Du bist immer neben mir gelaufen, und wenn ich mich umgedreht und zurückgeblickt habe, dann habe ich immer zwei Fußspuren gesehen, deine und meine! Doch dann kam eine schwierige Zeit! Ich wurde todkrank! Und ich sah mich wieder um, und dann sah ich nur eine Fußspur, meine. Wo warst du da?" Und Gott sah mich lange schweigend an; dann sagte er: „Die Fußspur, die du gesehen hast, war meine. Du warst zum Gehen viel zu schwach, da habe ich dich getragen."

Es gibt wohl keinen Menschen, der stets auf der Woge des Erfolgs schwimmt. Im Leben gibt es immer ein Auf und ein Ab. Die Frage ist nur, wie wir damit umgehen, wie standfest wir sind, ob die Wellen über uns zusammenschlagen oder ob wir es schaffen, den Kopf über Wasser zu halten. Ja, meistens erkennt man erst - wenn man zurückblickt - dass Gott einen durch eine schwere Zeit hindurch getragen hat. Und wenn man zu dieser Erkenntnis vordringt, erlebt man vielleicht auch die Erfolge und Glücksmomente im Leben anders - bewusster, dankbarer. Ich wünsche Ihnen heute ganz besonders, dass Sie Gottes Wirken nicht in den Niederlagen des Lebens suchen, sondern in den Erfolgen finden! Hurra, wir leben noch! Bleiben Sie behütet!

25. Februar

„Ich hasse tränenreiche Abschiede!" Diesen Satz habe ich früher häufig gehört. Deshalb hat man sich nach Möglichkeit kurz und schmerzlos verabschiedet. Bloß keine Tränen! Ein kurzes Tschüß – und tschüß!

Abschiede – zumal wenn sie vorläufig endgültig sind - führen uns immer wieder die Endlichkeit unseres Daseins vor Augen. Es gibt bei uns auf der Erde kein „ewig" – auch unsere Ehen werden längstens geschlossen bis der Tod uns scheidet. Wenn wir dann aber von einem geliebten Menschen Abschied nehmen müssen, dann dürfen wir uns ruhig dafür Zeit nehmen. Wir müssen nicht in hektische Betriebsamkeit verfallen oder unseren Schmerz in noch mehr Arbeit zu ertränken versuchen. Tränen und Trauer haben etwas Reinigendes, wir brauchen uns ihrer nicht zu schämen. Abschiednehmen will gelernt sein. Und eigentlich ist unser ganzes Leben eine Kette von Kennenlernen und Abschiednehmen bis hin zum großen Abschied, dem Abschied von dieser Welt.

Wir Menschen sind diesem Kreislauf unterworfen - und es ist letzten Endes auch gut so. Natürlich gibt es da in unseren Augen immer Ungerechtigkeiten. Warum musste dieser Abschied so früh sein, warum so plötzlich, warum so grausam? Wir wissen es nicht. Was bleibt, ist die Hoffnung auf ein Wiedersehen, das dann nicht mehr der Vergänglichkeit unterworfen ist. - wie es der Prophet Johannes sagt: „... und der Tod wird nicht mehr sein". Haben Sie den Mut, sich Ihrer Trauer stellen zu stellen! Dann können Sie bestimmt die Hoffnung spüren, dass keiner von uns verlorengeht, kommt von allein. Bleiben Sie behütet!

26. Februar

„Schneller – höher – weiter!" So lautet das Motto der olympischen Spiele, die seit über 100 Jahren im Vierjahresrhythmus stattfinden. „Schneller – höher – weiter!" damals hatte dieses Wort noch einen anderen Klang als heute, wo wir an die Grenzen unserer Leistungsfähigkeit stoßen, wo eine Steigerung nur noch mit Dopingmitteln erreichbar zu sein scheint. Vielfach wenden wir uns kopfschüttelnd von den des Dopings überführten Sportlern ab und merken dabei nicht: Die Gesetze des Sports sind ein Spiegelbild der Gesetze unserer Gesellschaft. Jeder Wunsch, der uns erfüllt wird oder den wir uns selbst erfüllen, kriegt augenblicklich Junge. Noch schneller muss es gehen, noch höher und noch weiter. Jetzt will ich alles! Kein Wunder, dass manche da zum Doping greifen, oder zu Betäubungsmitteln oder dass manche ganz auf der Strecke bleiben. Ich denke an Menschen, die ihre Arbeit verloren haben und damit nur sehr schwer oder gar nicht zurechtkommen, ich denke an Menschen, die durch unser soziales Netz hindurchzufallen drohen, weil sie überschuldet sind. Ich denke an Menschen, denen ihre Gesundheit die gelbe Karte gezeigt hat, weil sie ständig immer schneller, immer weiter und immer höher hinaus wollten. Vielleicht ist es noch nicht zu spät, sich selbst einmal in den Arm zu fallen, auf die Bremse zu treten und auf diejenigen zu achten, die unter die

Räder unserer Gesellschaft gekommen sind oder zu kommen drohen, weil sie es eben nicht immer schneller, immer höher und immer weiter schaffen. Einmal könnten wir uns auch unter ihnen wiederfinden. Bleiben Sie behütet!

27. Februar

Noch kurz vor seiner Berufung zum Trainer des Basketball-Bundesligisten medi Bayreuth hat kaum jemand den Namen Raoul Korner gekannt. Das ist nach dieser überragenden Basketball-Saison, die fast an die 1980er Jahre erinnert, anders geworden. Alle Achtung, was diese Mannschaft geleistet hat! Plötzlich begegnen wir dem Deutschen Meister aus Oberfranken auf Augenhöhe. Wer hätte das gedacht? In HOT, dem Magazin von medi Bayreuth, sind zwei Spieler gefragt worden, was diesen Trainer eigentlich ausmacht. Beide haben unabhängig voneinander geantwortet: „Neben seinem fachlichen Wissen ist es der Respekt! Dieser Mann hat Respekt vor seinen Spielern!" Ich denke, mit diesem Wort wird der richtige Umgang miteinander auf den Punkt gebracht. Wer Respekt vor seinem Gesprächspartner, vor seinem Mitarbeiter, vor seinen Eltern, vor seinen Kindern hat, sieht deren Leistungen und Stärken viel deutlicher als ein respektloser Mensch. Wer seinem Gegenüber Respekt entgegenbringt, signalisiert ihm: Ich weiß, dass Du etwas kannnst; und Du bist mir wichtig!

Ein Blick auf die Leistungen der Spieler von medi Bayreuth in dieser Saison zeigt, was Können und gegenseitiger Respekt bewirken. Meine

Anerkennung! Das gilt auch für Sie, ihren Arbeitsplatz und Ihre Familie. Erkennen Sie die Leistungen Ihrer Mitmenschen an! Dann werden Sie staunen, was alles noch möglich ist! Und bleiben Sie behütet!

28. Februar

„Guten Tag", sagte der kleine Prinz. „Guten Tag", sagte der Händler. Er handelte mit höchst wirksamen, durststillenden Pillen. Man schluckt jede Woche eine und spürt überhaupt kein Bedürfnis mehr zu trinken.

„Warum verkaufst du das?" sagte der kleine Prinz. „Das ist eine sehr große Zeitersparnis", sagte der Händler. „Die Sachverständigen haben Berechnungen angestellt. Man erspart sich dreiundfünfzig Minuten in der Woche." „Und was macht man mit diesen dreiundfünfzig übrigen Minuten?" wollte der kleine Prinz wissen. „Man macht damit, was man will ..." sagte der Händler. „Wenn ich dreiundfünfzig Minuten übrig hätte", sagte der kleine Prinz, „würde ich ganz gemächlich zu einem Brunnen laufen..."

Ich habe viel über diese Geschichte nachgedacht. Für den kleinen Prinzen zählen nicht die Stunden, Minuten oder Sekunden, sondern dass er Durst empfindet, dass er gemächlich, ganz bewusst und ruhig zum Brunnen geht. Die Vorfreude auf das Wasser und die Erfahrung des frischen Wassers, mit dem er seinen Durst löscht. Das ist es, was für ihn zählt. Jede einzelne Minute, ja Sekunde vor und während des Trinkens hat ihren Wert und will gelebt, ausgelebt werden.

Die ihm zur Verfügung stehende Zeit ist Zeit mit Erlebnissen und Erfahrungen erfüllt und gefüllt. Seine Lebenszeit ist bestimmt durch das, was darin geschieht und was er erlebt. Denn die unsere Lebenszeit ist eine freundliche Gabe Gottes. Und wie ist das mit Ihrer Zeit? Bleiben Sie behütet!

März

1. März

Gott der Herr sprach: Es ist nicht gut, dass der Mensch allein sei. So schreibt es bereits der Verfasser des 1.Buches Mose. Doch die Einsamkeit unter uns Menschen ist heute alarmierend groß. Die daraus resultierenden Depressionen und Ängste wachsen in einem Maß an, dass Ärzte und Psychologen ihrer nicht mehr Herr werden. Viele haben es schon erlebt, wie sich während des Grübelns Probleme aufstauen, wie sie die Gedanken beschäftigen und man sich ständig im Kreis zu drehen scheint. Das empfindet man mit der der Zeit als ungeheuer schwere Last. Aber vielleicht haben sie es auch schon erlebt, wie so eine Last von Ihnen abfallen kann, wenn man darüber sprechen kann, wenn man Leid und Kummer mitteilt und dann eben mit dem anderen teilt. Genauso ist es mit der Einsamkeit. Sie ist ja meist verflogen, wenn man mit seinen Freundinnen und Freunden zu tun hat. Ich habe 'mal den Satz gelesen: Nur derjenige ist für die Gemeinsamkeit geeignet, der auch die Einsamkeit ertragen kann. Viele lieben die Einsamkeit, weil sie dann endlich einmal ungestört sind. Sie tanken neue Kraft, während andere, die ungewollt einsam sind, in tiefe Depressionen versinken.

Es kommt also auf uns selbst an, ob wir Kraft aus der Stille und Einsamkeit beziehen oder unter ihr verzweifeln und an ihr zerbrechen. Dies hängt aber davon ab, ob wir in aller Einsamkeit auch noch Gemeinsamkeit empfinden - etwa mit Menschen, an die wir denken, und mit Gott, zu dem wir beten und mit dem wir uns verbunden fühlen – mehr als in Gesellschaft und Trubel. Bleiben Sie behütet!

2. März

„Na, dann will ich dir mal eine Brücke bauen!" sagte ein Lehrer in der Schule, in die ich ging, wenn uns Schülern die richtige Antwort nicht einfallen wollte. Manchmal half das, oft nützte es aber nichts. Auch mir wurde so beim Ausfragen die eine oder andere Brücke gebaut – und auch bei mir half es manchmal – oft aber auch nicht. Wenn man gar nichts gelernt hatte, dann nützt auch die beste Brücke nichts. Aber wichtig an jenem Satz erscheint mir heute die Erkenntnis: Es ist gut, dass es Brücken gibt, und Menschen, die sie einem bauen.

Menschen halten sehnsüchtig Ausschau nach den Möglichkeiten, die, oft unerreichbar wie entfernte Ufer, bleiben. Lässt sich solch ein Einschnitt überbrücken? Und wenn ja, wie? Gerade bei recht alltäglichen Vorkommnissen brauchen wir Brücken. Für mich sind sie nach Meinungsverschiedenheiten wichtig. Ich ziehe mich sonst zurück, bin verletzt und beleidigt, breche Brücken ab, rede nicht mehr.

Wie gut, wenn mein Gegenüber durch eine Geste, mit einem versöhnlichen Wort, eine Brücke baut, über die ich meine selbstgewählte Isolation verlassen kann. Wie gut, dass auch ich selber die eine oder andere Brücke baue, die meine Gesprächspartnerin, mein Gesprächspartner dann auch betritt! Bleiben Sie behütet!

3. März

Was macht eigentlich den Menschen zum Menschen? Wodurch zeichnen wir uns vor den Tieren aus? Manche Forschungszweige schwören auf Tierversuche; denn Tiere sind uns Menschen in vielen Punkten sehr ähnlich. Also, was zeichnet uns aus? Haben Sie sich darüber schon einmal Gedanken gemacht? Es sind in der Theologie und Philosophie viele Antworten auf diese Frage gegeben worden. Eine hat mich besonders nachdenklich gemacht.

Wir Menschen können uns unterbrechen, wir können unser Verhalten bewusst steuern und verändern, wenn wir merken: Wir sind auf dem Holzweg. Ein Tiger bleibt immer ein Tiger, eine Raub- und keine Schmusekatze. Der Magier Roy Horn hat das vor einigen Jahren erleben müssen, als ihn sein Lieblingstiger Montecore auf der Bühne anfiel und schwer verletzte. Wir Menschen können uns ändern, wir können in uns gehen, uns überlegen, was schief läuft in unserem Leben. Wir können versuchen unser Leben wieder in die richtigen Bahnen zu lenken. Dazu schenke uns Gott immer wieder neu Einsicht und Kraft! Bleiben Sie behütet!

4. März

Die Dichterin Marie von Ebner-Eschenbach hat gesagt: "Im Unglück finden wir meistens die Ruhe wieder, die uns durch die Furcht vor dem Unglück geraubt wurde." Viele sind in der Tat nicht fähig, das Glück zu genießen, weil sei Angst haben, es könnte nicht lange dauern. Ich kenne eine Frau, die vor fast jedem Telefonanruf Angst hatte, er könne ihr eine schlechte Nachricht über den Gesundheitszustand ihres Vaters bringen. Diese Angst wurde mit der Zeit immer schlimmer – vor allem dann, wenn ihr Vater im Krankenhaus lag. Wer mitten im Glück von der Angst vor dem Unglück heimgesucht wird, der ist unfähig, wirklich glücklich zu sein.

Erst wenn das, wovor wir am meisten Angst hatten, eingetreten ist, zerstieben unsere Illusionen und wir kommen am Nullpunkt unseres Lebens an, vor dem wir mit viel Anstrengung davonzulaufen suchten. Doch gerade an diesem Nullpunkt, in der Tiefe unserer Seele, dort kommen wir zur Ruhe. Und von dort aus werden wir fähig, in der Ruhe den Frieden zu finden und im Frieden eine Ahnung von Glück. Öffnen Sie heute einmal ihre Augen für das Glück, das Ihnen begegnet. Das öffnet auch das Herz, mit dem man dieses Glück genießen kann. Bleiben Sie behütet!

5. März

„Ich war schon oft draußen im Weltraum",
protzte der Astronaut, „Aber ich habe weder Gott
noch Engel gesehen." – „Und ich habe schon
viele kluge Gehirne operiert", antwortete der Tu-
mor-Arzt, „aber ich habe nirgendwo auch nur einen einzigen Gedanken entdeckt."

Ja, liebe Zuhörerinnen und Zuhörer, manchmal bedarf es eines einfachen Vergleichs, einer
logischen Analogie zu einem entfernten Sachge-
biet, damit wir eine Frage in einem besonderen
Problemkreis analysieren können. Die Geschichte macht deutlich, dass Gott selbst sich unseren
wissenschaftlichen Methoden entzieht. Umgekehrt ist es auffällig, dass besonders viele Na-
turwissenschaftler an Gott glauben. Letzten Endes ist damit auch die Frage an uns und unseren
Glauben gestellt. Denn Gott begegnet nicht im
Weltraum, sondern auf der Erde. Mir selbst sind
schon Menschen begegnet, die in Analogie zu
dem eingangs zitierten Astronauten gesagt haben: „Ich war draußen in der Welt – und mir ist
Gott begegnet." Haben sie wache Augen und
Ohren für die Menschen, die heute ihren Weg
kreuzen. Bleiben Sie behütet!

6. März

Eine Fregatte der deutschen Bundesmarine
war auf hoher See. Plötzlich ein einzelner Punkt
auf dem Radarschirm. „Sagen Sie dem Schiff,
das uns entgegenkommt, es soll seinen Kurs um
15 Grad ändern!" befahl der Admiral. Der Funker
tat, wie ihm befohlen war, empfing aber postwendend den Funkspruch: „Nein, SIE ändern

IHREN Kurs um 15 Grad!" - „Sagen Sie diesem Schiff, wir sind die deutsche Bundesmarine, und dass es seinen Kurs gefälligst um 15 Grad zu ändern hat!" befahl erneut der Admiral, und sein Funker gab den Funkspruch an jenes Schiff voraus. Wieder die Antwort: „SIE ändern IHREN Kurs selbst um 15 Grad!" Diesmal ging der Admiral wutschnaubend selbst ans Funkgerät: „Hören Sie 'mal zu, ich bin Admiral der deutschen Bundesmarine. Ändern Sie jetzt gefälligst Ihren Kurs um 15 Grad, sonst kollidieren wir." Die Antwort lautete diesmal: „Nein, SIE ändern IHREN Kurs. Ich bin ein Leuchtturm!"

Liebe Zuhörerinnen und Zuhörer – viele Menschen werden Ihnen heute begegnen, sie werden viele Gespräche führen und immer wieder auf Widerstände stoßen. Vielleicht erinnert Sie diese Geschichte immer wieder neu daran, dass sie ein Mensch sind, der seine Richtung auch ändern und sich selbst in den Arm fallen kann, weil Sie kein Leuchtturm sind. Bleiben Sie behütet!

7. März

Viele Menschen möchten etwas Besonderes sein. Immer wenn Olympische Spiele stattfinden, wird uns das eindrucksvoll vor Augen geführt. „Jetzt habe ich vier Jahre umsonst trainiert!" schluchzte einmal eine Schwimmerin ins Mikrophon nach einem fünften Platz. Auch wir möchten einmal irgendwo ganz oben auf dem Treppchen stehen, in einer Disziplin etwas ganz, ganz Besonderes sein.

Aber jeder Mensch ist ja schon von sich aus etwas Einmaliges, Besonderes. Aber dieses „Besondere" besteht nicht in großartigen Leistungen, außerordentlicher Machtfülle, riesigem Besitz. Wir müssen schon in uns hineinschauen: Was ist meine Lebensgeschichte, was sind meine Verletzungen, was macht meine Sensibilität aus?

Denn das alles gehört zu mir – auch meine Verletzungen, meine Fehler, meine Schwächen, und nicht nur meine Stärken. Nur wenn ich mich damit aussöhne, entdecke ich, dass ich einzigartig bin, ein einmaliger Ausdruck Gottes. Wenn ich jedoch etwas Besonderes sein will und dafür meine Menschlichkeit zu überspringen versuche, dann werde ich immer wieder auf die Nase fallen. Bleiben Sie behütet!

8. März

Jonathan Heimes ... haben Sie diesen Namen schon einmal gehört? Jonathan war als Zehnjähriger hessischer Tennismeister, trainierte zusammen mit der ebenfalls aus Darmstadt stammenden und etwa gleichaltrigen Andrea Petkovic. Doch bei Jonathan wurde ein Tumor im Gehirn festgestellt. Er musste eine medizinische Tortur über sich ergehen lassen: Operation, Chemotherapie, Rückfall, Operation, Chemotherapie – insgesamt siebenundzwanzig an der Zahl ... Als die Spieler des SV Darmstadt um den Aufstieg in die Bundesliga kämpften, erzählte er ihnen von seiner Krankheit und meinte: „Du musst kämpfen. Es ist noch nichts verloren!" Dieses Motto trug die Fußballer bis in die Bundesliga nach einer erfolgreichen Saison auch zum Klassenerhalt. Bald darauf, am 8. März 2016 ist Jonathan Heimes, 26jährig, gestorben. Die Darmstädter haben jetzt eine Tribüne im Stadion nach ihm benannt, nach ihm, der so viel – 16 Jahre lang – gekämpft und letzten Endes doch verloren hat. Nachdem der Krebs zum fünften Mal zurückgekehrt war, starb Johnny. „Hat er jetzt verloren? Hat er wirklich verloren?" Ich weiß nicht, was der Pfarrer in der Darmstädter Pauluskirche bei Johnnys Beerdigung gesagt hat. Aber ich möchte ihm in Anlehnung an sein Lebensmotto sagen: „Du musst nicht mehr kämpfen, Johnny. Aber es ist gar nichts verloren. In Christus hast Du gewonnen!" Jonathan, ein beeindruckender, junger Mann, dessen Name auf deutsch heißt: „Geschenk des Herrn", ein Mann dessen kurzes Leben mich tief berührt. Bleiben Sie behütet!

9. März

„Wir suchen die Power-Familie des Jahres!" So hieß es im Frühjahr des Jahres 2010 immer wieder im Radio. „Vielleicht sind Sie es ja? Sind Sie immer gut drauf?" Ja, in der Tat, das war ein Kriterium für die Power-Familie ... immer gut drauf sein. Sind Sie denn immer gut drauf? Mich hat das gleich an die Schlamuffen in der Unendlichen Geschichte von Michael Ende erinnert. Die Schlamuffen sind immer-lachende, bunte Schmetterlinge, die vielfarbige Mottenflügel auf dem Rücken tragen und in karierten, gestreiften, geringelten oder gepunkteten Plunder gekleidet sind. Als sie endlich Bastian begegnen, wünschen sie sich, wieder die Acharai, die immer

Weinenden zu sein, das sei immer noch besser, als immer-lachend, immer gut drauf zu sein. In der Tat: Unser Leben wird reich durch Höhen und Tiefen, durch Glück und Trauer, durch Freude und Schmerz. Und wenn Sie gerade in so einem finsteren Tal sind, wenn Sie gerade nicht gut drauf sein können, dann denken Sie an die Worte des evangelischen Liederdichters Paul Gerhardt: „Ihn, ihn lass tun und walten, er ist ein weiser Fürst. Und wird sich so verhalten, dass du dich wundern wirst. Wenn er – wie ihm gebühret – mit wunderbarem Rat, das Werk hinausgeführet, das dich bekümmert hat." In diesem Sinne: Bleiben Sie behütet!

10. März

Arbeiten Sie gerne in ihrem Beruf? Oder freuen Sie sich, wenn Sie morgens aufstehen, besonders auf die Pausen und den Feierabend? Wenn Sie diese Frage mit JA beantworten, dann läuft möglicherweise irgendetwas falsch in Ihrem Berufsleben. Ich habe es als Pfarrer immer als großes Geschenk empfunden, mit Menschen arbeiten und reden zu dürfen. Und es ist dabei längst nicht so, dass ich auf alles eine Antwort weiß. Im Gegenteil! Häufig ist es sogar so, dass ich von meinen Schülerinnen und Schülern im Richard-Wagner-Gymnasium etwas lerne. Ein Beispiel: Nachdem wir in der 6. Jahrgangsstufe einige Jesusgeschichten gehört und besprochen hatten, ebenso seine Kreuzigung und Auferstehung, bat ich meine Schüler, sich ein paar Sätze zu überlegen, die den Glauben an Jesus für sie auf den Punkt bringen. Eine Schülerin – ich erinnere daran: sie war in der 6. Klasse – schrieb folgendes:

Ich glaube an Jesus Christus, Gottes heiligen Sohn, unseren Herren, der uns von unseren Sünden erlöst hat, als er für uns am Kreuz gestorben ist. Ich glaube an seine Auferstehung und daran, dass es ein Leben nach dem Tod gibt. Ich glaube daran, dass er an Ostern auferstanden ist, und nun bei unseren Heiligen Vater wachs, dass er an uns glaub, auch wenn wir schon längst den Glauben verloren haben. Ich glaube an seine heilige Kraft und daran, dass er Menschen heilen kann.

Tja, wussten Sie das eigentlich: Jesus glaubt an Sie – auch wenn Sie den Glauben längst verloren haben! Bleiben Sie behütet!

11. März

Am 11. März 2011 erschütterte ein Tsunami den Glauben vieler Menschen in die Beherrschbarkeit der Atomkraft. Im japanischen Kernkraftwerk Fukushima kam es zur Kernschmelze in drei Reaktorblöcken, über 170.000 Menschen mussten ihre Häuser verlassen und werden nie wieder dorthin zurückkehren können. Wie konnte Gott das nur zulassen? Spontan mag man sich diese Frage wirklich stellen. Aber wenn wir genauer hinsehen, müsste die Frage eigentlich lauten: Wie konnten wir Menschen nur so leichtsinnig sein. Leicht-sinnig – im wahrsten Sinn des Wortes. Wir brauchen Energie, Strom, also wird ein Kernkraftwerk gebaut – am besten dorthin, wo die Grundstückspreise am günstigsten sind. Und mit einem Tsunami, der bei einem Ausfall aller Systeme auch die Generatoren für die Notstromversorgung lahmlegen könnte, hatte kein Ingenieur gerechnet. Ich selbst kann da nur noch die Hände falten und beten: Vergib uns, o Herr, vergib! Wir sind schlechte Haushalter über deine Welt. Lass uns Menschen jetzt nicht allein! Sei bei allen, die ihre Heimat oder gar ihr Leben verloren haben und lass die Verantwortlichen aus den Fehlern, die gemacht wurden, lernen! Bleiben auch Sie behütet!

12. März

Kennen Sie das Doppelgebot der Liebe? „Du sollst Gott, deinen Herrn, von ganzem Herzen lieben und Deinen Nächsten wie Dich selbst." Heute will ich einen besonderen Aspekt dieser Worte in Erinnerung rufen. Jesus, der dieses Gebot gelehrt hat, hat nicht geboten, dass man sich selbst lieben solle, er setzt das schlicht voraus. Aber selbstverständlich ist diese Liebe nicht. Und deshalb frage ich: Lieben Sie sich denn? Finden Sie sich – allen Fehlern zum Trotz – gut? Ich würde es Ihnen so sehr wünschen, dass Sie beide Fragen mit einem fröhlichen „Ja" beantworten können. Denn tatsächlich ist die Zufriedenheit mit sich selbst die Quelle vieler guter zwischenmenschlicher Beziehungen. Wer sich nämlich selbst nicht würdigt, ehrt und liebt, der kann auch nicht erwarten, dass er von anderen wertgeschätzt und geliebt wird. Der zeigt bereits durch seine Erscheinung und sein Auftreten seiner ganzen Umwelt: „Schaut her, wie ich mit mir umgehe. Im Grunde halte ich nicht viel von mir, ich bin mir so viel Aufwand und Liebe nicht wert.

Und so habe ich auch deine Liebe und Aufmerksamkeit nicht wirklich verdient. Behandle mich so, wie ich es auch tue." Deshalb: Lernen Sie, sich selbst zu lieben! Achten Sie auf sich – und bleiben Sie behütet!

13. März

„Pfarrer zu sein kann ich mir nicht vorstellen. Wer Theologie studiert, muss doch ganz fest glauben können!" Diese oder ähnliche Überzeugungen begegnen mir als Religionslehrer immer wieder, wenn ich mit Schülerinnen oder Schülern über deren Zeit nach dem Abitur spreche. Und ich muss ihnen dann immer ganz deutlich sagen: Die Kirche braucht natürlich Menschen, die angerührt sind von der Botschaft Jesu Christi! Aber sie braucht ganz besonders Menschen, die Fragen stellen, die einen weiten Horizont haben, die weiterdenken und auch Menschen die zweifeln. Nur dann ist die Kirche doch glaubwürdig, wenn sie ihre eigenen Zweifel immer wieder auch benennt und vor Gott bringt. Nur dann steht sie zugleich mit beiden Beinen im Leben, wenn sie sich müht, dieses Leben mit der Botschaft von Jesus Christus ins Gespräch zu bringen. Tja, auch die Menschen, die evangelische Theologie oder Religionslehre studieren, scheinen weniger zu werden, aber es gibt sie – Gott sei Dank! Bleiben Sie behütet!

14. März

Wir Menschen stehen immer wieder an Schwellen, an denen wir uns entscheiden und Wege einschlagen müssen, die wir nicht überschauen. Ob Ausbildung oder Beruf, ob Partner-schaft oder Familie, ob Karriere oder Krankheit, immer wieder liegen vor uns verschiedene Mög-lichkeiten, und wir müssen uns entscheiden. Da-bei bleibt jede Entscheidung unklar und unsicher. Ein einfaches Schwarz oder Weiß, ein schlichtes Rechts oder Links, ein eindeutiges Plus oder Mi-nus, das mögen die Alternativen einer Compu-terwelt sein, nicht aber die des wirklichen Le-bens.

Manchmal möchten wir wirklich gerne in die Zukunft schauen, Wahrsager befragen, Handle-serinnen in Anspruch nehmen. Welche Entschei-dung wird die richtige sein? Aber bei aller Unsi-cherheit, die uns immer wieder beschleicht, dür-fen und sollten wir uns durch selbsternannte Hellseher die eigenen Entscheidungen nicht aus der Hand nehmen lassen. Glaube an Gott be-sagt, dass unsere Entscheidungen haltbar sind und von Dauer, obwohl wir ihr Ende nicht abse-hen können; dass unser Tun und Lassen zum Guten gedeiht, auch wenn wir immer wieder im Kreis gehen. Dies alles ist mit der Hoffnung des Glaubens auf ein gesegnetes Leben verbunden. Treffen Sie gute Entscheidungen und bleiben Sie behütet!

15. März

Sind Sie eigentlich zufrieden, ja, sind Sie glücklich mit Ihrem Leben? Oder anders – und weniger direkt gefragt: Wer ist Ihrer Meinung nach glücklich? Ist es derjenige, der all das be-kommt, was er haben will? Irgendwie wäre das schon super ... ich meine, wenn man alles bekäme, was man haben will. Auf einem anderen Blatt steht die Frage, ob man dann wirklich glücklich ist. Ich erinnere mich an meinen Vater, der im Lauf seines Lebens Ehrgeiz entwickelt hat, beruflich aufzusteigen. Zumindest teilweise hat er das auch geschafft … aber in seiner neuen beruflichen Aufgabe ist er nicht glücklich geworden. Und zum frühestmöglichen Zeitpunkt ging er in Ruhestand.

Viel gibt es eigentlich da gar nicht mehr zu sagen. Außer vielleicht einem Wort Martin Luthers, das auf einem Zettel auf meinem Schreibtisch steht: „Wer bekommt, was er mag, ist erfolgreich. Wer aber mag, was er bekommt, ist glücklich." Bleiben Sie behütet!

16. März

Haben Sie auch einmal eine Vision von ihrem Leben gehabt, einen Lebensentwurf, ein Lebenskonzept, einen Schnittmusterbogen für's eigene Leben? Und wenn Sie ihn nicht haben, dann haben oder hatten ihn vielleicht andere für Sie? Erwartungen von Seiten der Familie, Leistungsdruck von Seiten der Gesellschaft, wie man zu sein hat und was man am besten aus seinem Leben machen kann oder soll. Ich habe schon Gottesdienste in der Justizvollzugsanstalt St. Georgen gehalten. Was mögen sich die Gefangenen dort denken, von ihrem Lebensentwurf, von ihren Visionen. Alles vorbei? Alles aus? Alles nur ein Scherbenhaufen?

Sinnvoll wird Leben, so meinen die Geschichten des Neuen Testaments, wenn man Menschen findet, die Anteil an der Person nehmen, behutsam mit unseren Verwundungen umgehen und unsere Unverwechselbarkeit und Einmaligkeit wahrnehmen. Und vielleicht wird ihnen gerade heute durch die eine oder anderen Begegnung klargemacht: Was immer ich auch falsch gemacht habe: Ich kann mich zeigen, wie ich wirklich bin. Bleiben Sie behütet!

17. März

Passionszeit, Fastenzeit! Im Grunde haben wir es in unserem Alltag ganz vergessen, was das heißt. Auf etwas zu verzichten! Unsere Supermarktregale sind stets gut gefüllt und es ist nur eine Sache des Geldbeutels, ob wir uns auch im Winter frische Erdbeeren leisten können oder wollen. Dabei ist es ein guter Brauch, sich gerade in der Fastenzeit bewusst zu machen, dass es in vielen Ländern der Erde Hunger gibt, dass wir im Überfluss leben und dass wir diesen Überfluss immer wieder für selbstverständlich nehmen. Fastenzeit – ein willkommener Anlass einmal auf etwas Liebgewordenes zu verzichten … und sei es nur, um sich selbst zu beweisen, dass man davon nicht abhängig ist. Wie wäre es mit dem Verzicht auf Facebook oder auf Süßigkeiten oder auf das allabendliche Bierchen? Den Verzicht auf etwas Liebgewordenes praktiziere ich selbst tatsächlich! Und es funktioniert prima! Versuchen Sie es doch auch an irgendeiner Stelle Ihres Alltags – es ist nicht zu spät: Die Fastenzeit dauert noch ein paar Wochen. Bleiben Sie behütet!

18. März

Gibt es ein Leben nach dem Tod? So richtig können wir uns das nicht vorstellen. Aber vielleicht hilft uns eine kleine Geschichte dabei. Im Bauch einer schwangeren Frau waren einmal zwei Embryos. Der eine war ein Skeptiker und der andere nicht. Zwischen den beiden ergab sich einmal folgendes Gespräch: Der Skeptiker begann: „Glaubst du an ein Leben nach dem Tod?" – „Na klar!" antwortete der andere. „Hier im Bauch ist doch nur die Vorbereitung auf das eigentliche Leben danach." – „Blödsinn!" entgegnete der andere. „Wie soll das denn aussehen?" – „Also, wir werden mit unseren Beinen in einer uns unbekannten, viel helleren Welt herumlaufen und mit dem Mund essen." – Da lachte der kleine Skeptiker und meinte: „Wozu hast du dann die Nabelschnur? Und herumlaufen mit der – das geht nicht! Es ist doch so, dass noch keiner von ‚nach der Geburt' zurückgekehrt ist. Der Sinn des Lebens ist der, sich hier so lange und so gut wie möglich einzurichten." – Darauf der andere: „Nach der Geburt werden wir unsere Mutter sehen!" – „Ha!" wurde er unterbrochen: „Wo ist denn deine Mutter, ich sehe sie nicht." – Darauf wieder der andere: „Erstens ist sie auch deine Mutter und ob du's glaubst oder nicht, sie ist überall. Wir sind und leben in ihr und durch sie. Und ohne sie könnten wir gar nicht sein. Und wenn du genau hinhörst, dann kannst du sie manchmal singen oder sprechen hören."

Ja, liebe Zuhörerinnen und Zuhörer – ich glaube, das ist gar nicht so dumm. Vielleicht hören sie heute auch Gott selbst – sie brauchen nur genau hinzuhören. Bleiben Sie behütet!

19. März

In meiner siebten Klasse haben wir das Thema „Vorbilder" genau besprochen. „Vorbilder" – so sagte mir eine Schülerin „sind Menschen, die etwas können, was ich bewundere und selbst nicht kann." Wir haben uns Vorbilder angesehen, unsere Autogrammsammlungen verglichen, und wir haben festgestellt, dass sich Vorbilder im Laufe des eigenen Lebens häufig ändern. Mit 14 habe ich andere Idole als mit 41. Aber dann kamen wir sehr schnell auch drauf, dass manche Vorbilder doch ein Leben lang bleiben. „Vorbilder bleiben bestehen" – so formulierte eine andere Schülerin – „wenn sie mit ihrem Leben für ihren Glauben, ihre Überzeugung einstehen."

In der Tat! Wahre Vorbilder sind glaubwürdige Menschen, Menschen die etwas können, was wir uns nicht so recht zutrauen, was wir vielleicht aber auch vermögen. Ich habe die Unterrichtseinheit zum Anlass genommen, auch über meine Vorbilder einmal nachzudenken, und mir fielen Menschen ein wie Dietrich Bonhoeffer, Martin Luther King und ... mein eigener Großvater. Welches sind Ihre Vorbilder? Bleiben Sie behütet!

20. März

Mann, war das ein langer, frostiger Winter! Kaum Sonne, nur Schmuddelwetter, und dann diese Kälte bis in den April hinein! Ich habe den Frühling noch selten so herbeigesehnt wie in diesem Jahr. Und selten habe ich mich so über jeden einzelnen Frühjahrsblüher gefreut wie in diesem Jahr.

Heute erinnere ich an die Wunder des Frühlings. Ich tue dies mit einem Gedicht, dessen Verfasser ich nicht kenne, aber seine Worte berühren mich sehr:

Gott, ich staune, lauter Wunder hast du für uns ausgedacht.

Sag, wie hast du das gemacht, dass es Nacht wird jeden Abend –

woher weiß denn das die Nacht?

Woher wissen die Narzissen, dass sie Ostern blühen müssen?

Und die Gräser auf den Wiesen, dass sie plötzlich wieder sprießen?

Und die Petersiliensamen, drinnen in der dunklen Erden,

sag', wie können sie denn wissen, dass sie Petersilie werden?

Stimmt es, dass die Erde rund ist? Papa sagt, dass sie sich dreht.

Warum rutscht man dann nicht runter, wenn man grade unten steht?

Warum fließen Wasserfälle unaufhörlich Tag und Nacht?

Großer Gott, ich kann's nicht fassen, wie du das hast werden lassen,

wie du alles hast gemacht. … Bleiben Sie behütet!

21. März

Heute ist Frühlingsanfang. Was? Schon wieder Frühlingsanfang? Haben Sie nicht auch manchmal das Gefühl, dass die Zeit rast? Kaum hat man das Kindesalter, die Schulzeit hinter sich gelassen, steht man – schwupps – auch schon im Berufsleben, hat vielleicht eine eigene kleinere oder größere Familie … und wenn die Kinder erst einmal da sind, geht alles noch viel schneller. Die Zeit scheint so lange zu sein, aber ehe man sich versieht, sind die Kinder auch schon wieder aus dem Haus. Ja, jeder Mensch, auch wir werden älter. Der Liedermacher Reinhard Mey hat vor vielen Jahren einmal ein Lied geschrieben mit dem Titel „50 – was? Jetzt schon?" Darin fragt er sich: Hat meine Jugend über Nacht sich leise aus dem Staub gemacht und ich hab's gar nicht mitbekommen? Aber schließlich kommt er zu dem Schluss: Und manchmal schmunzel ich in mich rein. Wie kann man so'n Kindskopf sein? Doch ob man alt ist oder nicht, steht nicht auf Hintern und Gesicht. Mancher ist schon als Kind senil und junge Greise kenn ich viel. In diesem Sinne: Bleiben Sie jung – und behütet!

22. März

Irgendwann zwischen dem 22. März und dem 24. April ist auch in diesem Jahr der Karfreitag, der Tag an dem Jesus gekreuzigt wurde. Der Statthalter Pontius Pilatus hatte seine Ruhe haben wollen und diesen Jesus von Nazareth zur Sicherheit kurz vor dem Passafest den Soldaten zur Kreuzigung überlassen. Was wäre aus uns heute, wenn er das nicht getan hätte, wenn Jesus nicht „gelitten und Pontius Pilatus" hätte? Neulich bin ich auf folgende Geschichte gestoßen: Pontius Pilatus genießt seinen Ruhestand mit einem Aperitif in der Hand in einem Liegestuhl in der Sonne auf der Insel Capri. Sein Gast fragt ihn: „Was ist eigentlich aus diesem Juden geworden, den man ans Kreuz genagelt hat – da waren auch noch zwei Räuber dabei gewesen? Erinnern Sie sich?" Darauf Pontius Pilatus: „Ach wissen Sie, das fragen mich zurzeit so viele Leute, ich höre schon gar nicht mehr hin." Ich glaube es diesem Menschen. Er kann es schon gar nicht mehr hören. Vielleicht einigen wir uns darauf: Die Menschen gedachten es böse zu machen, aber Gott ließ Gutes daraus entstehen – Heil für die Welt! Heil auch für Sie! Bleiben Sie behütet!

23. März

Ein Besucher sah mit Erstaunen, dass der Mönch in einem Zimmer mit nur einem Tisch, einem Stuhl und ein paar wenigen Büchern lebte. „Wo sind denn ihre Möbel?" fragte der Besucher. „Wo sind denn ihre?" erwiderte der Mönch. „Meine? Aber ich bin nur zu Besuch hier. Ich bin doch auf der Durchreise", entgegnete der Besucher. Da sagte der Mönch nur: „Genau wie ich."

Ja, liebe Zuhörerinnen und Zuhörer, auf der Durchreise – wir sind das in der Tat alle – bloß ist uns das häufig (und da schließe ich mich selbst auch mit ein) nicht mehr bewusst. Wir, auch wir sind hier nur auf der Durchreise – und wenn wir uns dies immer wieder neu bewusst machen, dann fällt ein völlig neues Licht auf unseren Alltag und unser ganzes Leben hier. Ich bin auf der Durchreise – vielleicht hilft uns dieser Gedanke, das Leben in neuem, hoffnungsvollen, aber auch entspannteren Licht zu sehen. Bleiben Sie behütet!

24. März

Ein Mann mit Brandblasen an beiden Ohren ging auf der Straße spazieren. Ein Freund fragte ihn, wie er sich diese Blasen zugezogen hatte. „Meine Frau hatte ihr heißes Bügeleisen noch angeschaltet, und als das Telefon läutete, hob ich versehentlich das Eisen ans Ohr." – „Ja, und das andere Ohr?" – „Der Dummkopf rief noch einmal an."

Liebe Zuhörerinnen und Zuhörer – über so einen Dummkopf kann man nur lachen. So blöd muss man ja erst einmal sein. Aber vielleicht wird nach und nach auch deutlich, dass uns hier ein Spiegel vorgehalten wird. Ich will es einmal anders formulieren. Wie oft ignorieren wir selbst die Lehren der Geschichte, ja selbst unserer eigenen Lebensgeschichte. Der Philosoph Konfuzius hat einmal gesagt: „Es ist nicht schlimm, einen Fehler zu machen; schlimm ist es, denselben Fehler ein zweites Mal zu machen." Bleiben Sie behütet!

25. März

Sie kennen bestimmt alle diese Geschichte von Jesus im Garten Gethsemane – damals an einem Donnerstagabend kurz vor dem Karfreitag, als er Gott anflehte: „Vater, wenn es möglich ist, dann lass diesen Kelch an mir vorübergehen, aber nicht mein, sondern dein Wille geschehe." Ja, Gottes Wille soll geschehen. Das erbitten Christen immer wieder auch im Vaterunser: „Dein Wille geschehe!" Und sie meinen damit immer auch irgendwie: „Ach ja, lieber Gott, wenn du mir Schmerzen schickst, dann will ich sie auch tragen, denn dein Wille geschehe." Aber damit ist diese Bitte gründlich missverstanden. Gott meint es doch gut mit uns. Er will, dass wir glücklich und gesund sind.

„Dein Wille geschehe!" heißt deshalb nichts anderes als: Bitte kümmere dich darum, dass sich dein guter Wille mit uns und deinen Menschen auch an diesem Tag und auch in meinem kleinen Leben immer wieder neu durchsetzt." Ja, Gott meint es gut mit uns! Mögen wir das immer wieder neu spüren! Bleiben Sie behütet!

26. März

Der große evangelische Theologe Karl Barth wurde einmal von einem Studenten gefragt: „Herr Professor, was glauben Sie, werden wir im Himmel alle unsere Lieben einmal wiedersehen?" – Karl Barth legte die Stirn in Falten und sah den Studenten scharf an, dann nickte er und sagte: „und alle unsere Feinde auch."

Ja, liebe Zuhörerinnen und Zuhörer, ich weiß nicht, wie es Ihnen geht, ob Ihnen dieser Gedanke von Karl Barth, der viel für sich hat, zusagt oder nicht. Vielleicht wirft dieser kleine Satz aber auch ein besonderes Licht auf unsere Kleinkriege und Streitereien hier und heute. Irgendjemand hat mir einmal den Satz gesagt: „Bei Streitigkeiten liegt die Wahrheit immer in der Mitte. Deshalb: Versuchen auch sie, miteinander wieder ins Gespräch zu kommen, versuchen sie, im Gespräch zu bleiben, auch wenn es schwerfällt, nehmen Sie sich und ihre Gefühle wichtig, aber nicht zu wichtig – und denken Sie vielleicht manchmal auch an den Satz von Karl Bart: „...

und alle unsere Feinde auch!" Bleiben Sie behütet!

27. März

Haben Sie schon einmal Wii gespielt? Ich meine diese Konsole, die man an einen Fernseher hängt und mit der man die eigenen Arm- und Handbewegungen auf dem Bildschirm sichtbar machen kann. Auf diese Weise kann man im Sitzen vor dem eigenen Fernseher Tennis oder Tischtennis spielen. Man kann Autorennen fahren oder Bogenschießen. All das ist virtuell inzwischen problemlos möglich. Und es macht auch richtig Spaß! Aber die Herausforderung bleibt auch hier – wie bei jeder weiteren neu erfundenen Spielmöglichkeit: Das wahre Leben ist anders. Es ist etwas anderes, in der Realität Tischtennis oder Tennis zu spielen. Es macht einfach mehr Freude – von der Gemeinschaft mit den Mitspielern ganz zu schweigen. Ich weiß nicht, wie viele gute Freunde ich gewonnen und wie viele Freundschaften ich vertieft habe dadurch, dass ich in der Realität Fußball spiele. Das ist nochmal etwas ganz anderes als das Spiel in der virtuellen Welt. Ehrlich! Probieren Sie es aus! Es lohnt sich! Bleiben Sie behütet!

28. März

„Diem perdidi! – Ich habe den Tag vertan, verloren! – So lautet ein Spruch aus dem Alten Rom. Diem perdidi! Manchmal – am Abend eines schweren Tages, am Abend eines Tages, an dem ich zu nichts gekommen bin, an dem ich das Gefühl hatte, dass mir nichts gelungen ist oder an dem ich einfach nicht die Kraft hatte, irgendetwas anzupacken, ist mir jenes Wort in den Sinn gekommen: Diem perdidi!

Und es hat häufig lange gebraucht – bis ich auch jene Tage, an denen einfach nichts gelang, angenommen habe. Denn auch sie gehören zum Leben – ebenso wie Tage, an denen alles zu gelingen scheint. Wie wichtig ist es, dass wir die Tage, die uns geschenkt sind, bewusst erleben, dass wir uns die Tiefen bewusst machen, um die Höhen, die Glücksmomente, genießen zu können. Deshalb möchte ich Ihnen heute noch ein weiteres lateinisches Sprichwort in den Tag mitgeben: Carpe diem – pflücke den Tag! Nehmen Sie ihre Tage bewusst als ein zeitliches Geschenk an, damit sie ihn am Abend dankbar wieder zurückgeben können! Bleiben Sie behütet!

29. März

„Privateigentum ist die Quelle allen Übels." So war die Überzeugung in der ehemaligen DDR. Alles soll allen gehören. Das wäre – so dachte man – der richtige Ansatz. Das Problem ist jedoch, dass wir Menschen mit den Dingen, die uns anvertraut sind, aber uns nicht gehören, in der Regel anders umgehen, als mit den Sachen, die wir persönlich besitzen. Das ist im Kleinen so – wenn ich zum Beispiel sehe, wie mit Bänken und Tischen in der Schule umgegangen wird –, aber das ist auch sonst so, wenn ich etwa beobachte, wie Menschen Abfall einfach auf den Boden werfen, anstatt ihn in den teilweise nur zwei Meter entfernten Abfallkorb zu werfen. Ich denke, wir brauchen ein neues Wir-Gefühl: Wir alle sind verantwortlich – nicht nur für unsere Familie, nein, auch für unsere Stadt, unser Land, ja, unsere Welt. Gehen wir doch so mit ihr um, wie wir mit dem umgehen, was uns gehört! Bleiben Sie behütet!

30. März

Mit meinen Schülerinnen und Schülern habe ich mir einmal Gedanken darüber gemacht, warum Horoskope immer wieder gerne gelesen werden. Ist es reines Amüsement – oder steckt etwas Ernsthaftes dahinter. Sehr bald kamen wir zu der Vermutung, dass es eine große Unsicherheit ist, die die Menschen zu Horoskopen – ja, manchmal sogar zu Wahrsagern führt. Auch der Glaube an die Hilfe durch einen Talisman, einen Glücksbringer, ja, der ganze Aberglaube resultiert aus der Angst vor der Zukunft. Tatsächlich können wir ja immer nur einen kleinen Teil unseres Lebens überblicken – manchmal sehen wir nicht einmal bis zum Abend des Tages voraus. Was wird aus mir? Werde ich die Prüfung bestehen? Werde ich den Ansprüchen anderer und meinen eigenen Ansprüchen gerecht? Wo gibt es Hilfe?

Dietrich Bonhoeffer hat einmal die bis heute unübertroffenen Zeilen gedichtet, die ich Ihnen heute mit auf den Weg geben möchte und die eine ganz andere Antwort auf die Zukunftsangst formulieren als es Horoskope und Aberglaube tun:

„Von guten Mächten wunderbar geborgen erwarten wir getrost, was kommen mag. Gott ist

mit uns am Abend und am Morgen Und ganz
gewiss an jedem neuen Tag."

31. März

Eine Dame betrat eine Buchhandlung. „Ich
möchte ein Buch für einen Kranken. Was können
Sie mir empfehlen?" – Die Verkäuferin fragte:
„Vielleicht etwas Religiöses oder etwas Spirituel-
les?" – „Aber nein", wehrte die Kundin ab, „es
geht ihm schon viel besser." Irgendwie wirft diese
Geschichte ein bezeichnendes Licht auf unsere
Gesellschaft und nicht zufällig lautet ein Sprichwort: „Not lehrt beten!" Wir haben das alle schon
am eigenen Leib erfahren. Irgendwie ist das
menschlich. Aber muss das denn immer so sein?
Denken wir wirklich nur, wenn es uns schlecht
geht, wenn wir krank oder gar sterbenskrank
sind, an Gott. Erinnern wir uns an die biblischen
Geschichten immer nur dann, wenn wir nicht
mehr weiter wissen?

„Wisst Ihr nicht, dass Gottes Güte uns zur
Umkehr leitet?" Der Apostel Paulus stellt diese
Frage geradezu in unsere Gegenwart und ich
darf sie einmal für uns übersetzen. Gott schenkt
uns jeden Tag so viel Gutes und er möchte damit
auch in Verbindung gebracht werden. Er will
nicht nur in der Not gesucht, sondern auch im
Glück gefunden werden. Vielleicht dürfen Sie gerade heute diesen Segen Gottes im Besonderen
erleben. Ich wünsche es Ihnen von Herzen! Bleiben Sie behütet!

April

1. April

Wenn ich heutzutage durch die Stadt fahre oder laufe, fallen mir immer wieder telefonierende Menschen auf. Ja, das Handy ist schon eine tolle Erfindung. Man ist stets erreichbar, wichtige Nachrichten bekommt man notfalls per SMS. Man kann Bilder, ja sogar kleine Filme versenden und erhalten ... nie hätte man vor dreißig Jahren gedacht, dass so etwas möglich ist ... man verpasst einfach nichts. Mir fällt da immer wieder jener Satz von Wilhelm Busch ein: „Schön ist es ja auch anderswo und hier, hier bin ich sowieso."

Ja, ist das wirklich so? Bin ich wirklich anwesend, wenn ich mit einem Menschen, der an einer anderen Stelle ist, telefoniere? Der Musiker John Lennon hat einmal den Satz gesagt: „Leben ist das, was passiert, während du andere Dinge im Kopf hast." Als Lennon starb, gab es noch keine Handys, aber der Satz scheint sich geradezu auf die heutige Smartphone-Gesellschaft zu beziehen. Weniger ist manchmal eben doch mehr. Und manchmal ist es auch schön, nicht erreichbar zu sein, einfach da zu sein, mit offenen Augen und Ohren zu sehen und zu hören und aufeinander zu achten. Es wird immer mehr zur Kunst, das Wichtige vom Eiligen zu unterscheiden. Bleiben Sie behütet!

2. April

Ergriffen sagte eines Nachts eine Ameise zur anderen: „Sieh nur, dieser herrliche Sternenhimmel ... man fühlt sich ganz klein und unbedeutend." Ich möchte fragen: Und was unterscheidet uns eigentlich von einer Ameise? Mit einem neuen Teleskop versuchen die Astronomen in den Himmel und in Zeiten zurückzublicken, die schon vor vielen Milliarden vergangen sind. Jene Menschen, die tagaus tagein mit dem Sternenhimmel zu tun haben, die müssten doch auch sich ganz klein und unbedeutend vorkommen. Im ganzen Universum wirkt selbst die Erde mit ihren rund 40.000 km Umfang kleiner als ein Staubkorn. Und da meinen wir, etwas Besonderes zu sein? Wir Menschen auf der Welt, wir Leute hier in Bayreuth, ja, jeder einzelne von uns?

Ich will es einmal anders formulieren! Nicht *wir* brauchen das von uns zu meinen, sondern *Gott* hat diese Meinung von uns. Ihm ist jeder Mensch wichtig – ganz egal, was er zu leisten vermag oder geleistet hat. Und nicht zu Unrecht hat einst der große Theologe Karl Barth anlässlich der Verleihung seiner elften Ehrendoktorwürde gesagt: „Wenn ich je die Chance habe, in den Himmel zukommen, so werde ich all diese Ehrendoktorhüte gleich bei der Garderobe abgeben müssen."

Deshalb: Vor Gott ist jeder Mensch wichtig – auch Sie. Bleiben Sie behütet!

3. April

„Ja, jetzt wird wieder in die Hände gespuckt –
wir steigern das Bruttosozialprodukt!" Aus den
80er Jahren stammte dieses Lied der Gruppe
„Geier Sturzflug" – und ein bisschen trifft das
auch für heute zu. Derzeit brummt die Wirtschaft.
Wir sprechen von einem nachhaltigen Auf-
schwung. Ja, sogar neue Arbeitsplätze entstehen. Endlich geht es bergauf! Und in der Tat –
manchmal wissen wir wirklich nicht mehr, wie wir
all die Arbeit schaffen sollen. ‚Ach wäre das
schön, auch am Sonntag shoppen zu können!
Dann bräuchten wir uns unter der Woche nicht
so zu hetzen.' So denken in der Tat viele – mir
fällt da nur ein Wort aus der Bibel ein: „Der Sabbat ist für den Menschen da und nicht der
Mensch für den Sabbat." Wir brauchen den Ru-
hetag für uns. Einmal nicht zur Arbeit gehen zu
müssen. Einmal ausspannen – vielleicht sogar
einen Gottesdienst besuchen, die Seele baumeln
lassen. Einmal sich selbst der Nächste sein!
Nichts Anderes meint Jesus, der die Menschen
aufgefordert hat, den Nächsten zu lieben … wie
sich selbst! In diesem Sinne: Lieben Sie sich und
bleiben Sie behütet!

4. April

„Heute ist der erste Tag vom Rest deines Lebens." Die meisten von uns kennen dieses Wort
wohl – und immer, wenn man es hört, wird man
irgendwie an die eigentliche Endlichkeit erinnert.
Auf eine gewisse Art und Weise klingt das Wort
auch deprimierend. Alles hat irgendwann ein Ende – auch mein Leben. Tag für Tag wird mehr

von meiner Zeit verbraucht. „Heute ist der erste Tag vom Rest meines Lebens." Ich habe lange über jenes Wort nachgedacht und überlegt, wo der gedankliche Fehler liegen könnte. Natürlich kann man sein Leben so betrachten. Aber es geht auch anders herum: Du befürchtest, dass mit jedem vergehenden Tag dein Leben einen Tag kürzer wird? Nein, es ist doch genau umgekehrt: dein Leben ist wieder um einen Tag länger geworden. Deshalb: Nehmen wir jeden Tag dankbar an – es ist eine geschenkte Zeit, mit der ein jeder immer wieder neu Gutes tun und Erfüllung und Glück finden kann. Bleiben Sie behütet!

5. April

Vor einiger Zeit war in unserer Zeitung ein Bericht über Abdel Traore aus Togo. Abdel ist – obwohl er noch nie in Deutschland, geschweige denn in Nürnberg war – Fan des 1.FC Nürnberg. Auf seiner Facebook-Seite steht angeblich der Satz: „Schreib es auf mein Grab, wofür ich starb: 1.FC Nürnberg." Mensch, Abdel, möchte man sagen! Bei allem Respekt für den Club, aber ich bin mir sicher: Auch die Club-Verantwortlichen wollen im Leben und im Sterben lieber auf etwas Anderes vertrauen als auf ihren eigenen Fußball-Verein. Als Jeff Strasser, der Trainer des 1.FC Kaiserslautern, im Januar dieses Jahres in der Halbzeitpause des Spiels SV Darmstadt – 1.FC Kaiserslautern einen Herzanfall erlitt, wurde das Spiel abgebrochen, und es war kein geringerer als der Präsident des SV Darmstadt, Rüdiger Fritsch, der gesagt hat: „An Tagen wie heute werden wir alle wieder daran erinnert, dass es wichtigere Dinge gibt als Fußball." Respekt, Herr Präsident! Und mitten in der Passionszeit, wenige Wochen vor Karfreitag fragen wir uns vielleicht: Was ist wirklich wichtig? Und wem will *ich* eigentlich im Leben und im Sterben vertrauen? Bleiben Sie behütet!

6. April

Haben Sie sich einmal Gedanken darüber gemacht, ob sich Jesus vernünftigen Argumenten gegenüber empfänglich war oder ist? Es gibt da eine Geschichte im Neuen Testament, die mich immer wieder zum Nachdenken anregt. Im Markusevangelium beginnt eine heidnische Frau, die offenbar gehört hat, dass Jesus in der Lage ist, dort zu helfen, wo ärztliche Kunst an ihre Grenzen gestoßen ist, Jesus zu nerven: „Jesus, du Sohn Davids, meine Tochter liegt todkrank zuhause. Bitte hilf ihr!" Aber Jesus hört gar nicht hin. Auf ihre zweite Anrede, sagt er ihr immer noch kein einziges Wort. Als die Jünger für sie Partei ergreifen, nach dem Motto: „Herr, die Frau nervt, jetzt hilf ihr halt, damit wir Ruhe haben!", sagt Jesus: „Ich bin nicht zu den Heiden gesandt, sondern nur zu den Juden. Tut mir leid, aber ich bin nicht zuständig. Man nimmt den Kindern auch nicht das Brot weg und wirft's vor die Hunde!" Darauf sagt die Frau: „Ja, aber doch fressen die Hunde die Brosamen, die von der Herren Tische fallen!" In diesem Augenblick sieht Jesus sie direkt an: „Solchen Glauben habe ich in Israel nicht gefunden!" Und zur selben Stunde wurde die Tochter gesund. Ja, was uns diese Geschichte sagt: Jesus scheint manchmal nicht auf uns zu hören, aber er lässt sich auch umstimmen! Deshalb: Verzweifeln Sie nicht, wenn etwas nicht sofort klappt – und hören Sie nicht auf, von diesem Jesus etwas zu erwarten! Bleiben Sie behütet!

7. April

Wer A sagt, muss auch B sagen. Wir kennen das Sprichwort. Es macht deutlich, dass eine einmal getroffene Entscheidung nicht wieder rückgängig gemacht werden soll oder kann. Ich muss die Suppe schon auslöffeln, die ich mir selbst eingebrockt habe, muss – in diesem Sinne – dann auch B sagen. Ist das wirklich so? Wir sind doch Menschen – Menschen die ab und zu auch mal einen Fehler machen. Können wir wirklich nicht zurück, nicht mehr umkehren, wenn wir einmal einen falschen Weg eingeschlagen haben? Ich glaube, genau das macht uns zu Menschen, dass wir ab und zu vielleicht auch Fehler einsehen, aus Sackgassen umkehren, einander um Verzeihung bitten. Insofern muss, wer A sagt, nicht immer automatisch auch B sagen. Er kann auch erkennen, dass A falsch war. In diesem Sinne: Bleiben Sie Mensch! Bleiben Sie behütet!

8. April

„Ich kann nicht, das ist einfach zuviel verlangt!" Manchmal mag ein solcher Satz uns über die Lippen kommen. Irgendwann ist die Aufgabe einfach zu groß – so meinen wir. Und manchmal ist es tatsächlich auch so. Ich kann das nicht! Wer das sagt, setzt sich selbst aber auch Grenzen. Denken Sie an die Hummel. Die Hummel hat 0,7 qcm Flügelfläche bei 1,2 Gramm Gewicht. Nach den bekannten Gesetzen der Aerodynamik ist es unmöglich mit diesen Voraussetzungen zu fliegen. Die Hummel weiß das aber nicht … sie fliegt einfach.

Deshalb: trauen Sie sich ruhig etwas zu! Sie können wahrscheinlich viel mehr, als sie selbst meinen! Probieren Sie es aus! Gott schenke Ihnen das Gelingen dazu! In diesem Sinne: Bleiben Sie behütet!

9. April

Träume sind Schäume – sagt der Volksmund und drückt damit aus, dass Träume oft wie Seifenblasen zerplatzen. Ist das wirklich so? In einem Lied habe ich einmal folgenden Satz gefunden: „Lass dir die Träume nicht nehmen, weil deine Kraft in ihnen liegt." Es gibt in der Tat viele Menschen, die sich trotz mancher Niederlage ihre Träume nicht nehmen ließen.

Was brennt denn noch in unseren Herzen? Was für Träume haben wir – ganz abgesehen von unserem Traum von einem sicheren Arbeitsplatz, einem guten Aus- und Einkommen? Menschen wie Jesus von Nazareth oder wie Martin Luther King haben uns vorgelebt, wie wichtig Träume sind, und vor allem haben sie uns gezeigt, dass Träume in Gang setzen, etwas bewegen, ja teilweise sogar etwas Grundstürzendes erreichen können. Sie haben sich nicht vorher in ihr stilles Kämmerlein zurückgezogen, haben Kosten und Nutzen überschlagen und sich dann überlegt, dass Ihnen das Ganze das Leben kosten könne und es schließlich bleiben lassen. Versuchen wir Vergleichbares für unsere kleine Welt, für unsere Familie immer wieder neu in gleicher Weise – gleich an diesem heutigen Tag! Bleiben Sie behütet!

10. April

Der unvergessene Heinz Erhard hat einmal folgende Zeilen gedichtet:

»Gott hat die Welt aus *Nichts* gemacht«,
so steht es im Brevier,
nun kommt mir manchmal der Verdacht,
er macht sich *nichts* aus ihr...

Tatsächlich scheint es manchmal so zu sein, dass Gott sich nichts aus der Welt macht. Aber seit 2000 Jahren steht für Christen ein großes Ausrufezeichen hinter der Macht Gottes: Die Auferweckung Jesu oder anders gesagt: Ostern! Es ist, als habe Gott hier kurz die Welt angehalten – ja zurückgedreht, indem er seinen Sohn wieder ins Leben rief. Es ist, als habe er damit allen zeigen wollen: „Jetzt reicht's mir! Jetzt greife ich ein!" – Bis heute greift – daran halten Christen fest – Gott immer wieder neu ein, zwar in der Regel nicht so spektakulär wie damals, aber durch die Auferweckung Jesu wissen wir: Gott macht sich viel aus dieser Welt! Er greift ein ... immer wieder neu ... auch in Ihr Leben, ganz gewiss! Bleiben Sie behütet!

11. April

Christsein führt ins Dunkel! Wussten Sie das eigentlich? Ja, Christsein führt dorthin, wo es

finster ist, wo Menschen frieren und sich gottver-
lassen fühlen.

Wenn Sie in diesem Jahr in Ihrer Kirchenge-
meinde eine Osternacht gefeiert haben oder
noch feiern werden, dann wird Ihnen der Sinn
des Lichtes vielleicht neu aufgehen oder aufgegangen sein. In die stockdunkle Kirche wird die
brennende Osterkerze getragen und von ihrem
Licht werden nach und nach alle Kerzen in der
Kirche entzündet. Wir – eine jede und ein jeder
von uns – sind dazu gerufen, dieses Licht weiterzutragen, dorthin, wo es dunkel ist, in unsere
Häuser, in unsere Familien, an unseren Arbeitsplatz, das Licht der Hoffnung gegen alle Ver-
zweiflung. In diesem Sinne ist ein jeder von uns
immer wieder neu gefordert. Und vielleicht ist
Ihnen bei meinen Sätzen schon jemand eingefallen, der im Dunkeln sitzt. Daher meine Bitte: Gehen Sie heute oder irgendwann in dieser Woche
einmal dorthin, wo Sie wirklich gebraucht werden! Bleiben Sie behütet!

12. April

„Dann heirat' doch dein Büro!" So sang vor
vielen Jahren einmal Hanne Haller. Dieser
Schlager von einst kam mir in den Sinn, als ich
neulich eine Reportage sah über einen jungen
Mann, der nach fünf Jahren ohne Urlaub bei einem 16-18 Stunden-Arbeitstag plötzlich nicht
mehr arbeiten konnte. „Meinen Laptop habe ich
in den Müll geworfen!" sagte er. Und er fügte einen Satz hinzu, der mir zu denken gab: „Wenn
ich nur jemanden gehabt hätte, der mir in den
Arm gefallen wäre, der gesagt hätte: Hör' mal, so

geht das nicht weiter! Du hast nicht nur eine Verantwortung für dich selbst, sondern auch für deine Familie! Ja, wenn das gewesen wäre, vielleicht hätte ich dann rechtzeitig gemerkt, dass es
so nicht weitergehen kann." – „Dann heirat' doch
dein Büro! Du liebst es ja sowieso!" genauso ging
dieser Schlager damals. Eine besondere Wahrheit steckt in jenen Worten. Vielleicht sollten wir
in Zukunft ein bisschen mehr in unseren Familien
auf uns hören, und uns Zeit nehmen für die wirklich wichtigen Dinge im Leben. Bleiben Sie behütet!

13. April

Herzlichen Glückwunsch und Gottes Segen
für Ihren Dienst als Pfarrerin und Pfarrer! Ja, Sie
haben richtig gehört! Sie sind Pfarrerin bzw. Pfarrer! Es ist das Verdienst Martin Luthers, die Stelle aus dem ersten Petrusbrief wieder entdeckt zu
haben, aus der hervorgeht, dass mit der Taufe
alle Christinnen und Christen Priester Gottes
sind. Das heißt: Nicht nur Pfarrerin und Pfarrer
sollen die frohe Botschaft vom menschgeworde-
nen Gott, der am Kreuz die Sünden der Menschheit auf sich genommen hat und drei Tage später
auferstanden ist, weiter tragen, sondern auch
Sie, ja wirklich, Sie alle – durch Ihr Leben und
Reden andere darauf aufmerksam machen, dass
es einen Grund gibt für Ihre Freundlichkeit, Ihre
Zufriedenheit, Ihre Nächstenliebe: Jesus Christus! Bleiben Sie behütet!

14. April

Haben Sie ein Vorbild? Nein, ich meine jetzt nicht irgendein Model oder irgendeinen Fußballer, einen Fernsehstar oder eine Schauspielerin oder sowas, ich meine ein Vorbild im Menschsein? So etwas wie Ihre Mutter oder Ihr Vater oder Großmutter oder Großvater? Vielleicht sieht unsere Welt deshalb so aus wie sie ist, weil wir kaum noch solche Vorbilder haben, Menschen die sich für andere eingesetzt haben, die zu einem stehen – ganz egal, was man auch ausgefressen hat. Haben Sie so ein Vorbild? Fällt Ihnen da jemand ein? Wenn nicht, ist das auch kein besonders großer Beinbruch. Denn vielleicht können Sie selbst ja auch ein Vorbild sein, indem sie zu den Menschen, die ihnen nahestehen, halten – ganz egal was sie auch ausgefressen haben. Bleiben Sie behütet!

15. April

Kennen Sie Hiob? Nicht? Hiob war ein Mann aus dem Alten Testament. Er war glücklich verheiratet, kinderreich, materiell reich und gottesfürchtig. Er war ein richtiger Glückspilz! Und dann passiert das Unfassbare! Nach dem Zeugnis des Alten Testaments wird er Opfer eine Wette zwischen Gott und dem Satan. Dieser behauptet nämlich: „Hiob ist nur deshalb so gottesfürchtig, weil es ihm so gut geht! Nimm ihm alles weg, was er hat, und er wird Dir, Gott, ins Angesicht absagen!"

Ich unterbreche die Geschichte und frage mich: Stimmt das? Sind wir denn gottesfürchtig, weil es uns gut geht? Eher nicht! Wenn es uns besonders gut geht, meinen wir, wir hätten Glück gehabt oder wir klopfen uns an die Brust und denken, wie toll wir selbst doch sind. Aber mit Gott hat unser gutes Leben meist gar nichts zu tun … meinen wir. Wir erinnern uns vor allem dann an Gott, wenn es uns schlecht geht: „Oh Herr, wie kannst Du das zulassen?" Tja, so sind wir! Vielleicht finden wir heute Gott einmal in den schönen Dingen, die uns begegnen und vielleicht falten wir heute Abend einmal die Hände und sprechen „Danke, Gott, für das Gute, was mir heute widerfahren ist!" Bleiben Sie behütet!

16. April

Der niederbayerische Liedermacher Fredl Fesl hat in einem Lied einmal über den Fußball philosophiert: „44 Fußballbeine rasen hin und rasen her – denn das Spielfeld ist begrenzt. Und das macht's besonders schwer." In der Tat ist es nicht viel mehr – außer dass da noch ein Ball im Spiel ist, der in einen eckigen Kasten muss. Und doch geht von diesem Sport eine Faszination aus, die ihresgleichen sucht. Fußball ist in gewisser Weise auch ein Bild für das eigene Leben: Niemand kann immer gewinnen. Oder anders gesagt: Irgendwann erwischt es jeden einmal. Und wie gehe ich mit so einer Niederlage in meinem Leben um? Vielleicht machen Sie sich heute einmal darüber Gedanken ... und morgen erzähle ich Ihnen die Gedanken, die ich mir darüber gemacht habe. Bleiben Sie behütet!

17. April

Wie gehe ich mit Niederlagen in meinem Leben um? Es gibt da mehrere Möglichkeiten: Stecke ich den Kopf in den Sand? Suche ich mir ein möglichst großes Loch, um zu verschwinden? Gebe ich Anderen die Schuld? Oder suche ich immer die Schuld bei mir? Weine ich? Klage ich? Renne ich fort?

Mir ist beim Nachdenken über diese Frage ein Liedvers des evangelischen Liederdichters Paul Gerhardt eingefallen, den ich Ihnen heute für Ihren Tag mitgeben möchte. Und es ist vielleicht nicht falsch, wenn man weiß, dass vier der fünf Kinder Paul Gerhardts im Kindesalter starben, und er kurz nach dem Tod des vierten Kindes auch noch seine Frau verlor: „Kreuz und Elende, das nimmt ein Ende. Nach Meeresbrausen und Windessausen leuchtet der Sonne gewünschtes Gesicht. Freude die Fülle und selige Stille, wird mich erwarten im himmlischen Garten. Dahin sind meine Gedanken gericht'." In diesem Sinne: Bleiben Sie behütet!

18. April

Was ist wirklich wichtig in meinem Leben? Die Fußball-Bundesliga scheint eine eindeutige Antwort zu geben: „Mehr Tore schießen als der Gegner!" Das ist wichtig. Ja, schon! Durchzuckt es mich. Und mitfiebern tue ich ja auch. Aber wirklich wichtig? Das ist etwas Anderes. Seltsamerweise fällt uns das meistens erst dann ein, wenn die eigene Mannschaft einmal verloren hat. Dann wird mir deutlich, dass sich – was immer da auf den Spielfeldern in deutschen Fußballstadien passiert – in meinem Leben nichts geändert hat – außer vielleicht einer kurzen Hochstimmung oder eine kleine Niedergeschlagenheit – je nachdem. Vielleicht denken wir heute einmal darüber nach, was es ist, das unser Leben lebenswert und schön macht? Bleiben Sie behütet!

19. April
Vor einiger Zeit feierte der Posaunenchor meiner früheren Gemeinde in Bayreuth 100jähriges Bestehen. Zum Jubiläumskonzert bekam ich eine Einladung. Und ich bin auch hingegangen. Ganz ehrlich: Wer nicht da war, hatte etwas verpasst. Ich als Pfarrer beneide immer ein bisschen die Kirchenmusiker und an der Kirchenmusik Mitwirkenden, Trompeter, Posaunenbläser. Sie erreichen die Menschen auf eine ganz andere Art und Weise als ein Prediger. Also, mir geht es jedenfalls so! Etwa bei einem schönen Bachchoral, geblasen vom Posaunenchor oder gespielt von der Orgel, fühle ich mich immer wieder dem Himmelreich ein Stückchen näher. Probieren Sie's doch am kommenden Sonntag einfach einmal aus! Bleiben Sie behütet!

20. April
Können Sie Ungerechtigkeiten ertragen? Oder begehren Sie immer gleich auf, wenn Sie sich ungerecht behandelt gefühlt haben? Offenbar nehmen wir es mit der Gerechtigkeit sehr genau, wenn wir das Gefühl haben, benachteiligt zu werden. Wenn wir aber mehr zugeteilt bekommen als uns eigentlich zusteht, dann nehmen wir den Vorteil gerne mit. Auch hier ist der Fußball

ein gutes Spiegelbild unserer Gesellschaft. Vorgetäuschte Fouls – Schwalben genannt – finden wir in Ordnung, wenn ein Spieler der eigenen Mannschaft dadurch einen Elfmeter zugesprochen bekommt – andernfalls natürlich nicht. Jede Bevorzugung der eigenen Person zieht fast immer eine Benachteiligung anderer nach sich – nach dem Motto „Jeder denkt nur an sich – nur ich, ich denk' an mich!" Vielleicht denken Sie heute einmal ganz besonders an die Menschen, die Ihnen anvertraut sind! Bleiben Sie behütet!

21. April

„Ja, sowas hat's noch nie gegeben! Das haben wir noch nie so gemacht!" Kennen Sie solche Sätze? Sie tun besonders weh, wenn man einmal einen wirklich guten Vorschlag gemacht hat, einen Vorschlag, der – sofern er umgesetzt wird – wahrscheinlich alle in der Familie oder in der Firma weiter bringt. „Das haben wir noch nie so gemacht!" Das ist eine klassische Killerphrase, mit deren Hilfe Menschen mundtot gemacht werden sollen. Martin Luther ist es so gegangen, damals im April 1521 vor dem Reichstag zu Worms. Auf seine Bitte, er möge mit Worten aus der Schrift widerlegt werden, dann werde er widerrufen, hält ihm der Kaiser behauptend entgegen: „Was du behauptest, hat es noch nie gegeben! Außerdem stehst Du gegen die gesamte Christenheit. Also musst Du irren!" Luther stand eben nicht gegen die gesamte Christenheit. Und auch seine grundlegende Überzeugung, die Rechtfertigung des Sünders im Glauben an Jesus Christus aus Gottes Gnade und Barmherzigkeit, hat gut 480 Jahre später die römische Kirche im Wesentlichen übernommen. Es lohnt sich also zuweilen, standhaft zu bleiben, wenn man die Wahrheit erkannt hat.

In diesem Sinne: Lassen Sie sich nicht mundtot machen mit dem Satz „Sowas hat noch nie gegeben!" Und bleiben Sie behütet!

22. April

Am 22. April 1724 wurde der große Philosoph Immanuel Kant geboren. In seinem Werk „Kritik der praktischen Vernunft" fordert er, man solle stets so handeln, dass seine Handlung ein allgemeines Gesetz werden könne. Also lügen, stehlen, erpressen, bestechen … all das ist verboten, denn: Wo kommen wir denn da hin, wenn jeder so handeln würde? Gefordert sind dagegen Ehrlichkeit, Aufrichtigkeit und gegenseitige Unterstützung. Kant spricht hierbei auch über diejenigen, die Freude daran haben, die eigenen Bedürfnisse zurückzustellen und anderen zu helfen. Dies ist für ihn zwar nicht schlecht, aber doch nicht wirklich lobenswert! Anderen zu helfen, das müsse man – so Kant – stets nur aus Pflichtgefühl, niemals aus Neigung machen! „Wer sich zum Wurm macht, soll nicht klagen, wenn er getreten wird!" hat Kant einmal gesagt.

Lieber Immanuel Kant, ich weiß nicht so recht. Ich denke schon, dass es nicht verwerflich ist, selbst Freude zu empfinden, wenn man anderen eine Freude macht. Aber zugleich – da hast Du Recht – sollte man sich dabei nicht zum Wurm machen. Seien Sie sich also Ihrer Würde bewusst! Auch Sie sind kein Wurm, sondern Gottes Ebenbild. Bleiben Sie behütet!

23. April

Heute hat meine Tochter Geburtstag! Geburtstage sind die starken Eckpfeiler unserer Gesellschaftsordnung: Ohne Geburt keine Geburtsurkunde. Ohne Geburtsurkunde kein Eintrag ins Melderegister. Ohne Eintrag kein Ausweis. Ohne Ausweis keine Wohnung, keine Arbeit, kein Steuerzahlen! ... könnte man als treuer Staatsbürger meinen.

Aber wenn ich so an die vergangenen Jahre mit meiner Tochter denke, dann sieht mein Rückblick ganz anders aus: Ohne Geburt keine Freude, ohne Geburt keine Ahnung vom Glück, ohne Geburt keine Liebe und ohne Geburt keine Kindheit und keine Jugend. Wir weisen zuweilen gerne auf das, was wir unseren Kindern Gutes tun und bieten, doch – ganz ehrlich – unsere Kinder geben uns noch viel, viel mehr. Allein durch ihre Geburt, ihre Anwesenheit geben Sie unserem Leben eine ganz neue Dimension. Sie sorgen dafür, dass wir Verantwortung haben und übernehmen, dass wir unser Leben in den Griff bekommen, dass wir an die Zukunft denken. Vor allem aber sorgen sie dafür, dass wir das Spielen und Lachen nicht verlernen. In der Tat: Meine Kinder halten meine Augen offen für die wirklich wichtigen Dinge im Leben. Danke, Kinder, dass es euch gibt! Bleiben Sie behütet!

24. April

Lehman Brothers! Finanzkrise! Ach was! Finanzkatastrophe! Hypo Real Estate! Bis vor kurzem wusste ich gar nicht, was das ist. Jetzt werden kaum zählbare Steuermilliarden – auch mein Geld, auch Ihr Geld in ein Bankhaus gepumpt, das wir nicht einmal kennen. Es ist, als sei der Rhythmus beim Tanz um das goldene Kalb, unseren Finanzmarkt, ein bisschen aus dem Takt gekommen. Aber ich will hier nicht im Glashaus sitzen und mit Steinen werfen. Die Finanzkrise ist doch auch ein Spiegelbild unserer Gesellschaft, ja von uns selbst, die wir immer weiter kommen wollen, immer erfolgreicher und wohlhabender sein wollen. Vielleicht tut uns diese Krise einmal ganz gut, damit wir merken, dass es auch noch andere Tugenden gibt als finanziellen Erfolg – ich denke an die Bescheidenheit. Bescheidene Menschen gab es schon immer, aber vielleicht achten wir heute einmal darauf, dass die bescheidenen Menschen nicht auch noch beschissen werden. Bleiben Sie behütet!

25. April

„Mache dich auf, Abraham, in ein Land, das ich dir zeigen werde!“ So spricht Gott mit Abraham ganz am Anfang der Geschichte. „Ja“, denke ich mir, „der Abraham hatte es gut! Er wusste von Anfang an, dass Gott bei ihm war und ihm den Weg zeigte. Ich aber bin immer wieder so unsicher.“ So mag man meinen, aber wenn man sich den Weg des Abraham betrachtet, die folgenden Kapitel liest, dann stellt man fest: Der Abraham war gar nicht sicher, nein, er war überaus unsicher, traute der Verheißung Gottes nicht, ging Umwege und versuchte zu tricksen. Ich kann mir diesen Befund nur so erklären: Die Verheißung ist aus der Rückschau an den Anfang der Abrahamgeschichte gestellt worden. Denn aus der Rückschau hat Abraham festgestellt: Trotz aller Irrungen und Wirrungen: Gott war immer bei mir! Der evangelische Theologe Dietrich Bonhoeffer hat das einmal so formuliert: Ich glaube, dass uns Gott immer so viel Kraft geben wird wie wir brauchen. Aber er gibt sie nicht im Voraus, damit wir uns nicht auf uns selbst, sondern nur auf ihn verlassen." Mögen Sie dies heute ganz besonders beherzigen können! Bleiben Sie behütet!

26. April

Waren Sie neulich einmal in einem Gottesdienst? Wenn ja, dann würde ich eigentlich gerne jetzt Ihre Meinung hören, wie sie es fanden. War es begeisternd, interessant, war es langweilig oder gar ärgerlich? Vielleicht haben Sie sich gedacht: „Nein, zu dem Pfarrer oder der Pfarrerin gehe ich nicht mehr!" Und vielleicht waren Sie auch ein bisschen froh, einen Grund zu haben, nicht mehr in den Gottesdienst zu gehen. Aber vielleicht geben Sie irgendwann ihrem Herzen doch einen Stoß, und gehen wieder hin, zu dem Prediger, der Sie einmal gelangweilt oder gar geärgert hat. Und vielleicht hat er dann doch etwas zu sagen, was Sie berührt. Sie meinen, so etwas gibt es nicht? Ich glaube schon, denn Gott schreibt auch auf krummen Linien gerade. Probieren Sie es aus! Bleiben Sie behütet!

27. April

Neulich habe ich mir alte Urlaubsbilder angesehen. Es ist tatsächlich etwas Schönes, in alten Erinnerungen zu schwelgen und darüber nachzudenken, wie es war, als man dies oder jenes erlebte. Dabei stieß ich auf ein seltsames Bild. Vom kroatischen Festland aus hatte ich eine scheinbar komplett aus Steinen bestehende Insel fotografiert; und mitten auf diesem Eiland stand umgeben von einer Art Steinwüste eine kleine Kapelle. Sie wirkte wie eine Oase inmitten einer fast lebensfeindlichen Umgebung. Genau dies wollen die Kirchen in unseren Dörfern und Städten sein: Oasen des Lebens, des Durchatmens und Erinnerung an den Gott, der uns das Leben geschenkt hat und Tag für Tag erhält. Er ist die Quelle des Lebens, er ist derjenige, der uns Zuflucht gibt, ganz gleich, was heute in unserem Leben wieder schiefgelaufen ist. Gott sei Dank! Bleiben Sie behütet!

28. April

Der Amoklauf an der Albertville-Realschule von Winnenden hat mich doch sehr beschäftigt. Wie kommt ein junger Mensch eigentlich dazu, fünfzehn andere, unschuldige Mitmenschen abzuknallen und sich dann durch Selbstmord der möglichen Konsequenzen zu entziehen? Oder anders gefragt: Wie verzweifelt muss man sein, um so eine Tat auszuführen? Ich habe auch mit meinen Schülerinnen und Schülern über den Amoklauf nachgedacht.

Wir haben uns Gedanken darüber gemacht, was wir tun können, damit die Ermordeten von Winnenden nicht ganz umsonst gestorben sind. Was meinen Sie? Gibt es jenseits der Forderung nach strengeren Gesetzen eine Mahnung von Winnenden? Ich glaube: Ja! Es ist die Bitte, aufeinander achtzugeben. Hinzuschauen, wenn Schülerinnen, Schüler, aber auch Kollegen und Mitarbeiter ausgegrenzt werden oder sich selbst ausgrenzen, die Bitte, das Gespräch zu suchen und das Bewusstsein zu stärken, trotz vieler Unterschiede im Grunde zusammen zu gehören. Schüler und Lehrkräfte ... das ist doch eine Schulfamilie! Bleiben Sie behütet!

29. April

„Das Leben ist wie ein weißes Blatt Papier, auf das man mit Bleistift schreibt – allerdings ohne die Möglichkeit, das Geschriebene wieder auszuradieren." Ich weiß nicht mehr, von wem ich diesen Satz einmal gehört habe, aber er hat sich mir eingeprägt. Und er trägt eine Wahrheit in sich. Ein einmal gesagtes Wort, ein einmal getätigter Verrat kann nicht mehr rückgängig gemacht werden. Der Stachel sitzt mitunter sehr tief. Wir kennen das aus eigener Erfahrung.

In der Tat: Vielfach sind wir einfach nicht in der Lage, Geschehenes wieder rückgängig zu machen, Worte, die wir gesagt haben, wieder aufzuklauben und in unseren Mund zu stecken. Das wird uns meist erst wenn es zu spät ist, schmerzlich bewusst. Was ist da zu tun? Der berühmte Kirchenvater Augustinus rät: „Wenn Dich jemand ärgert, so dass du wütend wirst, bete zuerst ein Vaterunser, und dann erst rede mit deinem Widersacher!" In der Tat! Ein beherzigenswerter Rat! Und dass man die Zeit zwischen seinem Ärger und seiner Reaktion mit einem Gebet verbringen könnte, ist vielleicht auch nicht gerade Zeitverschwendung. Bleiben Sie behütet!

30. April

Kennen Sie die Krimikomödie „Das Bankentrio"? Ein überaus sehenswerter Film! Immer wieder musste ich an die Szene denken, in der der Bankräuber seiner Geisel aus Versehen in den Oberschenkel schießt. Die Geisel krümmt sich vor Schmerzen und der Bankräuber sagt fünfmal: „Entschuldigung!" Als Minuten später das Opfer immer noch stöhnt, faucht ihn der Bankräuber an: „Was wollen Sie denn noch? Ich habe mich in aller Form entschuldigt!"

Hat er nicht recht? Hat er sich nicht tatsächlich in aller Form entschuldigt? Oder ist Ihnen aufgefallen, wo der Denkfehler in diesem Satz steckt? Entschuldigungen müssen angenommen werden, sonst sind sie nichts wert. Ein Übeltäter kann sich im Grunde gar nicht selbst entschuldigen. Das können nur diejenigen, denen Unrecht getan wurde. In diesem Sinne: Seien Sie sich nicht zu schade, auch einmal um Entschuldigung zu bitten, wenn Ihnen ein Fehler unterlaufen ist! Und seien Sie großmütig, wenn Sie selbst um Entschuldigung gebeten werden! Und bleiben Sie behütet!

Mai

1. Mai

„Papa, kannst du mit mir Fußball spielen?" so fragte mich früher immer wieder mein Sohn. Und er stürzte mich damit immer wieder in einen gewaltigen Interessenkonflikt. Eigentlich habe ich für sowas überhaupt keine Zeit. Ich muss noch Schulstunden vorbereiten, Arbeiten korrigieren, einen Aufsatz oder eine Predigt schreiben. „Nein, mein Junge, ich habe leider keine Zeit."

Geht es Ihnen auch so? Sie sind ihren Pflichten – wie auch immer sie aussehen mögen – buchstäblich verpflichtet, und haben keine Zeit mehr für etwas anderes – ja sogar für die Menschen, die Ihnen eigentlich am Herzen liegen? Ich habe mir irgendwann einmal gedacht: ‚Heute fragt mich mein Sohn noch. Irgendwann fragt er mich nicht mehr.' Und dann habe ich doch immer wieder – zugegeben nicht jedes Mal – die Arbeit Arbeit sein lassen und habe mit meinem Sohn gespielt. Vielleicht machen Sie so etwas Ähnliches heute auch einmal, lassen die Arbeit liegen und kümmern sich um die wirklich wichtigen Dinge im Leben. Bleiben Sie behütet!

2. Mai

„Der Mai ist gekommen, die Bäume schlagen aus. Da bleibe, wer Lust hat, mit Sorgen zuhaus!" Vielleicht kennen Sie dieses Volkslied, das dafür gesorgt hat, dass ich es mir gut merken konnte:

Im Mai schlagen die Bäume aus. Tatsächlich ist es immer wieder ein Wunder vor dem Herrn, wenn die Wälder und Gärten wieder grün werden. „Jeder Garten ist ein Buch Gottes, aus dem das Wunder ersehen werden kann, das Gott täglich tut!" Dieser Satz stammt von Martin Luther, und er macht mir immer wieder klar: Die Pracht, die die Natur gerade im Mai entwickelt, kommt nicht von ungefähr und auch nicht wirklich von selbst, sondern es sind viele kleine Wunder, die entdeckt werden können. Vielleicht lernen auch sie wieder zu staunen über die Wunder Gottes in der Natur, wenn Ihnen aus irgendeinem Grund das Herz wieder schwer zu werden droht. Lassen Sie sich spätestens dann das Wort Jesu gesagt sein: „Sehet die Lilien auf dem Felde, wie sie wachsen! Wenn Gott das Gras auf dem Feld so kleidet, das doch heute steht und morgen in den Ofen geworfen wird: Sollte er das nicht viel mehr für euch tun?" Bleiben Sie behütet!

3. Mai

„Sonnabend" war ursprünglich nur die Bezeichnung für den schönsten „Abend" der Woche: den Vorabend des Sonntags. Die Wochenarbeit war getan, das Vieh war versorgt – welch kostbares Gefühl! Später wurde „Sonnabend" in Nord- und Mitteldeutschland zur Bezeichnung für den gesamten Tag vor dem Sonntag. In der Tat ist der Tag vor dem Sonntag bis heute ein besonderer Tag für die meisten Berufstätigen unter uns: Er ist arbeitsfrei und doch ist etwas los im Ort, Geschäfte haben geöffnet und abends kann man etwas unternehmen. Aber gerade dadurch hat der „Sonnabend" auch etwas von seinem früheren Zauber verloren, von seinem Zauber als ein Tag oder als ein Abend, an dem man einmal nur für sich selbst oder für die Seinen da ist, an dem man sich einmal nur erholt oder gemeinsam etwas unternimmt.

Wir dagegen schlagen gerne die Zeit tot mit Computerspielen und/oder Fernsehen – gerade am Sonnabend – pardon: am Samstagabend werden besonders quotenträchtige Shows gesendet. Vielleicht versuchen Sie heute einmal zu entdecken, wie sich Ihre kleine Welt verändert, wenn Sie einmal *nicht* fernsehen, sondern den Abend bewusst mit den Menschen verbringen, die Ihnen am Herzen liegen. Bleiben Sie behütet!

4. Mai

„Opa, wie kannst Du Dir so sicher sein, dass es einen Gott gibt?" fragte einst der Enkel seinen Großvater. Dieser lächelte und meinte: „Sagen wir es so: Stell Dir vor, es hat nachts geschneit. Wenn Du am Morgen aus dem Haus gehst und Spuren siehst, dann weißt Du: Es war heute Nacht jemand am Haus. Genauso ist es mit meinem Leben: Wenn ich zurückblicke, erkenne ich die Spuren Gottes darin."

Soweit die Geschichte! Ich denke, man braucht nur die Augen entsprechend einzustellen, dann kann jeder in seinem Leben Gottes Spuren entdecken – auch Sie. Gott ist uns näher, als wir manchmal spüren oder glauben wollen. Bleiben Sie behütet!

5. Mai

Der berühmte griechische Philosoph Sokrates war der Meinung: In jedem Menschen tief drin ist die Einsicht in das, was wirklich gut ist. Allerdings ist diese Einsicht seiner Meinung nach häufig durch Leidenschaften, Gedankenlosigkeit und herrschende Meinungen verschüttet. Deshalb hat er sich angewöhnt, die Leute durch ständiges Nachfragen zu nerven. Dadurch möchte er seine Schüler zur Erkenntnis führen. Dies ist – nebenbei gesagt – eine bis heute bewährte Unterrichtsmethode: Wenn Schüler durch gute Impulse der Lehrkraft selbst auf eine Lösung kommen, ist das wesentlich nachhaltiger als wenn ihnen diese Lösung vorgekaut wird. Aber das nur am Rande! Sokrates vertritt außerdem die Überzeugung, dass die Erweckung der Einsicht in das Rechte auch zum Tun des Rechten führt. Also: Wer das Gute erkannt hat, wird es automatisch tun.

An dieser Stelle wage ich es, dem großen Philosophen zu widersprechen und mit dem Apostel Paulus selbstkritisch zu sagen: „Das Gute, das ich will, das tue ich nicht, sondern das Böse, das ich nicht will." Tatsächlich tun wir immer wieder wissentlich das Falsche. Wie wichtig ist es da, dass wir Vergebung erfahren dürfen und auch selbst anderen vergeben können! Bleiben Sie behütet!

6. Mai

Jedes Mal, wenn ich Menschen beerdigt habe, die den Zweiten Weltkrieg noch bewusst erlebt haben, habe ich über deren Lebenswerk gestaunt. Aus Trümmern und Ruinen, in Sorge ums Essen und Trinken, teilweise sogar Jahre nach Kriegsende aus der Kriegsgefangenschaft heimgekehrt haben sie ihr Leben gemeistert. Und wie! Und wenn ich das mit meinen eigenen Startvoraussetzungen in das Leben vergleiche, werde ich ganz still. Und still werden vor allem auch meine eigenen kleinen Sorgen, mein Ärger und meine Problemchen. Gewiss, die wollen auch angegangen und gelöst werden, aber gerade der Blick auf meine großelterliche Generation hilft mir immer wieder nicht zu verzagen, sondern im Vertrauen auf Gott auch meine Probleme anzugehen. Unübertroffen hat es der evangelische Liederdichter Paul Gerhardt einmal so formuliert: „Der Wolken, Luft und Winden gibt Wege, Lauf und Bahn, der wird auch Wege finden, da dein Fuß gehen kann." In der Tat, das wird er! Mögen wir alle in diesem Gottvertrauen auch unsere Probleme in den Griff bekommen! Bleiben Sie behütet!

7. Mai

Ist Ihnen eigentlich die demographische Entwicklung in Oberfranken bewusst? Es gibt viel zu wenig Kinder! Die Zahl der Schulkinder ist in den vergangenen Jahren auf unter 60.000 gesunken. Wie kommt das? Natürlich leidet Oberfranken unter dem Phänomen der Unterversorgung mit Arbeit. Daraus resultiert dann auch der Wegzug vieler Familien. Aber dass wir in Deutschland zu wenig Kinder haben, das ist eine unbestreitbare Tatsache. Woran mag das liegen? Junge Ehepaare wissen nicht, wie lange die Liebe anhält.

Und eine Trennung bedeutet immer wieder auch das Abrutschen eines Ehepartners auf Hartz IV. Da behält man lieber Job und Rentenanspruch und verzichtet auf Kinder. Vielleicht ist es das? Haben wir zu wenig Vertrauen in unsere Ehepartner? Jedes Kind, das geboren wird, ist ein Ja zum Ehepartner und ein Ja zur Zukunft, ein Hoffnungs-Ausrufezeichen. Mögen uns in diesen Frühlingstagen noch viele solche Hoffnungszeichen begegnen! Bleiben Sie behütet!

8. Mai

Am 8. Mai 1945 war in Europa der zweite Weltkrieg beendet. Deutschland hatte bedingungslos kapituliert. Kennen Sie den Film „Die Brücke" von Bernhard Wicki. Wenige Jahre nach dem zweiten Weltkrieg zeigt dieser Film, wie sieben etwa fünfzehnjährige Jungen sich freiwillig als Soldaten melden, um Deutschland zu verteidigen. Nach der Einberufung wendet sich der Klassenlehrer dieser Jungs verzweifelt an den Kommandeur der Kaserne und bittet ihn, auf die Kinder aufzupassen. Darauf sagt der Kommandeur: „Ich kenne diese Jungs. Sie haben Ideale!" Daraufhin bricht es aus dem Lehrer heraus: „Aber diese Ideale sind doch Falschmünzern in die Hände gefallen!"

Diese Szene fällt mir ein, wenn eine Pegida-Demonstrationen stattfinden. Die Angst der Menschen wird von Falschmünzern pervertiert, von Falschmünzern, die selbst mit Kirche nichts zu tun haben, aber sich als Verteidiger des christlichen Abendlandes ausgeben und mit schwarz-rot-golden gefärbten Kreuzen durch die Straßen ziehen. Das haben Menschen vor 80 Jahren in Deutschland schon einmal versucht und sich einen arischen Jesus zusammenphantasiert. Pfui Teufel! Lassen wir uns das Kreuz Christi nicht von solchen Leuten abnehmen und lassen wir es nicht zu, dass unsere Traditionen Falschmünzern in die Hände fallen. Was daraus werden kann, wissen wir in Deutschland nur zu gut. Bleiben Sie sich treu – und bleiben Sie behütet!

9. Mai

Man ist nirgendwo mehr sicher. So endet ein Zeitungskommentar über einen Bombenanschlag auf Mallorca. In der Tat! Selbst im Urlaub sind wir nicht mehr sicher – ob islamistische Terroreinheiten oder separatistische ETA-Kämpfer – sie können uns immer und überall kriegen. Und genau das soll auch ihre Botschaft sein: Wir kriegen jeden von euch, an jedem Ort zu jeder Zeit!

Nun könnte man sagen: Das Leben ist nun mal lebensgefährlich! Also, weshalb sollte ich mir Sorgen machen? Diese Einstellung wäre durchaus nachvollziehbar. Doch wenn man Familie hat, dann denkt man zuweilen in anderen Kategorien und macht sich eben doch immer einmal wieder Sorgen. Ja, es stimmt: Terroristen können Sorgen und Ängste verbreiten. Aber eines können sie nicht – und ich sage es Ihnen heute einmal mit meinem Konfirmationsspruch, einem Wort, das Paulus im Römerbrief geprägt hat: Denn ich bin gewiss, dass weder Tod noch Leben, weder Engel noch Mächte noch Gewalten uns scheiden kann von der Liebe Gottes, die in Christus Jesus ist, unserem Herrn. In diesem

Sinne: Seien Sie sich der Liebe Gottes gewiss …
und diese trägt auch über dieses Leben hinaus.
Bleiben Sie behütet!

10. Mai

Auf meinem Schreibtisch steht ein ganz un-
scheinbares Bild, das ich vor vielen Jahren einmal in Südfrankreich fotografiert habe. Man sieht
auf ihm eine kaum noch als solche erkennbare
Treppe. Die Steinstufen sind durch Sturzbäche,
die bei Wolkenbrüchen entstehen, total ausge-
waschen. Eigentlich ist diese Treppe mehr ein
steil ansteigendes trockenes Bachbett. Kaum ein
Mensch käme darauf, dass dieser Aufstieg einmal eine Treppe war. Es ist gefährlich, hinaufzu-
klettern und eigentlich ist es auch kaum möglich.
Wäre da nicht ein Geländer in die Steine einge-
lassen, ein Geländer aus Eisen. Warum ich dieses Bild fotografiert habe? Ganz einfach: Es ist
für mich wie ein Gleichnis für unser Leben. Immer wieder müssen wir solche kaum bezwingba-
ren Steigungen erklimmen, immer wieder drohen
wir auszurutschen und zu stürzen. Aber da ist
etwas, an dem wir uns festhalten können, etwas,
was Halt und Stabilität verleiht, etwas, was unseren Fuß eben nicht gleiten lässt. Ja, auch in Ihrem Leben gibt es so ein Geländer. Finden und
ergreifen Sie es immer wieder neu – warum nicht
gleich in dieser Woche in einem Gottesdienst? In
jedem Fall: Bleiben Sie behütet!

11. Mai

Kennen Sie die Fernsehserie „Two and a half
men". Die Staffeln mit Charlie Sheen als Charlie

Harper finde ich nach wie vor besonders lustig. In einer Folge wird Charlie von seinem Bruder Alan gefragt, wie es denn bei ihm so laufen würde. Charlie antwortet: „Weißt Du, Alan, da gibt's nicht viel zu sagen. Ich arbeite wenig und verdien' dafür sehr viel. Ich bin mit schönen Frauen zusammen, die mich nicht nach meinen Gefühlen fragen. Ich fahre einen Jaguar, wohne am Strand und manchmal mixe ich mir am helllichten Tag – ohne dass ich einen Anlass dafür wüsste – einen gewaltigen Eimer Margaritas. Und dann schlafe ich auf der Terrasse ein." Sein Bruder Alan bricht daraufhin das Gespräch ab. Charlie scheint dauerhaft in Urlaub zu sein! Wie bewundernswert ist das! So witzig die Zusammenfassung des Lebens von Charlie Harper auch klingt … im Grunde führt er ein trauriges Leben. Seine Worte lassen erkennen, dass er einsam ist. Keine wirkliche Arbeit, nur „easy Leben" … dabei ist es doch die Gemeinschaft mit anderen, mit der Familie, mit Freunden und auch mit Arbeitskolleginnen und – kollegen, die das Leben reich machen! Ja, machen Sie sich doch einmal bewusst, um wie viel reicher Ihr Leben ist als das des Charlie Harper! Bleiben Sie behütet!

12. Mai

Haben Sie Angst vor Niederlagen? Ablehnung zu verkraften, ist zuweilen nicht einfach. Und es kann verdammt wehtun. Aber jeder Mensch hat in seinem Leben schon Niederlagen erlebt. Dinge, die einfach nicht so gekommen sind, wie man es sich gewünscht hat. Es ist wie verhext. Neulich habe ich mich wieder daran erinnert, wie meine Kinder das Schwimmen im SVB-Bad gelernt haben. Es war mir klar, dass es da einen Fachmann braucht. Und der Schwimmlehrer meiner Kinder war nicht nur ein Fachmann, sondern auch ein ganz lieber, väterlicher Lehrer. Von ihm habe ich gelernt, dass man niemals Schwimmen lernt, wenn man nicht zuerst tauchen kann, also bereit ist, das Gesicht unter die Wasseroberfläche zu halten. Wer Angst vorm Untertauchen hat, lernt das Schwimmen nie!

Mit dem Leben ist's nicht anders: Wer Angst vor Niederlagen hat, lernt auch das Leben nie. Und wer Angst vor dem Zweifel hat, lernt nicht zu glauben. Deshalb: Verlieren Sie die Angst vor Niederlagen und Zweifel. Beides wird sie weiterbringen. Bleiben Sie behütet!

13. Mai

„Wie kann es sein, dass Adam und Eva die ersten Menschen waren? Wie ging es denn weiter mit der Menschheit? Ich kann mir das nicht vorstellen." Immer wieder höre ich von meinen Schülern diese oder ähnliche Sätze. Und ich muss ihnen dann sagen: „Ich kann mir das auch nicht vorstellen. Aber darum es in dieser Geschichte auch gar nicht. Vielmehr wird uns mit Adam und Eva der Spiegel vor die Nase gehalten. Sie essen verbotenerweise die Frucht vom Baum der Erkenntnis und versuchen dann die Schuld auf andere abzuwälzen: Adam auf Eva – und Eva auf die Schlange. Ups! Das ist ja meine Geschichte, stelle ich fest! Genauso bin ich! Ja, ich mache viele Fehler, übertrete Verbote und suche nach Ausflüchten. Aber vielleicht ist es noch nicht zu spät für meine Reue, Umkehr und Ehrlichkeit. Bleiben Sie behütet!

14. Mai

„Das lasse ich mir von dieser Pfarrerin nicht bieten! Jetzt trete ich aus der Kirche aus!" Erst vor kurzem habe ich sehr betroffen solche Sätze gehört. Wenn Menschen ihrer Kirche den Rücken kehren, bin ich immer betroffen. Ich verstehe, wenn sich Menschen über Pfarrerinnen oder Pfarrer ärgern. Auch wir Pfarrer sind fehlbare Menschen und können „sündigen". Aber das Problem ist, dass durch die öffentlich gemachten Fehler häufig die gute und segensreiche Arbeit der allermeisten Anderen nicht mehr gesehen wird. Achten Sie doch einmal darauf, wenn Sie es einmal wieder mit dem ach-so-menschlichen Unternehmen „Kirche" zu tun bekommen, wie viele Menschen dort arbeiten, die durch ihr Wirken auf Christus zeigen und gerade nicht dem Herrn dauernd im Wege stehen. Ich bin mir sicher: Solche gibt es viele! Bleiben Sie behütet!

15. Mai

Liegen auf Ihrem Schreib- oder Küchentisch – oder sonstwo in ihrer Wohnung – nicht auch Arbeiten, die längst getan werden müssten, aber die sie vor sich herschieben, weil sie ihnen unangenehm sind? Also, bei mir auf meinem Schreibtisch ist das so. Da gibt es genügend Arbeiten, die getan werden müssten. Aber dann fällt mir immer wieder etwas ein, was ich noch vorher unbedingt erledigen sollte oder könnte. Und dann kommt noch ein Anruf ... kurzum, es gibt immer einen Grund, unangenehme Arbeit aufzuschieben. Das Problem ist nur: Je länger man solche Arbeiten aufschiebt, desto unangenehmer werden sie. Deshalb: Vielleicht fangen wir heute einmal an, mit dem Ordnung-Schaffen im eigenen Leben – und beginnen Sie am besten dort, wo es ihnen am unangenehmsten ist – dann geht der Rest viel leichter. Ich will es heute auch so machen – versprochen. Bleiben Sie behütet!

16. Mai

„Ein Tag, der sagt's dem andern: Mein Leben sei ein Wandern zur großen Ewigkeit. O Ewigkeit, so schöne! Mein Herz an dich gewöhne. Mein Heim ist nicht in dieser Zeit!" Ich bin auf einem Dorf aufgewachsen. Und jeden Abend, wenn die Abendglocke der Kirche läutete, hielten wir kurz inne und beteten jenen Vers. Bis heute kommt er mir immer wieder in den Sinn, wenn ich die allabendliche Gebetsglocke unserer Kirche höre. „Ein Tag, der sagt's dem andern: Mein Leben sei ein Wandern zur großen Ewigkeit. O Ewigkeit, so schöne! Mein Herz an dich gewöhne. Mein Heim ist nicht in dieser Zeit!" Dass unser Heim nicht in dieser Zeit ist, vergessen wir über all dem Trubel und Alltagseinerlei immer wieder. Aber vielleicht erinnert uns die Gebetsglocke unserer Kirche heute abend oder morgen früh – wann immer wir sie hören – ab und zu daran. Bleiben Sie behütet!

17. Mai

Na, wie lange sitzen Sie jeden Tag am Computer und surfen im Internet, chatten, sind Teilnehmer an Facebook, StudiVZ, ICQ, ... und wie die Foren alle heißen – ach ja, und da gibt's auch noch What'sApp und Instagram. Und sammeln Sie auch Internetfreunde? Ich kenne viele Schülerinnen und Schüler, die in dem Augenblick, in dem sie das Schulgelände verlassen sofort online gehen und ihre Kommunikation pflegen. Kommunikation? Nein, im Grunde findet da überhaupt keine Kommunikation statt. Wer viel Zeit vor dem Bildschirm verbringt, vereinsamt, hat viel weniger Freunde als er selbst denkt. Deshalb: Pflegen Sie Ihre Freundschaften! Das wahre Leben ist analog! Und das Internet ist ein guter Diener – aber ein sehr schlechter Herr über meine Zeit. Bleiben Sie behütet!

18. Mai

„Denn er hat seinen Engeln befohlen, dass sie Dich auf den Händen tragen, dass Du deinen Fuß nicht an einen Stein stößt." Dieses Wort aus dem 91. Psalm ist ein beliebter Tauf- oder Konfirmationsspruch. Ich bekomme immer wieder etwas Bauchschmerzen, wenn ich über diesen Spruch nachdenke, denn er klingt wie eine Vollkasko-Versicherung. „Nichts wird passieren! Alles gut! Don't worry, be happy!" Aber im Grunde wissen wir es doch alle: Glaube ist keine Vollkaskoversicherung. Es kann auch dem Glaubenden alles Mögliche passieren und es wird ihm – zumindest äußerlich – im Durchschnitt nicht besser gehen als dem, der mit Kirche nichts zu tun haben will. Was nützt so ein Spruch dann überhaupt, wenn er nicht stimmt?

Nun ja, vielleicht stimmt er ja doch … es mag zwar sein, dass auch ich in meinem Leben verunglücken kann, aber vielleicht verleiht mir das Vertrauen auf meinen Gott oder den von ihm gesandten Schutzengel doch allemal die Kraft, mit allen Schicksalsschlägen fertig zu werden. Bleiben Sie behütet!

19. Mai

Anlässlich eines Abiturjubiläum bin ich wieder an den Ort meiner Schule gefahren und habe viele meiner alten Klassenkameraden getroffen. Es war ein schönes Wiedersehensfest! Wie haben wir uns alle verändert! Wie hat sich unsere Gesellschaft verändert! So vieles Neues ist erfunden worden. Kaum vorstellbar, aber ich bin noch problemlos ohne Handy, Computer und Internet durch die Schulzeit gekommen! Der Fortschritt schreitet voran! Aber lernen wir damit auch immer etwas dazu? Ich weiß nicht. Ich habe vielmehr den Eindruck, bei allen Erfindungen, die das Leben leichter oder angenehmer machen, *wesentlich* ist das Dazugelernte nicht! Im Gegenteil! Eher neigen wir dazu, das wirklich Wichtige darüber zu vergessen. Fast habe ich den Eindruck, wir vergessen immer schneller, worauf es im Leben wirklich ankommt. Wissen Sie es für Ihr Leben? Ich meine das, worauf es wirklich ankommt? Wenn Sie es für sich wissen, vergessen Sie es nie! Bleiben Sie behütet!

20. Mai

Zwei Männer spalteten den ganzen Tag lang Holz. Der eine arbeitete fast ohne Pause durch und hatte am Abend einen ansehnlichen Stoß Scheite beisammen. Der andere hackte fünfzig Minuten und ruhte sich dann jeweils zehn Minuten aus, und trotzdem war sein Stoß am Abend viel größer. „Wieso hast du mehr als ich?" fragte der erste. Da antwortete sein Kollege: „Weil ich mich in jeder Pause nicht nur ausgeruht, sondern auch meine Axt geschliffen habe."

Ja, liebe Zuhörerinnen und Zuhörer, die Ruhe, die Pause, die Erholung – wir sollten sie nicht vergessen in unserem tagaus tagein, gerade dann nicht, wenn wir Höchstleistungen erbringen wollen. Als vor vier Jahren Jan Ullrich bei der Tour de France auf einer Etappe über neun Minuten verlor und damit auch die gesamte Tour, lag das auch daran, dass er sich keine Zeit genommen hatte, unterwegs etwas zu essen oder anzuhalten und sich das Regencape überzuziehen. Ich wünsche Ihnen, dass Sie die Bedeutung von Ruhepausen wieder zu schätzen lernen, dass sie erkennen, dass Ihre Schaffenskraft nicht darunter leidet, sondern im Gegenteil. Vielleicht fangen Sie bereits heute damit an. Bleiben Sie behütet!

21. Mai

Erreichen Sie in der Regel Ihre selbstgesteckten Ziele? Sind Sie erfolgreich? Wenn ja, dann haben Sie allen Grund, glücklich zu sein. Pech für denjenigen, der seine Ziele – aus welchen Gründen auch immer – nicht erreicht. Der muss dann umso trauriger durch die Welt gehen – naja, vielleicht ist er auch noch selbst schuld, dann muss er sich auch noch Selbstvorwürfe machen. Erfolg macht glücklich, Misserfolg unglücklich! Stimmt diese Gleichung denn? Natürlich kann kein Mensch immer nur Misserfolge verkraften. Aber irgendwelche Erfolge wird jeder Mensch einmal feiern dürfen, auch wenn er manche, vielleicht sogar viele Ziele in seinem Leben nicht erreicht oder erreicht hat. Die Frage ist nur, wie gehen wir mit unseren Misserfolgen um? Ich glaube nicht, dass die Gleichung „Wer erfolgreich ist, ist auch glücklich" stimmt. Erfolg ist nicht immer erstrebenswert. Ein Freund hat mir einmal den Satz gesagt: „Lass die anderen doch erfolgreich sein! Ich gönne es ihnen! Und weißt Du, warum ich das kann: Weil ich glücklich bin mit dem, was mir geschenkt ist!" In diesem Sinn: Seien Sie glücklich! Und bleiben Sie behütet!

22. Mai

Fernsehsucht, Computersucht, Smartphonesucht, Internetsucht … kaum eine Sucht gibt es *nicht*. Die Folgen dieser Süchte sind kaum absehbar. Unsere Kinder können sich immer schlechter konzentrieren. Sie haben stets das Gefühl, etwas zu verpassen, wenn sie nicht online sind. Dabei werden vielfach nur Banalitäten ausgetauscht. Unzählbar sind die Fahrrad- und Autounfälle, die durch die Benutzung von Handys entstanden sind. Und eine neue Untersuchung der Universität Freiburg in der Schweiz hat gezeigt, dass sich die Hirnstruktur der Smartphone-Nutzer sich nach wenigen Wochen bereits verändert. Man fand dabei heraus, dass es genügt, das Smartphone in Sichtnähe oder in leicht erreichbarer Nähe zu haben, um die Konzentrationsfähigkeit der jeweiligen Person zu reduzieren und auch ihre Fähigkeit, Aufgaben zu bewältigen, da ein Teil ihres Gehirns ständig mit dem Gedanken beschäftigt war, das Smartphone eben nicht zu beachten. Kein Geringerer als der Komponist Richard Wagner, der am 22. Mai 1813 in Leipzig geboren wurde, hat einmal gesagt: Es ist nicht wichtig, ob der Mensch vom Affen abstammt; viel wichtiger ist, dass er nicht wieder dorthin zurückkehrt! In diesem Sinne: Bleiben Sie ein Mensch, der für seine Nächsten da ist. Und bleiben Sie behütet!

23. Mai

Weisheitstraining – neulich habe ich in einem Buch, in dem es darum geht, dem beruflichen Stress entgegen zu wirken, dieses Wort gelesen. „Weisheitstraining" das klingt komisch, hat aber meine Neugier geweckt. Drei ganz konkrete Vorschläge werden da gemacht, um dem allgegenwärtigen Stress entgegen zu wirken. Und heute möchte ich diese an Sie weiter geben. Vorschlag 1: Nehmen Sie sich jeden Tag drei, vier oder fünf Minuten Zeit, in denen Sie nur bei sich sind! Kein Telefon, keine Zeitung, kein Smartphone, nichts und niemand soll sie dabei stören! Man setzt sich bequem hin und sammelt seine Gedanken. Als Pfarrer würde ich Ihnen dann vielleicht noch raten: Sprechen Sie höchstens noch mit Gott – im Gebet eben. Vorschlag 2: Lesen Sie Schritt für Schritt ein interessantes Buch, das Sie zum Nachdenken anregt, das Ihre Gedanken weiterbringt. Vielleicht sogar den Jahrhundertbestseller Bibel... Vorschlag 3: Reden Sie mit den Menschen, die Ihnen anvertraut sind, mit denen Sie zu tun haben – vielleicht auch einmal über das Gelesene. Fressen Sie nicht alles in sich hinein. Pflegen Sie Ihre sozialen Kontakte! Es lohnt sich! Tja, so schnell geht das mit der Weisheit – und der Stress lässt tatsächlich nach – probieren Sie's einfach aus und bleiben Sie behütet!

24. Mai

Alt ist ein Mensch nicht, wenn es an seinem Körper zu zwicken beginnt, nicht, wenn das Treppensteigen schwerer fällt, nicht, wenn die Augen nicht mehr so recht wollen, nicht, wenn sein Haar ergraut. Alt ist ein Mensch, wenn er aufhört zu staunen oder es überhaupt nie gelernt hat, wenn also seine Phantasie ergraut. Wenn ein Neunzigjähriger vor dem Petersdom, vor den Pyramiden oder nur vor einem Neugeborenen steht und staunt, ist er ein junger Mann. Bedauerlicherweise bin ich schon Dreißigjährigen begegnet, die alles bereits zu kennen scheinen und ohne die geringste Begeisterung registrierten. Sie hätten sich wohl geschämt, sie zu zeigen, wären sich kindlich vorgekommen. Sie mögen auch im Winter braun gebrannt, kerngesund und muskulös sein. Aber hinter dieser Fassade, befürchte ich, sind sie uralte Leute, Greise im Kopf. In diesem Sinne: Bleiben Sie jung! Bleiben Sie behütet!

25. Mai

Kein Mensch ist ganz frei von Vorurteilen. Vorurteile haben für den, der sie hat, einen großen Vorteil: Sie brauchen nicht begründet zu werden – aber sie haben für den, über den sie gefällt werden, einen großen Nachteil. Sie sind wie Rufmord – und wenn's rauskommt, wird's außerdem zuweilen peinlich. Vielleicht denken Sie in Zukunft an die folgende Geschichte, bevor Sie über einen anderen Menschen herziehen wollen: Der frühere englische Premierminister Winston Churchill trabte noch im hohen Alter ins Parlament. Eines Tages erschien er mitten in einer Debatte über den Wohnungsbau für die Armen. Zwei Parlamentarier mussten ihn stützen, es verging viel Zeit, bis er endlich seinen Platz eingenommen hatte. Da zerrissen sich einmal zwei Hinterbänkler über ihn das Maul: „Da sitzt Churchill. Man sagt, er trinke nur noch Brandy." – „Man sagt, er rauche immer dickere Zigarren" – „Man sagt, er sei auch im Oberstübchen nicht mehr ganz klar." – Da drehte sich Churchill um und sprach die Abgeordneten an: „Man sagt auch, er höre schlecht." Bleiben Sie behütet!

26. Mai

„Ein Stern, der deinen Namen trägt" – erst neulich habe ich dieses Lied wieder im Radio gehört. Und der Text hat mich ins Nachdenken gebracht. „Und auch noch", heißt es da unter anderem, „in tausend Jahren wird er deinen Namen tragen und immer noch der schönste von allen sein." Ja, dass in 1000 Jahren vielleicht noch irgendeine Spur von uns auf der Welt oder im schier unendlichen Weltall zu finden sein wird, das hoffen viele. 1000 Jahre – eine fast unendliche Zeitspanne! Dass wir tatsächlich nicht verloren gehen, dass tatsächlich auch in 1000 Jahren sich noch jemand an uns erinnert, dass unsere Spuren selbst nach einer so langen Zeit noch erkennbar sind, das ist uns von Gott zugesagt worden – bei unserer Taufe und immer wieder: „Fürchte dich nicht! Ich habe dich erlöst. Ich habe dich bei deinem Namen gerufen. Du bist mein!" Das heißt nichts anderes als: Ich vergesse dich nie – auch in 1000 Jahren nicht. Bleiben Sie behütet!

27. Mai

Wir alle haben unsere festen Prinzipien. Sei es die Frage nach der Ordnung in der Wohnung, die Frage nach der Vorbereitung für wichtige Prüfungen oder nach dem Aussehen. Wir brauchen diese Ordnungen und sie sind wichtig für die Ordnung in unserem Leben. Auf der anderen Seite kann man mit Hilfe seiner eigenen Prinzipien andere Menschen auch ganz schön terrorisieren. Vieles können andere eben nicht so gut wie wir selbst. Und trotzdem: Man lebt in der Tat wesentlich besser, fröhlicher und lockerer, wenn man es schafft, zuweilen Fünfe gerade sein zu lassen. Natürlich müssen Kinder Ordnung lernen, aber zuweilen darf man ruhig auch einmal das Kinderzimmer unaufgeräumt und das Geschirr unabgespült lassen – und etwas gemeinsam unternehmen. Aufgeräumt wird später. Und wenn Sie später dann wirklich aufräumen, werden sie merken, wie Ihre familiäre Gemeinschaft wächst und ihre eigene Lebensqualität steigt. Bleiben Sie behütet!

28. Mai

Kennen Sie Menschen, die anscheinend die ganze Zeit nur missmutig sind. Nichts kann man ihnen recht machen. Am besten, man geht solchen Menschen aus dem Weg. Ein Bekannter erzählte mir einmal von seinem Nachbarn, der sich mit jedem angelegt hatte. Einmal war die Hecke zu hoch, dann die Kinder auf der Straße zu laut, und Postpakete für die Nachbarn wurden sowieso nie entgegen genommen. Mein Bekannter grinste, als er mir von diesem Nachbarn erzählte. „Und?" fragte ich ihn, „wie bist du mit ihm klargekommen?" „Ganz einfach!" meinte er „Meine Erfahrung sagt mir, dass der Hass auf andere Menschen im Grunde Selbsthass ist, getarnter Selbsthass. Wer andere verachtet, kann sich selbst nicht mögen. Deshalb begegne ich ihm mit Freundlichkeit. Ich nehme für ihn – wenn nötig Pakete an, ich grüße ich freundlich und nenne ihn mit Namen – und erwarte aber nicht, dass er sich ändert. Er ist einfach so, wie er ist. Er kann auch nicht aus seiner Haut. Jedenfalls nehme ich mir seine Missmutigkeit nicht zu Herzen. Er ist im Grunde doch sehr einsam und mag sich selbst nicht." Ja, er hat Recht, denke ich mir. Bleiben Sie behütet!

29. Mai

Für manche griechischen Philosophen galt es als höchstes Ziel des Lebens, den menschlichen Gefühlen gegenüber eine große Gleichgültigkeit zu entwickeln: Ataraxie – das heißt, sich nicht mehr von Schicksalsschlägen aus der Bahn werfen zu lassen, ihnen schulterzuckend gegenüber zu stehen, aber auch zugleich nicht mehr Freude empfinden zu können. Was für ein trauriges – oder besser – langweiliges Leben! Man muss ja nicht ständig zwischen „Himmelhoch jauchzend" und „zu Tode betrübt" schwanken, aber wer diese Gefühlsextreme nicht kennt, kennt das Leben nicht richtig. Da halte ich es lieber mit Johann Wolfgang von Goethe, der einmal gedichtet hat: „Himmelhoch jauchzend – zu Tode betrübt! Glücklich allein ist die Seele, die liebt!" Bleiben Sie behütet!

30. Mai

Heute will ich Ihnen eine kurze mittelalterliche Geschichte erzählen. Es ist durchaus vorstellbar, dass sie vor über 500 Jahren in Bayreuth sich ereignet hat. Nach der Zerstörung unserer Stadtkirche im Jahr 1430 durch die Hussiten begann man bereits sieben Jahre später mit dem Wiederaufbau der Kirche – wie wir sie in Grundzügen bis heute haben. Die Bauhandwerker arbeiteten damals bestimmt mit unterschiedlichen Motivationen. Stellen Sie sich vor, sie machen eine Umfrage unter den Handwerkern. Die einzige Frage lautet: Was machen Sie da? Der eine antwortet vielleicht: Ich haue Steine!, ein anderer: „Ich rühre Mörtel" und vielleicht sagt auch einer der Steineklopfer: „Ich baue an einer Kirche, die mein Leben überdauern wird!" Was meinen Sie: Welcher ist der glücklichste von den dreien? Tatsächlich steigert sich auch unser Glücksempfinden, wenn uns bewusst ist, dass wir an etwas arbeiten, was über uns selbst hinaus weist. Wir haben eine Aufgabe, die wichtig ist und die in einem großen Gesamtzusammenhang steht. In diesem Sinne wünsche ich Ihnen, dass Ihnen immer wieder neu bewusst wird: Auch ich baue an einer Kathedrale, die wichtiger ist als ich selbst. Bleiben Sie behütet!

31. Mai

Ende Mai/Anfang Juni feiert die christliche Kirche meistens das Pfingstfest. Es ist ein schwieriges Fest. Die wenigsten Menschen wissen heute noch, dass an Pfingsten – 50 Tage nach Ostern – der Heilige Geist über die Jünger kam, der sie ermutigte, in der Öffentlichkeit Jerusalems Jesus als den auferstandenen Messias zu verkündigen. Ich habe in einer 7. Jahrgangsstufe einmal die Schülerinnen und Schüler gebeten, eine Pfingstpredigt des Petrus zu verfassen. Die Ergebnisse sind sehr bemerkenswert gewesen, und ich möchte Ihnen heute einen Teil der Pfingstpredigt einer Schülerin weitergeben. Sie schrieb: Petrus stellte sich auf den Tempelplatz und predigte: „Ihr Menschen von Jerusalem, hört mir zu! Vor wenigen Wochen haben wir alle mitbekommen, wie Jesus von Nazareth gekreuzigt wurde. Ja, er ist am Kreuz gestorben, aber inzwischen ist er nicht mehr tot. Ich habe ihn gesehen und mit ihm gesprochen. Er hat mich beauftragt, Euch zu sagen, dass er von den Toten auferstanden ist. An Jesus habe ich erkannt: Der Tod ist nicht der letzte Tag im Leben! Es gibt noch Hoffnung! Deshalb: Glaubt an Jesus und lasst euch taufen!" Der Satz „Der Tod ist nicht der letzte Tag im Leben!" hat mich tief berührt. Ich halte ihn für wahr. Und sie? Bleiben sie behütet!

Juni

1. Juni

„Füllet die Erde und machet sie euch untertan!" So lautet ein Schöpfungsauftrag an die Menschen. Ja, und wir haben die Erde gefüllt und sie uns untertan gemacht ... aber irgendwie scheinen wir das auch missverstanden zu haben. Denn die Erde lässt sich nicht unterbuttern. Wenn sogar Häuser und Schiffe wie Spielzeug durch einen Tsunami davongerissen werden, ist der Mensch nur ein Staubkorn, winzig, schutzlos. Die Erfahrung, ausgeliefert zu sein an die Naturgewalten der Schöpfung, wird uns in Katastrophen wie derzeit in Japan schmerzlich bewusst. Vor über 150 Jahren sagte der Indianerhäuptling Seattle einmal die Worte: „Der weiße Mann behandelt seine Mutter, die Erde und seien Vater, den Himmel, wie Dinge zum Kaufen und Plündern, zum Verkaufen wie Schafe oder glänzende Perlen. Sein Hunger wird die Erde verschlingen und nichts zurücklassen als die Wüste." Sprachlos blicken wir in das Land der aufgehenden Sonne und wissen ganz genau: Es kann auch uns treffen, wir können auch unser Land zur Wüste machen. Aber vielleicht ist es für die allermeisten noch nicht zu spät. Herr, erbarme dich! Bleiben Sie behütet!

2. Juni

Der jüdische Arzt Dr. Albert Würzburger ist der Namensgeber unserer Bayreuther Dr.-Würzburger-Straße. Er hatte zusammen mit seinem Vater im Jahr 1894 eine Heilanstalt für Nervenleiden jeder Art gegründet – die heutige Klinik Herzoghöhe. Sein Sohn, Dr. Karl Würzburger, hat ein Buch geschrieben „Im Schatten des Lichts", dessen Lektüre ich Ihnen heute ans Herz lege. In diesem autobiographischen Roman beschreibt Karl Würzburger, wie er als Jude auch in Bayreuth behandelt wurde und wie es mit ihm nach seiner Flucht in die Schweiz weiterging. „Im Schatten des Lichts" macht deutlich, dass er es vielfach nicht leicht hatte, dass er sich als meist im Schatten stehend betrachtet hat, aber es wird auch klar, dass es das Licht gibt, in dem all das, was von uns zurzeit als bedrängend empfunden wird, wieder gut ist. Und insofern ist dieser Roman auch überaus tröstlich – besonders für diejenigen, die ihre Lebenslage als „Im Schatten des Lichts" stehend beurteilen. Das Licht wird auch sie in den Blick nehmen. Karl Würzburger hat es so erfahren. Und Sie hoffentlich auch! Bleiben Sie behütet!

3. Juni

Haben Sie heute schon einmal gedacht? Nein, ich meine nicht, nachgedacht über die Fragen des Alltags wie z.B.: Was schmiere ich den Kindern auf Pausenbrot? Muss ich für's Mittagessen noch etwas einkaufen? Wo liegt meine Brille? Nein, ich meine nachgedacht über sich selbst, über Gott und die Welt? Über den Sinn des Lebens? Wo komme ich her, wo gehe ich hin? Als Anregung habe ich ein kurzes Gedicht für Sie, ein Gedicht von Michael Ende mit dem Titel „Ein Schnurps grübelt":

Also, es war einmal eine Zeit,
da war ich noch gar nicht da. –
Da gab es schon Kinder, Häuser, Leut'
Und auch Papa und Mama,
jeden für sich –
bloß ohne mich!
Ich kann's mir nicht denken. Das war gar
nicht so.
Wo war ich denn, eh es mich gab?
Ich glaub', ich war einfach anderswo,
nur, dass ich's vergessen hab',
weil die Erinnerung daran verschwimmt –
Ja, so war's bestimmt!
Und einmal, das sagte der Vater heut,
ist jeder Mensch nicht mehr hier.
Alles gibt's noch: Kinder, Häuser, Leut',
auch die Sachen und Kleider von mir.
Das bleibt dann für sich –
Bloß ohne mich.

4. Juni

„Vergib uns unsere Schuld – wie auch wir vergeben unseren Schuldigern!" Wir kennen diese Bitte aus dem Vaterunser. Bei näherem Zusehen könnte sie sich als irreführend erweisen. Sie tut nämlich so, als müssten wir Gott um Vergebung bitten, während die Vergebung untereinander kein Problem ist. „Vergib uns unsere Schuld – wie auch wir vergeben unseren Schuldigern!"

Ist das wirklich so? Können wir ehrlich vergeben und verzeihen? Jesus selbst hat auf die Frage, wie oft man seinem Nächsten vergeben solle, eine Geschichte erzählt. Da bekommt ein Schuldner von seinem Gläubiger eine ungeheuer große Summe geschenkt, doch kaum ist der eigene Schuldschein zerrissen, fordert er von seinem Nächsten unbarmherzig eine verschwindend geringe Schuldsumme und lässt sich nicht erbarmen. Ja, liebe Zuhörerinnen und Zuhörer, es ist wohl eher andersherum: Gott schenkt uns täglich so viel Schuld – wie können wir einander da wegen Kleinigkeiten noch zürnen? Bleiben Sie behütet!

5. Juni

Immer drängender wird der Klimawandel … Dürrezeiten, Wirbelstürme und Wolkenbrüche machen uns Menschen mehr und mehr zu schaffen. Aber vielleicht ist es für unsere Erde noch nicht zu spät. Wir sagen gerne: „Die Hoffnung stirbt zuletzt!" Fußballtrainer sagen das zum Beispiel, wenn sie rein rechnerisch noch eine hauchdünne Chance haben, nicht abzusteigen. „Die Hoffnung stirbt zuletzt!" Ganz ehrlich: Für Christen ist dieser Satz falsch: Denn eigentlich stirbt die Hoffnung nie. Gott bleibt seinen Menschen treu. Ja, Gott ist treu, auch wenn wir alles falsch machen. Er wird uns auch die Kraft geben, von unseren falschen Wegen umzukehren. Gewiss, in Krisenzeiten ist diese Aussage eine schwer aussprechbare Zumutung. Und doch steht Gottes Angebot, letzte Zuflucht zu sein, Zuflucht für alle. Das Gebet ist eine Form, Zuflucht und Trost zu finden. Er ist treu – und er bleibt treu. Auch wenn manche Bitten nicht erfüllt werden. Letzten Endes stirbt die Hoffnung auf ein gutes Ende aber nie. Deshalb befehlen wir dem Herrn unsere Wege – ebenso wie die Wege all der Menschen, die durch Katastrophen heimatlos geworden sind – und wir hoffen auf ihn, in der Gewissheit: Er wird's wohl machen! Bleiben Sie behütet!

6. Juni

Heute möchte ich noch einmal über „Pfingsten" reden – es ist wie schon gesagt ein schwieriges Fest. Ende Mai/Anfang Juni wird es gefeiert. Im Durchschnitt wissen weniger als 20 % der Deutschen, was die christliche Kirche an Pfingsten feiert – und das trotz der schönen Ferien, die sich an das Pfingstfest anschließen oder wenigstens – für die arbeitende Bevölkerung – das verlängerte Wochenende. Was? Sie wussten es auch nicht? Also, an Pfingsten – so überliefert uns die Apostelgeschichte des Lukas – kam der Geist Gottes über die Jünger, so dass sie mutig anfingen, über Jesus zu predigen. So entstand die erste christliche Gemeinde. Ja, Pfingsten ist ein schwieriges Fest, denn die Hauptperson des Pfingstfestes, den heiligen Geist, kann man nicht sehen.

Immer wieder höre ich den Satz. „Ich glaube nur, was ich sehe." Und ich kann das auch verstehen. Aber möglicherweise gibt es mehr Dinge zwischen Himmel und Erde als die, die wir mit unseren Sinnesorganen wahrnehmen können. Die Jünger damals hätten wohl geschworen, dass sie Gottes Geist erfahren haben. Tja, damals! Und wie ist das mit uns heute? Ist das alles nur eine fromme Geschichte, ein Märchen? Ich glaube, ein jeder von uns kann Gottes Geist auch heute noch erfahren – in einem mutigen und aufrechten Wort, in einer helfenden Tat, im Trost, ja sogar in einem Lächeln. Wer mit offenen Sinnen durchs Leben geht, wird die Wirkungen des Geistes Gottes auch im eigenen Leben wahrnehmen können. Bleiben Sie behütet!

7. Juni

„Wenn möglich, bitte wenden!" Wie oft haben Sie aus ihrem Navigationssystem diesen Satz schon gehört? Und wenn Sie ihn gehört haben, haben Sie wirklich gewendet? Solche Navigationssysteme sind schon ein Wunderwerk der Technik. Sie führen uns in der Regel tatsächlich punktgenau zum Ziel. In der Regel! Zuweilen landen Menschen, die blind ihrem Navi vertrauen, auch im Schlamm eines Feldweges oder gar in einem Fluss. Ist alles schon vorgekommen. Trotz Navi sollten wir unser Hirn nicht ausschalten. Deshalb: Gehen Sie mit offenen Augen durch die Welt ... und wenn nötig, wenden Sie eben. In jedem Fall: Bleiben Sie behütet!

8. Juni

Neulich stand in der Zeitung, dass die PS-Zahl der privat gekauften PKWs durchschnittlich deutlich geringer ist als die der Firmenwagen. Das mag zum einen daran liegen, dass nur besonders wichtige und hochgestellte Persönlichkeiten einen Dienstwagen haben. Es mag aber auch daran liegen, dass man sich einfach mehr leistet, wenn man es nicht selbst bezahlen muss. Zahlt ja alles die Firma! Hauptsache mir geht es gut! So ein bisschen was von dieser Mentalität hat wohl jeder in sich. Da, wo ich nicht selbst bezahlen muss, brauche ich nicht so auf's Geld zu achten. Diese Einstellung hat beim Kauf der Bank Hypo Group Alpe Adria den bayerischen Steuerzahler 3,7 Mrd. Euro gekostet. Vielleicht fangen wir heute einmal bei uns an und achten besonders auf alle die Werte, die uns anvertraut, aber nicht wirklich unser Eigentum sind. Das wäre ein guter Anfang – für die Firma, in der ich arbeite, für die Stadt, in der ich lebe, für das Land, ja, für unsere Welt. Bleiben Sie behütet!

9. Juni

Im Jahr 2011 haben wir an den bayerischen Gymnasien zwei Abiturjahrgänge in die Freiheit entlassen. Es gibt in diesen Abschlussgottesdiensten immer wieder besonders bewegende Momente. Als Lehrkräfte muss man sich von vielen Schülerinnen und Schülern verabschieden, die man über all die Jahre wirklich gerne begleitet hat. Einer der beiden Abschlussgottesdienste hatte zum Thema „Zeit" – und die Abiturientinnen und Abiturienten formulierten auf Zetteln, wofür sie in naher Zukunft mehr Zeit aufwenden wollten. Die allermeisten wünschten sich mehr Zeit für die Familie, für die Eltern, für die Freunde und Verwandten. Auf keinem einzigen Zettel las ich „Zeit für den Computer, für Facebook, für Fernsehen" ... In der Tat: Das wahre Leben ist nicht digital, es ist analog! Machen Sie sich bewusst, wie viel freie Zeit Ihnen Tag für Tag verloren geht durch den Computer und durch's Fernsehen! Sie könnten sie bestimmt wesentlich besser nutzen, für sich und für all die Menschen, die Ihnen anvertraut sind. Bleiben Sie behütet!

10. Juni

We did it! So lautete das Motto, unter dem die Abiturienten am Richard-Wagner-Gymnasium einmal ihr Abitur gefeiert haben. We did it! Wir haben's geschafft! In der Tat: Wer das Abi schafft, hat wirklich etwas geschafft! Geschenkt wird einem nichts! Über dieses Motto sollte ich dann im Abiturgottesdienst die Predigt halten. Ich habe mich gefragt, weshalb kein Mensch in der Bibel nach der Vollbringung einer außergewöhnlichen Tat sagt: „Ich hab's geschafft!" Und nach kurzer Überlegung fiel es mir auch ein: Wenn Außergewöhnliches geschafft wurde – und in der Bibel wird viel Außergewöhnliches vollbracht – dann schreiben die Menschen es Gott zu: Er hat's getan! He did it! Oder wenigstens: Danke Gott, dass wir es geschafft haben! Thank God! We did it!" Als die Israeliten trockenen Fußes durch's Schilfmeer gelangt sind, haben sie auch Gott ein Lob und Danklied gesungen! „Danke, o Herr, Du hast alles wunderbar gemacht!" In diesem Sinne hat – glaube ich – jeder von uns an jedem Tag Grund zum danken! Ich wünsche Ihnen, dass – wenn Sie heute einmal darüber nachdenken – Ihnen ganz viele Gründe einfallen! Bleiben Sie behütet!

11. Juni

Fahrbahnmarkierung fehlt! Dieses Schild sah ich neulich, als ich auf der Autobahn fuhr. „Fahrbahnmarkierung fehlt!" Das heißt nichts anderes als: „Bitte passen Sie besonders auf. Sie fahren sonst kreuz und quer und werden vielleicht in einen Unfall verwickelt." Vielfach scheint in unserem Leben auch die Fahrbahnmarkierung zu fehlen. Wir wursteln uns von Tag zu Tag ... manchmal kreuz und quer, aber eine richtige Linie ist nur mit Mühe zu erkennen. Ist ja logisch: Fahrbahnmarkierung fehlt. Fehlt sie wirklich? Oder sind wir nur zu taub und zu blind, auf die kleinen Wegweiser, die auch an unserem Lebensweg stehen, zu achten? Ich bin mir sicher: Eine echte Fahrbahnmarkierung fehlt in keinem Leben. Auch in ihrem nicht. Bleiben Sie behütet!

12. Juni

Sind Sie austauschbar? Also, ich bin es! Jedenfalls in gewisser Weise! Wenn ich nicht da wäre, würde ein anderer meine berufliche Funktion ausführen. Die Welt würde auch ohne mich existieren können. Also, ich bin jedenfalls nicht der Nabel der Welt – da bin ich mir ganz sicher. Keine Frage, ich bin austauschbar! Aber dann gibt es doch noch einen anderen Aspekt, wonach ich eben doch nicht austauschbar bin.

„Ich glaube, dass mich Gott geschaffen hat, samt allen Kreaturen." So hat vor knapp 500 Jahren Martin Luther geschrieben. Das heißt nichts Anderes als: Ich glaube, dass ich kein Produkt des Zufalls, keine Laune der Natur bin, sondern dass noch vor meiner Entstehung einer „Ja" zu mir gesagt hat, „Ja" zu meiner Existenz, meinen Stärken, meinen Schwächen, meinem Gesicht, meinem Geist, meinem Verstand und meinem Körper. „Ja" zu meiner Individualität! In der Tat! Als Person ist keiner austauschbar. Wenn man nicht mehr da wäre, würde etwas ganz Wichtiges fehlen. Deshalb lassen Sie es sich heute gesagt sein: „Es ist gut, dass Du da bist!" Bleiben Sie behütet!

13. Juni

Haben Sie Ihrem Partner, ihrer Partnerin, ihren Kindern heute eigentlich schon gesagt, dass Sie sie lieben? Nicht? Dann wird es höchste Zeit! Streichen Sie das Wort „später" oder die Floskel „jetzt nicht" aus ihrem Wortschatz. Es gibt Sätze, die kann man nicht oft genug hören. Sie sind nämlich nicht bloße Informationsweitergabe, sondern die bewirken etwas bei dem Adressaten. Wenn Sie zu Ihrem Partner sagen „Ich liebe Dich!" wird dieser sicher nicht antworten mit: „Danke für die Information!", um sich dann seiner Tätigkeit wieder zuzuwenden. Nein, wer so einen Satz gesagt bekommt, dem wird warm ums Herz. Sätze wie „Du bist mir wichtig!" oder „Du bist wertvoll" bewirken etwas bei der Person, zu der sie gesagt werden. Deshalb: Vergessen Sie es nicht, den Ihren heute noch den Satz zu sagen, dass Sie sie mögen, schätzen, lieben … und verschieben Sie das nicht auf morgen! Bleiben Sie behütet!

14. Juni

Haben Sie heute schon eine Entscheidung gefällt? Ja, natürlich! Sagen Sie jetzt vielleicht. Ich bin aus dem Bett aufgestanden – ist das etwa keine Entscheidung? Ja, meine ich, das ist manchmal in der Tat eine Entscheidung wert. Soll ich aufstehen oder lieber gleich im Bett bleiben? Ich meine aber eine wichtige, vielleicht lebensentscheidende Entscheidung? Vielleicht heute noch nicht? Aber Entscheidungen werden uns immer wieder abverlangt. Und irgendwie hat der Glauben auch etwas mit einer Entscheidung zu tun. Vielleicht nicht wie Sie gerade denken. Aber anders! Ich verstehe Glauben so, dass sich Gott für mich, dass sich Gott für Sie entschieden hat. Woran Sie das erkennen können? Na, vielleicht nehmen Sie einmal irgendwann wieder einmal die Bibel zur Hand und lesen nach – etwa den Brief des Paulus an die Römer. Das wäre mit Sicherheit nicht das Schlechteste. Und vielleicht kommen Sie dann auch zu der Überzeugung: Gott hat sich für Sie entschieden. Und Glaube heißt dann nichts anderes als: diese Entscheidung für sich gelten zu lassen. Mehr nicht! Mehr brauchen Sie nicht!

15. Juni

Im Juni gibt es keinen Bundesliga-Fußball! Viele Teams sind aber schon in der Vorbereitung für die neue Saison. Reden wir also über Fußball!

In der zu Ende gegangenen Saison habe ich mir zwei Zweitligaspiele in Nürnberg und Fürth angesehen – aber nicht als unbeteiligter Zuschauer, sondern als Fan im Gästefanblock. Weshalb ich Ihnen das in diesem Zusammenhang erzähle? Ganz einfach: mir ist durch das Verhalten der Fans etwas deutlich geworden: Der Fanblock geriet tatsächlich in eine Schockstarre, als die eigene Mannschaft in Rückstand geriet. Es war – jedenfalls um mich herum plötzlich totenstill – aber nur etwa für 5 Sekunden. Dann plötzlich fingen sich alle wieder, feuerten die eigene Mannschaft lange vor dem Anstoß an und brüllten: „Auf geht's! Allez, allez! SVD!" Das ist es – habe ich mir nach dem Spiel gedacht: Hinfallen, aufstehen, weitermachen – jetzt erst recht! Auch Petrus, der die ganze Nacht über vergeblich gefischt hatte, ist von Jesus aufgefordert worden, sein Netz noch einmal auszuwerfen. Wissen Sie, was er gesagt hat: „Herr, auf Dein Wort hin, will ich's nochmal versuchen!" Für Christen ist es eine fremde Kraft, die sie nach einem Rückschlag wieder aufstehen lässt, Gottes Kraft. Ja, auch Sie können sie spüren – probieren Sie's aus! Allez, allez! Vielleicht gleich nach dem nächsten Rückschlag! Bleiben Sie behütet.

16. Juni

Wann sind Sie eigentlich das letzte Mal beurteilt worden? Und von wem? Von Ihrem Mann, Ihren Kindern, Ihrem Vorgesetzten? Und wie sah diese Beurteilung denn aus? Positiv? Entsprechen Sie den Anforderungen? Haben Sie gezeigt, was in Ihnen steckt? Oder sind Sie hinter den Anforderungen zurückgeblieben? Es gibt ja auch gerechtfertigte und ungerechtfertigte Beurteilungen. Im Grunde funktioniert es aber auf unserer Welt immer gleich: Bist du gut, bekommst Du hoffentlich eine gute Beurteilung, bist du weniger gut, dann fällt die Beurteilung auch nicht ganz so gut aus. Das ist irgendwie auch nachvollziehbar. Warum sollte das bei Gott eigentlich anders sein? Wollen wir uns ab und zu auch bei Gott nicht doch ein bisschen lieb Kind machen, um gut von ihm beurteilt und nach Möglichkeit auch belohnt zu werden? Als ich mir vor vielen Jahren beim Fußballspielen am Buß- und Bettag einmal die Außenbänder im Sprunggelenk abgerissen habe, fiel mir sofort jenes Sprichwort ein: Kleine Sünden straft der liebe Gott sofort. Heute frage ich mich und Sie: Tut er das wirklich? Bleiben Sie behütet!

17. Juni

Was macht eigentlich einen Christen zum Christen? Die Frage lässt sich so einfach nicht beantworten. Juden und Muslime sind leichter zu identifizieren. Sie halten sich an gewisse Gebote und Gesetze, die in ihren Heiligen Schriften stehen. Bei den Christen ist das nicht so einfach. Sie leben wie Heiden, essen Schweinefleisch, mähen am Sonntag zuweilen ihren Rasen, gehen nicht in die Kirche, aber legen dann doch mitunter Wert darauf, Christ zu sein. In der Tat! Christen können so bleiben, wie sie sind. Was sie zu Christen macht, ist der Glaube an den Gott, der sie rechtfertigt ohne ihr eigenes Zutun nur aufgrund ihres Glaubens an Jesus Christus. Was? Das ist Ihnen neu? Wie wäre es, wenn Sie am kommenden Sonntag statt den Fernseher anzumachen oder am Schreibtisch Liegengebliebenes

aufzuarbeiten, einfach mal wieder in den Gottesdienst gehen. Dann können Sie es wieder hören:
Auch zu Ihnen sagt Gott: Du bist mir recht! In
diesem Sinne: Lassen Sie sich diesen Zuspruch
doch recht sein! Bleiben Sie behütet!

18. Juni

Über Verstorbene sagt man nichts Schlechtes! Sie kennen diese Faustregel bestimmt! Und
sie hat auch ihren Sinn. Ich kann ihn notfalls
nicht mehr um Verzeihung bitten. Und außerdem
kann sich der Verstorbene auch nicht mehr wehren, kann nichts mehr Geraderücken. Ja, über
Verstorbene sagt man nichts Schlechtes! Nur
über Verstorbene? Darf man etwa über *Lebende*
Schlechtes erzählen? Können die sich denn immer wehren? Das Internet ist eine Plattform, die
das „Schlechtes über andere Erzählen" noch einfacher und effektiver macht. Mit Tarnnamen kann
ich über andere herziehen und sie schlecht machen, Lügen verbreiten, ohne selbst erkannt zu
werden. Welche Folgen das für die Gemobbten
haben kann, kann ich mir auszumalen: das kann
bis zum Selbstmord gehen.

„Du sollst nicht falsch Zeugnis reden wider
deinen Nächsten!" Unübertroffen ausgelegt von
Martin Luther, der meint: Wir sollen Gott fürchten
und lieben, dass wir unseren Nächsten nicht belügen, verraten, verleumden oder seinen Ruf
verderben, sondern sollen ihn entschuldigen, Gutes von ihm reden und alles zum Besten kehren.
Am besten, wir fangen heute gleich damit an!
Bleiben Sie behütet!

19. Juni

„Du musst ein Schwein sein in dieser Welt!" Vielleicht ging es Ihnen ähnlich wie mir, als Sie dieses Lied von den Prinzen zum ersten Mal hörten. Ich habe den Refrain gleich mitgesummt. Er ist eingängig, und er spricht etwas aus, was viele schon längst praktizieren, und was die anderen eigentlich schon immer vermutet hatten: „Wenn du es zu etwas bringen willst, musst du Fäuste und Ellenbogen haben und sie gezielt einsetzen können. Kurz: du musst ein Schwein sein!"

Gibt es aus diesem Teufelskreis aus Unterdrückung und Gemeinheiten wirklich kein Entrinnen? Muss man wirklich fies und gemein werden, um es zu etwas zu bringen? Unbestritten scheinen vielfach die derart Erfolgsorientierten die Erfolgreicheren zu sein. Doch der Volksmund sagt: „Der Klügere gibt nach!" Und vielleicht ich auch ein Körnchen Wahrheit in diesem Sprichwort. Tatsächlich gibt es auch Beispiele von Menschen, die mit viel Geduld und Liebe etwas verändert haben. Und vielleicht sind dies auch Tugenden, die wir vielfach wieder einüben sollten: Geduld und Liebe, Geduld mit anderen, den eigenen Kindern oder Eltern, Geduld mit dem Ehepartner aber auch mit uns selbst. Es muss nicht alles auf einmal gehen. Und gerade die Kinder, für die Zeit noch eine schier unerschöpfliche Quelle ist, können es uns vorleben, wie es geht, einmal *nicht* erfolgsorientiert zu leben, sondern scheinbar sinnlos Zeit zu verschenken, zu lachen, auch einmal Unsinn zu machen, sich am

Leben zu freuen und andere daran teilhaben lassen. Bleiben Sie behütet!

20. Juni

Die Tour de France! Was für eine Farce! Man konnte schon kaum noch hinsehen.

Man sagt: Der Sport ist ein Spiegelbild unserer Gesellschaft. Und wenn ich mir unsere Gesellschaft so anschaue, dann scheint das wirklich zuzutreffen. Wie gerne würden wir auch einmal oben auf dem Treppchen im Rampenlicht stehen, bewundert werden! Das Leben ist schon seltsam! Entweder treten die Sieger in den Focus der Öffentlichkeit oder die Verlierer! Über diese Menschen wird berichtet. Aber die anderen, die tagaus, tagein – jahraus, jahrein, tüchtig, liebevoll und tatkräftig ihr Tagewerk in Beruf und Familie verrichten, über die wird nie erzählt. Vielleicht achten sie in Zukunft mehr auf jene Menschen, die vieles von dem tun, was inzwischen selbstverständlich zu sein scheint – auf die Menschen in ihrer Familie und ihrem Bekanntenkreis, die es eigentlich auch immer wieder verdient hätten, ganz oben auf dem Treppchen zu stehen. Bleiben Sie behütet!

21. Juni

Jeder Tag ist ein Kampf! Manchmal ist das wirklich so! Jeder Tag will gemeistert sein! Da ist zunächst die Arbeit, die einem überhaupt keinen Spaß macht – und dann kommt man nach Hause und will nur noch seine Ruhe haben. Aber weit gefehlt! Dann gibt es immer noch dieses oder jenes Problem, dass an einem nagt, zerrt und reißt. Woran könnte das liegen? Vielleicht daran, dass wir unsere Arbeit als Arbeit sehen und nicht als Berufung! Ich glaube, wer keine Freude an seiner Arbeit hat, kann auch die Freizeit nicht wirklich genießen. Auf der Arbeit missmutige Menschen sind auch in ihrer Freizeit nicht fröhlich. Genießen Sie Ihre Arbeit! Achten Sie auf das Schöne an ihr! Seien Sie freundlich zu Ihren Kolleginnen und Kollegen! Schenken Sie immer wieder ein Lächeln und Sie werden staunen: Ihr Lächeln kommt zurück! Dann macht der Tag – pardon – dann macht die Arbeit viel mehr Freude … und die Freizeit auch. Fangen Sie doch am besten gleich heute damit an! Bleiben Sie behütet!

22. Juni

Haben Sie Visionen, Hoffnungen, Wünsche für die Zukunft? Es ist doch so, dass unsere Hoffnungen sehr viel über uns selbst verraten. Die angehenden „Superstars" von „Deutschland sucht den Superstar" wünschen sich nichts sehnlicher als bekannt, berühmt und reich zu werden. Ja, ich gebe zu, das hat schon etwas. Aber sind das nicht alles sehr egoistische Wünsche? Wo bleibt da die Gemeinschaft? Ja, gewiss: Wenn jeder nur an sich selbst denkt, ist auch an jeden gedacht! Aber das kann es doch nicht sein! Natürlich wollen wir unser Auskommen und Einkommen haben, glücklich und zufrieden leben – aber das geht doch vor allem dann, wenn wir auch an andere denken! Wenn uns bewusst ist: Für uns wird schon gesorgt! In diesem Sinn wünsche ich Ihnen, dass Sie auch einmal loslassen

können. Kümmern Sie sich heute einmal besonders um die Menschen, die Ihnen anvertraut
sind. Diese sind genauso wichtig wie Sie selbst!
Bleiben Sie behütet!

23. Juni
Können Sie eigentlich noch beten? Wissen
Sie, wie Sie mit Gott reden können? Häufig wursteln wir uns so durch unsere Tage, fallen abends
todmüde ins Bett und vergessen vielfach, dass
das Allermeiste, was uns Tag für Tag begegnet –
oder auch nicht begegnet – kein Zufall ist. Wie
viel Grund hat doch ein jeder von uns an jedem
Abend, DANKE zu sagen! Aber uns bleibt der
Mund geschlossen. Wir haben es verlernt, Danke
zu sagen, wir haben es vielleicht auch verlernt zu
beten. Vielleicht lernen wir es einmal wieder in
der Gemeinschaft, im Gottesdienst, vielleicht sogar schon nächsten Sonntag. Es war kein Geringerer als Karl Würzburger, dessen Vater der
Namengeber unserer Dr.-Würzburger-Straße ist,
der in seinem Buch „Im Schatten des Lichts" folgenden Satz geschrieben hat: „Ein Stummer mitten in der betenden Gemeinde ist wie ein ver-
schütteter Brunnen." Vielleicht schaffen Sie es
heute oder vielleicht am nächsten Sonntag, den
Brunnen zu öffnen. Es lohnt sich Bleiben Sie behütet!

23. Juni
Vor fast 2.500 Jahren hat der griechische
Philosoph Platon sein Höhlengleichnis geschrieben. Es besagt folgendes: Die Menschen sitzen
in einer Höhle mit der Höhlenöffnung im Rücken.

Sie blicken gefesselt auf die Höhlenwand. Hinter ihnen ist eine Mauer und über der Mauer werden Gegenstände hin und her getragen. Die Menschen glotzen aber nur auf die Höhlenwand, auf der sich die Schatten der besagten Gegenstände abzeichnen. Auch die Gespräche hören sie nur als von der Höhlenwand zurückgeworfenes Echo. Platon wollte damit sagen, dass das, was wir sehen nicht wirklich ist, es sind nur Schatten, Abbilder von etwas Wirklichem. Als ich im Unterricht dieses Höhlengleichnis durchnahm, fiel mir auf, dass Platon ungeheuer prophetisch redet: Knapp 2.500 Jahre vor Erfindung des Fernsehers oder des Computerbildschirms hält er uns den Spiegel vor: Wir meinen, dort spielt sich Realität ab, aber es ist immer nur ein Abbild der Realität. Die Menschen hocken einsam und stumm in ihrer Höhle und glotzen auf den Bildschirm, die Höhlenwand, anstatt nach draußen zu gehen in die Realität. Deshalb: Gehen Sie heute einmal nach draußen. Verwechseln Sie die virtuelle Welt nicht mit der Realität, denn das wahre Leben ist nicht digital, es ist analog. Bleiben Sie behütet!

24. Juni

„Er muss wachsen, ich aber muss abnehmen." Diesen Satz sagte einst kein Geringerer als der Vorläufer Jesu, Johannes der Täufer, dessen Gedenktag wir heute feiern. Kurz vor Jesus war er am Jordan aufgetreten und hat die Menschen zur Umkehr gerufen. Als Zeichen dieser Umkehr sollten sie sich taufen lassen. Auch ein gewisser Jesus von Nazareth hatte sich die Predigt des Täufers angehört und sich im Anschluss daran taufen lassen. Johannes hat in ihm den Heiland der Welt erkannt: „Er muss wachsen, ich aber muss abnehmen." Johannes – wie er in den Evangelien dargestellt ist – hat sich bemüht, in seinem Tun auf Jesus von Nazareth hinzuweisen und dem Herrn nicht im Weg zu stehen: „Er muss wachsen, ich aber muss abnehmen" – das heißt doch nichts anderes als: Christus ist wichtig, in ihm findet Ihr das Heil, und mein Wirken besteht darin, auf ihn hinzuweisen." Das ist absolut vorbildlich – und ich frage mich: Auf welche Art und Weise mache ich in meinem Alltag auf Jesus Christus, den Grund und das Ziel meines Glaubens, aufmerksam im Sinne von „Er muss wachsen, ich aber muss abnehmen." Bleiben Sie behütet!

25. Juni

Heute möchte ich Ihnen eine Geschichte erzählen. Sie stammt von dem Literatur-Nobelpreisträger Heinrich Böll; er hat ihr die Überschrift gegeben „Anekdote zur Senkung der Arbeitsmoral":

In einem Hafen an der westlichen Küste Europas spricht ein Tourist einen ärmlich gekleideten Fischer an, der, nachdem er am Morgen mit seinem Boot bereits ausgefahren ist und reichlichen Fang gemacht hat, ins einem Fischerboot liegt und vor sich hin döst. Der Tourist vermag nicht zu verstehen, dass der Fischer den restlichen Tag nicht nutzt, um erneut auszufahren und seinen Fang zu vergrößern. Weil der Fischer für den Rat des Touristen Unverständnis bekundet, versucht dieser, ihm zu zeigen, wie er seine Arbeitsproduktivität steigern könne: Wenn er mehrmals am Tage ausfahre, könne er sich vielleicht nach einem Jahr einen Motor für sein Boot kaufen, dann eines Tages einen Kutter, in einigen Jahren schließlich ein Imperium aufbauen, mit eigenem Kühlhaus, einer Räucherei, einer Marinadenfrabrik und eigenen Restaurants, um so eines Tages in die Lage versetzt zu sein, nur noch beruhigt am Hafen sitzen zu können, in der Sonne zu dösen und auf das Meer zu blicken. „Aber das tu ich ja schon jetzt", entgegnet der Fischer. „Ich sitze beruhigt am Hafen und döse." Tatsächlich zog der solcherlei belehrte Tourist nachdenklich von dannen, denn früher hatte er auch einmal geglaubt, er arbeite, um eines Tages einmal nicht mehr arbeiten zu müssen, und es blieb keine Spur von Mitleid mit dem erbärmlich gekleideten Fischer in ihm zurück – nur ein wenig Neid. In diesem Sinn: Bleiben Sie behütet!

26. Juni

Meine Schülerinnen und Schülern beschäftigt immer mal wieder das Problem, wer jetzt Recht hat: Die Bibel mit der Geschichte von der Erschaffung der Welt in sieben Tagen oder die Evolutionstheorie? Wie die Schöpfungsgeschichte der Bibel genau verstanden werden kann, würde hier vielleicht zu weit führen, aber es hat seinen Sinn, dass Christen in ihrem Glaubensbekenntnis daran festhalten, dass Gott der Schöpfer der Welt ist. „Ich glaube, dass mich Gott geschaffen hat, samt allen Kreaturen, mir Leib und Seele, Augen, Ohren und alle Glieder, Vernunft und alle Sinne gegeben hat und noch erhält." So fängt Martin Luthers Auslegung des Glaubensbekenntnisses an. Und damit wird genau das auf den Punkt gebracht, was Schöpfungsglaube heißt: Ich lebe nicht aus mir selbst, ich bin kein Produkt des Zufalls, ich bin gottgewollt – er hat mich und die ganze Welt erschaffen und erhält alles – auch mich – bis heute. Und Luther formuliert weiter: „und das alles aus lauter väterlicher, göttlicher Güte und Barmherzigkeit, ohn all mein Verdienst und Würdigkeit, …" Ja, vielleicht ist gerade heute ein passender Tag, um Gott Danke dafür zu sagen? Bleiben Sie behütet!

27. Juni

Mit meinen Schülerinnen und Schülern der 9. Klasse habe ich neulich darüber gesprochen, wie viel Zeit sie durchschnittlich am Computer und vor allem in sozialen Netzwerken verbringen. Eine Schülerin redete spontan dazwischen: „Zu viel!" Ich habe diesen Einwurf natürlich gerne aufgenommen. „Zu viel!" Machen wir nicht alle häufig etwas zu viel, von dem wir wissen, dass dieses „zu viel" nicht gut für uns ist: Zu viel am Computer, zu viel Zigaretten, zu viel Bier, zu viel Egoismus!

Wir haben im Unterricht auch Dinge benannt, die wirklich wichtig sind für unser Leben; Dinge, die unser Leben lebenswert machen und ohne die wir nicht mehr leben wollten. Komisch! Einen Computer hatte kein Schüler da genannt. Schließlich haben wir noch Möglichkeiten erarbeitet, wie man sich selbst in den Arm fallen kann, wie man sicherstellen kann, dass man selbst nach dem eigenen Dafürhalten nicht mehr

„zu viel" von dem macht, was eigentlich nicht gut für einen ist, weil es uns einsam macht. Die einfachste Möglichkeit wäre, sich die Zeit entsprechend einzuteilen, nach dem Motto: Heute nur fünf Zigaretten, oder: heute nur ein Bier! Oder: Heute nur eine Stunde im Netz! Es ist vielfach schwer, aber es ist möglich! Sie können es schaffen, wenn Sie wollen! Bleiben Sie behütet!

28. Juni

Haben Sie schon einmal einen Fehler gemacht? Ja, natürlich, werden Sie sagen. Ich bin doch ein Mensch mit Stärken und Schwächen! In der Tat! Wir alle machen Fehler, Fehler im Beruf, Fehler innerhalb der Familie, Fehler im Umgang mit Menschen, … das ist alles ganz normal! Und man könnte meinen: Wer schwach ist, macht eben viele Fehler, während die Starken weniger Fehler machen.

Ganz ehrlich: Ich glaube, das ist ein falscher Ansatz! Wirkliche Stärke zeigt sich am Umgang mit den eigenen Fehlern. Bin ich so stark, einen Fehler einzugestehen und vielleicht sogar um Entschuldigung zu bitten? Kann ich eine Schwäche eingestehen, ohne das Gefühl zu bekommen, ich würde mein Gesicht verlieren? Immer wieder begegnen mir Menschen, die offenbar der Meinung sind: Wenn ich einen Fehler zugebe, dann gelte ich als schwach! Also: nichts zugeben und auf seiner Meinung beharren! Diese Einstellung macht es anderen schwer, mit ihnen auszukommen. Deshalb: Trauen Sie sich, stellen Sie sich Ihren Fehlern! Und vielleicht finden Sie auch einen Punkt, an dem Sie andere um Entschuldi-

gung bitten könnten. Das wäre echte Stärke!
Bleiben Sie behütet!

29. Juni

In diesen Tagen bekommen die Abiturienten
in Bayern ihre Abschlusszeugnisse. Jetzt kennen
die etwa 500 Bayreuther Abiturientinnen und Abiturienten ihren Abischnitt. Bestimmt gab es auch
Schülerinnen und Schüler, die es nicht geschafft
haben. Als Lehrkraft an einem Bayreuther Gymnasium kann ich sagen, dass es auch uns keine
Freude macht, schlechte Noten zu verteilen oder
Schüler durchfallen zu lassen. Aber zuweilen
können wir auch nicht mehr helfen. Manchmal ist
es einfach zu wenig. Und was nun? Ich weiß es
auch nicht. Aber ich glaube daran, dass jeder
von meinen Schülerinnen und Schülern seinen
Lebensweg finden wird, ich glaube – um es mit
Dietrich Bonhoeffer zu sagen –, dass Gott aus
allem, auch aus dem Schlechten Gutes entstehen lassen kann und will. Und ich glaube, dass
auch unsere Fehler und Irrtümer nicht vergeblich
sind. Ich glaube, dass Gott uns in jeder Notlage
soviel Widerstandskraft geben will, wie wir brauchen. Aber er gibt sie nicht im Voraus, damit wir
uns nicht auf uns selbst, sondern allein auf ihn
verlassen." In diesem Sinne: Bleiben Sie behütet!

30. Juni

Das eigene Leben in den Griff zu bekommen,
ist nicht einfach. Bei der Verleihung der Abitur-
zeugnisse an unsere inzwischen ehemaligen
Schülerinnen und Schüler ist mir wieder deutlich
geworden: Ein Leben zu führen, ist viel schwieri-

ger als ein Haus zu bauen. Denn beim eigenen Leben sind wir Architekten, Bauherren, Dachdecker, Zimmerer, Maurer, Fliesenleger und Installateure … alles in einer Person. Doch die Hauptschwierigkeit besteht darin, dass der Plan erst beim Bauen entsteht … und dass er häufig während des Baus noch geändert wird. Tja, da fragt man sich schon: Was bleibt in einer Zeit der permanenten Veränderung? In Ps 73 finde ich den Satz: „Dennoch bleibe ich stets an Dir, denn du hältst mich bei meiner rechten Hand." Ja, das ist es doch: Vertrauen Sie weiter auf die Führung des Gottes, der es gut mit Ihnen meint. Dann können auch Sie getrost Ihren Weg weitergehen. Bleiben Sie behütet!

Juli

1. Juli

In einem Werbespot, der vor ein paar Jahren auf der Mainwelle lief, höre ich den Satz „Meine Tochter sagt, ich singe wie ein Ungeheuer!" Singen Sie auch wie ein „Ungeheuer" und ist Ihnen Ihr Gesang auch peinlich? Singen Sie deshalb auch lieber nicht? Tatsächlich singen wir in unseren Familien zu wenig – jeder Musiklehrer wird Ihnen das bestätigen. Beim Singen ist es mitunter wie im Mathematikunterricht: Hat man einmal eine schlechte Erfahrung gemacht, traut man sich nichts mehr zu! Und das macht es dann schwer, mit dem Singen anzufangen. Wo kann man heutzutage denn noch singen, ohne dass man für einen falschen Ton schief angesehen wird?

Ich hätte da einen Vorschlag für Sie: Kommen Sie doch am Sonntag einmal in die Kirche! Lauschen Sie der Orgel und singen Sie mit der ganzen Gemeinde mit! Falsche Töne fallen da nicht auf! Es braucht Ihnen Ihr Gesang nicht peinlich zu sein. Und vielleicht merken Sie dann auch, dass man durch die Musik und den Gesang manchmal das Gefühl bekommt, dem Himmelreich ein bisschen näher zu sein. Bleiben Sie behütet!

2. Juli

Als ich mir darüber meine Gedanken machte, was das Leben denn lebenswert macht, fiel mir sofort der Begriff Gesundheit ein. Ja, dachte ich mir, das Leben ist lebenswert, wenn man gesund ist. Aber dann wurde ich doch unsicher – und ich will Ihnen auch sagen, weshalb. Neulich traf ich eine Frau, die ein Gästehaus, eine Pension führte. Sie wirkte glücklich und zufrieden. Und das, obwohl sie knapp achtzig Jahre alt war und seit fünf Jahren blind: „Wissen Sie", meinte sie zu mir, „ich kann das ja eh nicht ändern. Was soll ich mir also Sorgen machen. Gott gibt mir die Kraft, mein Leben glücklich weiterzuleben. Er hat mir auch Menschen gesandt, die mir helfen, wenn ich nicht weiterkann." Ich konnte dazu gar nicht viel sagen. Aber vielleicht ist Ihnen so ein Mensch auch schon einmal begegnet. Allemal ein Vorbild ... vielleicht sogar eher ein Vorbild als manch ein herausragender und herausragend bezahlter Fußballspieler. Bleiben Sie behütet!

3. Juli

Am 3. Juli 1709 wurde Friederike Sophie Wilhelmine von Preußen geboren, die später Markgräfin von Bayreuth wurde. Als sie im Jahr 1731 Markgraf Friedrich III., Markgraf von Bayreuth heiratete, ahnte sie noch nicht, wie heruntergekommen die Residenzstadt Bayreuth damals war. Die Hochzeit war keine Liebesheirat, aber die Liebe der beiden entwickelte sich langsam. Wilhelmine schrieb in ihren Memoiren einen Satz, den ich Ihnen heute weitergeben möchte: „Die wahre Zärtlichkeit duldet keine Teilung." Wilhelmine macht damit deutlich, dass eine Ehe nur dann gelingen kann, wenn man sich voll auf den anderen einlässt. Es sollte keinen Plan B geben. In diesem Sinne: Lassen Sie sich voll auf die Menschen ein, die Ihnen nahestehen – Sie werden überrascht sein, wie Ihr Leben dadurch erfüllt wird. Bleiben Sie behütet.

4. Juli

Kirche macht glücklich! Wussten Sie das eigentlich? Nein, ich meine jetzt nicht, dass der Glaube glücklich machen könnte … das auch, aber im Grunde meine ich wirklich, dass Kirche glücklich macht. Wie ich darauf komme? Ganz einfach: Bei einem sogenannten „Berufungs-Check" in einem Bestseller über „Glück" steht die Frage: Trage ich zu einem Wert bei, der größer ist als ich, der über mich hinausweist, der auch weiter Bestand hat, wenn ich nicht mehr dabei bin? Sofern man diese mit „ja" beantwortet, hat man tatsächlich einen weiteren Mosaikstein im eigenen Glücksatlas gesetzt. In diesem Sinne: Wer in der Kirche mitarbeitet, sich in ihr einbringt mit dem, was ihm zur Verfügung steht, trägt zu seinem eigenen Glücksempfinden bei. Denn Kirche weist über mich, ja, Kirche weist im Grunde auch über sich selbst hinaus. Was sie verkündigt, wird noch Bestand haben, wenn ich längst nicht mehr bin. Aber ich war ein Teil dieser Gemeinschaft der Kinder Gottes, einer Gemeinschaft, die besteht nicht nur im gottesdienstlichen Zusammenkommen, in kirchlichen Kreisen und Initiativgruppen, sondern durch die Zeiten hindurch. In diesem Sinne: Werden auch Sie glücklich! Und bleiben Sie behütet!

5. Juli

Was meinen Sie? Konnte Jesus über's Wasser laufen? Vielleicht kennen Sie ja auch den Film „Bruce Allmächtig", bei dem Bruce Nolan für eine gewisse Zeit Gottes Allmacht verliehen bekommt und dann mehr oder weniger aus Versehen über das Wasser läuft. Wenn man sich die Geschichte aus dem Matthäusevangelium aber genau ansieht, dann fällt auf, dass es eigentlich gar nicht darum geht, ob Jesus über das Wasser laufen konnte oder nicht. Es geht um etwas ganz Anderes: In der Geschichte kommt Jesus zu seinen Jünger über das Wasser. Petrus ruft ihm zu: „Herr, wenn du es bist, lass mich auch über's Wasser zu dir laufen!" Und Jesus bedeutet ihm zu kommen. Da tritt Petrus aus dem Boot und geht ein paar Schritte. Doch dann kommt ein heftiger Windstoß, Petrus bekommt Angst und beginnt zu sinken. Da zieht ihn Jesus heraus, führt ihn ins Boot und fragt ihn: „Du Kleingläubiger, warum hast Du gezweifelt?" Was ich an dieser Geschichte sehen kann ist: Auch wenn Sorgen, Nöte und Ängste wie Wasserwogen über mir zusammenschlagen, und auch wenn mein Glauben am Ende ist, Jesus kann mich trotzdem herausziehen. Darauf will ich immer wieder neu vertrauen. Und Sie? Bleiben Sie behütet!

6. Juli

Bodo Wartke, ein Liedermacher aus Norddeutschland, hat in seinem Lied „Kompromissbereit" das eigene Flirten auf die Schippe genommen. Er beschreibt, dass er im Café mit einer wunderschönen Frau sitzt. Allerdings stellt er fest, dass er mit ihr sonst keinerlei Gemeinsamkeiten hat. Sie lachen über unterschiedliche Sachen und sind auch sonst grundsätzlich verschieden. Aber – so singt er: „Bei schönen Frauen bin ich kompromissbereit!" Am Ende des Liedes sagt die schöne Frau zu ihm jedoch, dass sie keinen Wert darauf lege, ihn wieder zu treffen … und das Lied endet mit einem Satz, den er sich zu sich selbst sagt: „Ich mach mir nichts draus! So gut sah sie auch nicht aus!" Was hier kabarettistisch anklingt, ist die Fähigkeit, selbst in einer Enttäuschung noch das Positive zu sehen. Die Psychologen nennen das „kognitive Dissonanz" … und die Theologen meinen mit Paulus: „Wir wissen aber, dass denen, die Gott lieben, alle Dinge zum Besten dienen." Wer also fähig ist, in dem, was ihm begegnet, das Beste zu sehen, sich also alle Dinge zum Besten dienen zu lassen, der ist glücklich! In diesem Sinne: Seien Sie sich bewusst, dass sie von Gott geliebt sind, dann können Sie glücklich werden. Bleiben Sie behütet!

7. Juli

Können Sie noch zuhören? Oder reden Sie lieber als dass Sie zuhören? Im Laufe meiner Tätigkeit als Pfarrer ist es mir immer deutlicher geworden, wie wichtig es ist, anderen zuhören zu können.

Zuhören ist dabei schwieriger und anstrengender als es einem auf den ersten Blick vorkommt. Zuhören heißt, sich auf den Gesprächspartner einzulassen, sich von ihm an die Hand nehmen zu lassen, keine besserwisserischen Ratschläge zu erteilen, sondern sich mit ihm auf die Suche nach der Lösung des Problems zu machen oder einfach dem Gesprächspartner zur Seite zu stehen. Ihm zu vermitteln: Ich bin da, ich verstehe Dich, Du bist nicht allein! Ja, das ist es doch, wonach wir uns alle auch einmal sehnen: Von einem wohlmeinenden Menschen angenommen und verstanden zu werden. Von einem, der nicht gleich sagt: Ich erkläre Dir Dein Problem und gebe dann den ultimativen Ratschlag! Ich wünsche Ihnen, dass Ihnen so ein Mensch begegnet, einer der einmal zuhört und entweder im Geiste oder auch tatsächlich Ihre Hand hält, ein Mensch, der Ihnen vermittelt: Du bist nicht allein! Bleiben Sie behütet!

8. Juli

Neulich hat mir ein Freund, mit dem ich mich immer wieder auch über Fußball austausche, in einer Mail einen Gedanken geschrieben, den ich Ihnen heute gerne weitergeben möchte: „Für einen Sieg meiner Mannschaft beten? Dafür ist mir Fußball nicht wichtig genug." Ja, das bringt es auf den Punkt: Was ist so wichtig in meinem Leben, dass ich dafür zu Gott beten möchte? Sieg oder Niederlage einer Erst- oder Zweitligamannschaft, oder gar der Nationalmannschaft … also in meinem Leben ändert sich dadurch nichts … nicht einmal nach dem WM-Sieg 2014 hat sich etwas geändert. Aber mitgefiebert habe ich trotzdem! Und ein schönes Gefühl war der WM-Sieg auch – keine Frage. In diesem Sinne habe ich auch „die Daumen gedrückt"; diese Formulierung ist eigentlich eine Umschreibung für's Händefalten beim Beten. Aber vielleicht belassen wir's bei dem, was der Volksmund so treffend umschreibt: Fußball ist die schönste Nebensache der Welt! Genau, sie ist wirklich schön … aber eben halt nur eine Nebensache … wirklich wichtig ist etwas anderes in meinem Leben. Und dafür drücke ich nicht nur die Daumen, sondern dafür bete ich auch zu Gott. Wichtig ist zum Beispiel, dass Sie heute behütet bleiben. Und dafür bete ich gerne.

9. Juli

„Alle eure Sorge werft auf ihn, denn er sorgt für euch." Das Wort aus dem 1.Petrusbrief klingt wie ein Werbeslogan. „Der Glaube an Jesus Christus – das Rundum-Sorglos-Paket!" He, hallo, dieser Spruch kann doch – wie nahezu jeder andere Werbespruch – nie und nimmer das halten, was er verspricht. Glaube, das ist doch keine Garantie für eine grüne Welle, für rosarote, sorglose Zeiten oder für einen Weg ohne Berg und Tal. Nein, da gibt es in jedem Leben, auch im Leben von Christen Sorgen und Ängste, Sorgen um den Arbeitsplatz, um das Fortkommen in Schule und Beruf, Sorgen um die Familie oder die eigene Gesundheit, um die Zukunft, um die Rente ... es gibt viele Dinge, über die wir uns Sorgen machen. Es ist manchmal ein ganzer Berg von Sorgen, der vor uns steht.

Und doch glaube ich, dass der 1. Petrusbrief nicht Unrecht hat. Der Glaube an den Gott, der für mich Sorge trägt, entlastet mich immer wieder von der Sorge um Kleinigkeiten. Sich keine Sorgen mehr zu machen, das ist dabei nicht einmal meine Leistung, sondern Gottes Geschenk oder wie es Paul Gerhardt am Ende des dreißigjährigen Krieges formuliert: „Er gebe uns ein fröhlich Herz, erfrische Geist und Sinn und werf' all' Angst, Furcht, Sorg' und Schmerz in's Meeres Tiefe hin." Bleiben Sie behütet!

10. Juli

Der Volksmund sagt: „Jeder ist seines Glückes Schmied!" Und er meint damit, dass jeder für das Glück verantwortlich ist, das ihm in seinem Leben begegnet. Ich kann mich nicht in mein Kämmerlein setzen und auf das Glück warten, nein, ich muss schon was dafür tun!

Ist es Ihnen jemals aufgefallen, dass das Wort „Glück" in der Bibel gar nicht vorkommt. Weshalb ist das so? Gibt es in der Bibel denn kein Glück? War es kein Glück, als das Baby Mose im Binsenkörbchen auf dem Nil ausgesetzt geradewegs dorthin schwamm, wo die Pharaonentochter badete? Es gäbe noch viele andere Beispiele von wegen „Glück gehabt" in der Bibel. Aber die Bibel nennt das nicht „Glück". Und das hängt damit zusammen, dass die Menschen der Bibel immer mit dem Wirken Gottes in unserer Welt rechnen. Es ist kein Glück, was den Menschen begegnet, sondern Gottes Wille – oder nennen wir es vielleicht besser „Segen". Und es liegt an der Lebenseinstellung eines jeden einzelnen von uns, ob wir „Glück" haben oder ob uns Gott vor einer großen Katastrophe bewahrt hat. Und so gibt es in jedem Menschenleben – auch in Ihrem – solche Glücksmomente – oder sollte ich vielleicht besser sagen: Augenblicke von Gottes Wirken in Ihrem Leben! Bleiben Sie behütet!

11. Juli

„Wer erst einmal das Gute und Richtige erkannt hat, tut es auch automatisch." Der Philosoph Sokrates war sich da ganz sicher. „Wer erst einmal das Gute und Richtige erkannt hat, tut es auch automatisch." Ganz sicher? Ich habe da meine Zweifel. Ist es nicht vielmehr so, dass wir manchmal ganz genau wissen, was richtig und wichtig ist für uns, für unsere Gesundheit, für unsere Familie, für unsere Freunde – und doch tun wir das Falsche? „Das Gute, das ich will, das tue ich nicht, sondern ich tue das Böse, das ich nicht will!" So schreibt es Paulus. Und ich fühle mich richtig ertappt von ihm und seinem Satz. „Das

161

Gute, das ich will, das tue ich nicht, sondern ich tue das Böse, das ich nicht will." Bloß: Wie kommen wir heraus aus dem Dilemma? Wie können wir sie überwinden, unsere Schwäche und unsere Fehler? Vielleicht geht das, wenn wir sie uns immer mal wieder bewusst machen … und wenn wir auch einmal um Verzeihung bitten – unsere Freunde, unsere Familie und vielleicht auch Gott. Ich bin mir sicher: häufig ist die Hand des anderen schon ausgestreckt. Wir brauchen sie nur zu ergreifen. Bleiben Sie behütet!

12. Juli

„Was wäre eigentlich, wenn es Gott gar nicht gibt?" So fragte mich einmal eine Schülerin. Spontan meinte ich: „Ich wäre augenblicklich arbeitslos." Wir lachten, aber dann meinte sie: „Nein, im Ernst! Was wäre, wenn ..." Ich dachte kurz nach, dann meinte ich: „Was denkst Du denn? Wozu ist der Glaube an Gott und Jesus Christus nütze?" Die Schülerin antwortete: „Er kann helfen, sein Leben zu führen." Ich nickte: „Das denke ich auch. Ich glaube nicht, um den Glaubens willen, sondern weil ich darauf vertraue, dass Gott im Wandel der Zeiten mit mir meinen Weg geht. Das stützt und entlastet mich." – „Ja, aber was ist, wenn es Gott gar nicht gibt?" beharrte die Schülerin. Ich holte tief Luft und meinte: „Ganz ehrlich! Letzten Endes ist es doch egal! Der Glaube kann helfen, dass man seinen Lebensweg getrost und hoffentlich immer wieder auch vertrauensvoll und glücklich geht. Wenn ich auf mein bisheriges Leben zurückblicke, dann bin ich davon überzeugt, dass Gott bei mir war und ist." Ich weiß nicht genau, ob die Schülerin mit meinem Antwortversuch zufrieden war, aber mir ist durch ihre Frage deutlich geworden, wie gut der Glaube an Gott tun kann. Ja, Gott tut mir gut … und Ihnen heute ganz bestimmt auch. Bleiben Sie behütet!

13. Juli

Der 13. eines Monats … und dann vielleicht sogar noch ein Freitag! Welch ein Horrordatum! Freitag, der Tag, an dem Jesus gekreuzigt wurde! Und dann noch die dreizehn! Zwölf, das wäre eine schöne Zahl, aber 13! Welch eine Unglückszahl! In unserem Klinikum gibt es zur Sicherheit keine Station 13, nein, es gibt die Stationen 11, 12a, 12b, 14 und 15. Als mir das einmal aufgefallen war, dachte ich spontan: „Mann, sind die Architekten des Klinikums vielleicht abergläubisch!" Aber dann fiel mir ein, dass die Vermeidung der Station 13 vor allem dem möglichen Aberglauben der Patienten geschuldet ist. „Und, auf welcher Station liegt denn der Opa?" – „Auf der 13!" – „Naja, dann kann er ja gar nicht gesund werden!" Ist das wirklich so? Aberglaube ist doch nichts anderes als die Vermeidung von vermeintlich ungünstigen Vorzeichen. Aberglaube schreibt mir vor, was ich zu tun und zu unterlassen habe, damit das Glück mich nicht verlässt oder evtl. wieder zu mir zurückkehrt. Was meinen Sie? Hilft Aberglaube wirklich? Gewiss: Es gibt so viele Unabwägbarkeiten auch in meinem Leben und ich würde schon ganz gerne immer mal wieder etwas mehr Macht über meine Zukunft bekommen. Aber da halte ich mich lieber an die

Worte von Dietrich Bonhoeffer, der den Wunsch nach mehr Macht über seine Zukunft getrost in die Hand eines Stärkeren gelegt und gedichtet hat: „Von guten Mächten wunderbar geborgen erwarten wir getrost, was kommen mag. Gott ist mit uns am Abend und am Morgen und ganz gewiss an jedem neuen Tag!" Bleiben Sie in diesem Sinn behütet!

14. Juli

Vor vielen Jahren hat Eva Rechlin das Gedicht „In dieser Minute" geschrieben. Dort heißt es:

In dieser Minute, die jetzt ist
und die du gleich nachher vergisst,
geht ein Kamel auf allen Vieren
im gelben Wüstensand spazieren,
und auf dem Nordpol fällt jetzt Schnee,
und tief im Titicacasee
schwimmt eine lustige Forelle.
Und eine hurtige Gazelle
springt in Ägypten durch den Sand.
Und weiter weg im Abendland
schluckt jetzt ein Knabe Lebertran.
Und auf dem großen Ozean
fährt wohl ein Dampfer durch den Sturm.
In China kriecht ein Regenwurm
zu dieser Zeit zwei Zentimeter.
In Prag hat jemand Ziegenpeter,
und in Amerika ist wer,
der trinkt grad seine Tasse leer, …

und so weiter! Tja, das ist ganz schön viel, was in jeder Minute auf der Welt gleichzeitig so passiert. Und ich wette, es gibt in dieser Minute jemanden, der gerade an **Sie** denkt! Und an wen denken Sie gerade? Bleiben Sie behütet!

15. Juli

Vor ein paar Jahren habe ich meine alten Klassenkameraden wieder getroffen. Es war schön, die Freunde von früher wieder zu sehen, zu lachen über die Scherze und Späße von damals, zu erfahren, was aus den Klassenkameraden geworden ist und zu sehen, wie sie sich verändert haben. Wenn ich so zurückblicke auf die Jahre, die seit meinem Abitur vergangen sind, stelle ich fest, dass ich nicht manchen Umweg und den einen oder anderen Irrweg gemacht habe, manche Niederlage erlitten und in die eine oder andere Sackgasse geraten bin. Vielfach habe ich nicht gewusst, wie es weitergeht oder weitergehen soll.

Der evangelische Theologe Dietrich Bonhoeffer hat einmal ein Glaubensbekenntnis aufgeschrieben, das ich Ihnen heute weitergeben möchte. Dort heißt es: „Ich glaube, dass auch unsere Fehler und Irrtümer nicht vergeblich sind und dass es Gott nicht schwerer ist, mit ihnen fertig zu werden als mit unseren vermeintlichen Guttaten. Ich glaube, dass Gott uns in jeder Notlage so viel Widerstandskraft geben will, wie wir brauchen. Aber er gibt sie uns nicht im Voraus, damit wir uns nicht auf uns selbst, sondern allein auf ihn verlassen. In solchem Glauben müsste

alle Angst vor der Zukunft überwunden sein."
Bleiben Sie behütet!

16. Juli

Am 16. Juli des Jahres 1054 wurde die Trennung zwischen der Ostkirche und der Westkirche besiegelt. Zurecht meinen heute viele Menschen: „Die christlichen Kirchen müssten sich endlich ganz vertragen – warum gibt es eigentlich noch so viele?" So fragen sich viele Menschen heute – und in der Tat wiegt das Wort der Kirche viel mehr vor der Welt, wenn alle Kirchen mit einer Stimme sprechen würden. Liebe Zuhörerinnen und Zuhörer – ich kann ihnen versichern. Wir arbeiten tatsächlich daran – auch in Bayreuth. Und wir tun dies nicht nur weil es sich gehört und man als Christen dann vielleicht eher gehört wird, sondern weil Jesus selbst den Seinen die Einheit zum Ziel gemacht hat. Aber man muss der Zeit Zeit lassen. Nicht dass es passiert wie in folgender Geschichte:

„Die Einheit der Christen schreitet immer weiter voran", berichtet ein englischer Baptist. „Bisher gab es in meinem Dorf eine methodistische und eine baptistische Gemeinde. Doch der Wind der Einheit hat geweht, und sie haben sich verschmolzen." – Das ist ja prima! Dann gibt es jetzt also nur noch eine einzige Gemeinde in euerer Stadt und ihr wisst, wo ihr am Sonntag hingehen sollt." – Keineswegs! Jetzt gibt es drei: die vereinigte Gemeinde und die beiden anderen."

In diesem Sinne – liebe Zuhörerinnen und Zuhörer – haben Sie noch ein bisschen Geduld mit der Einheit – wir arbeiten daran. Bleiben Sie behütet!

17. Juli

Am 17. Juli des Jahres 1505 nahm ein Ereignis seinen Lauf, das Ein Esel maßte sich an, mit einem Jagdpferd um die Wette zu laufen. Die Probe fiel erbärmlich aus, und der Esel wurde ausgelacht. „Ich merke nun", sagte der Esel, „woran es gelegen hat: Ich trat mir vor einigen Monaten einen Dorn in den Fuß, und der schmerzt mich noch." Liebe Zuhörerinnen und Zuhörer, wie kann man nur so dumm sein und als Esel gegen ein Rennpferd im Wettlauf antreten zu wollen. Ist doch klar, dass er verliert! Da ist das Wort des Esels doch nur eine billige Ausrede. Ja, auf Ausreden verstehen wir uns auch. Auch wir selbst sind häufig nicht fähig, die eigene Unfähigkeit, eine Niederlage einzugestehen. Korrekte Selbsteinschätzung – das ist es, was vielfach fehlt. Bleiben Sie behütet!

18. Juli

Wenn ich meine eigene Schulzeit mit der unserer Kinder vergleiche, stelle ich fest: Manches ist zwar gleich geblieben, aber vieles hat sich doch verändert. Kaum vorstellbar, aber ich bin noch problemlos ohne Handy, Computer und Internet durch die Schulzeit gekommen! Wir Menschen erfinden immer fortschrittlichere Dinge! Aber lernen wir damit auch immer etwas dazu? Ich weiß nicht. Ich habe vielmehr den Eindruck, bei allen Erfindungen, die das Leben leichter oder angenehmer machen, wir lernen dabei nichts

Wesentliches dazu! Im Gegenteil! Eher neigen wir dazu, das Wesentliche darüber zu vergessen. Fast habe ich den Eindruck, wir vergessen immer schneller, worauf es im Leben wirklich ankommt. Wissen Sie es für Ihr Leben? Ich meine das, worauf es wirklich ankommt? Wenn Sie es für sich wissen, vergessen Sie es nie! Bleiben Sie behütet!

19. Juli

Heute vor über 1900 Jahren stand Rom in Flammen. Kaiser Nero gab den Christen die Schuld, um den Verdacht der Brandstiftung von sich abzulenken. Ich könnte Ihnen deshalb heute etwas über die Leiden und den Mut der Christen damals erzählen, ich könnte die Christen von damals als stark und wahrhaft gläubig darstellen und den Kleinglauben von heute brandmarken. Aber ich glaube, so viel unterscheidet uns heute gar nicht von den Christen damals. Abgesehen davon geht es mir um den Kaiser Nero, denn: So weit dieses Ereignis auch zurückliegt – wenn wir uns heute in der Welt umsehen, verhalten sich viele Menschen – auch wir selbst – immer wieder wie Nero damals: Erst wird irgendwo Feuer gelegt, und dann alles auf einen Sündenbock geschoben. Mögen Sie immer wieder die Kraft bekommen, sich zu den Fehlern, die sie machen, zu bekennen, und mögen andere Ihren Mut nicht ausnutzen. Bleiben Sie behütet!

20. Juli

Haben Sie schlechte Angewohnheiten? Ich meine jetzt: Angewohnheiten, die Ihnen immer wieder vorgehalten werden, die ihre Mitmenschen nerven? Angewohnheiten, bei denen Ihnen Andere immer wieder sagen, sie sollten sich das schleunigst abgewöhnen? Und vielleicht wissen Sie auch irgendwie, dass es gut wäre, wenn Sie der Aufforderung Folge leisten würden, aber Sie machen es trotzdem nicht. In der Tat! So etwas gibt es durchaus.

Ich glaube, es ist eine Besonderheit des Menschen – im Vergleich zum Tier –, dass er sich immer wieder selbst in den Arm fallen kann, sich hinterfragen kann, ob das, was er tut, wirklich immer richtig ist. Oder ob man nicht doch einen neuen Weg gehen sollte, eine schlechte Angewohnheit nicht doch aufgeben und abstellen sollte. Natürlich tun wir vieles aus Gewohnheit und Bequemlichkeit, aber wir können neue Wege beschreiten, mit schlechten Angewohnheiten brechen. Man muss es nur selbst wollen – es geht, glauben Sie mir! Fangen Sie einfach heute schon damit an! Ihre Familie wird sich freuen. Bleiben Sie behütet!

21. Juli

Vor etwa drei Wochen haben wir unsere Abiturienten verabschiedet. Sie haben die Schule jetzt hinter sich. Von allen fällt mit Sicherheit eine große Belastung ab. Und die Abiturienten haben Recht, wenn sie diese Befreiung auch feiern. Nach den Feierlichkeiten und dem Urlaub beginnt aber dann ein neuer Lebensabschnitt – mit neuen Herausforderungen. Schule ist wie ein Labor. Man spielt nur das Leben. Aber das Leben an sich ist anders, unsicherer und manchmal sogar feindlicher! Wie gut, wenn man da jemanden hat, der einen an die Hand nimmt, der einem zu verstehen gibt: Ich bin bei Dir – wo Du auch hingehst. Und selbst in Sackgassen gehe ich mit. Notfalls kehren wir halt gemeinsam wieder um. Tja, das Leben bleibt lebensgefährlich und unsicher. Aber im Vertrauen auf Gott dürfen wir unser Leben führen, mit allen Irrtümern und Unsicherheiten. Er hat uns – auch Sie – fest in seiner Hand … und notfalls trägt er uns auch! Und ganz besonders auch unsere neuen Abiturienten … da bin ich mir ganz sicher! Bleiben Sie behütet!

22. Juli

Kennen Sie die Geschichte vom verlorenen Sohn? Jesus erzählt sie in im Lukasevangelium (Kap. 15). Sie handelt von einem Sohn, der sich sein Erbe auszahlen lässt und in der weiten Welt sein Glück machen will. Aber er haushaltet schlecht und verspielt alles. Da denkt er sich: „Wie gut geht es den Tagelöhnern auf dem Bauernhof meines Vaters! Ich will wieder zu ihm zurückkehren und vielleicht darf ich ja wenigstens bei ihm Tagelöhner sein." Doch bevor er den Hof seines alten Vaters erreicht, sieht dieser ihn von ferne und läuft ihm entgegen. Noch ehe der Sohn einen Ton herausbringt, nimmt ihn der Vater in den Arm und küsst ihn. Er ist so froh, dass er seinen Sohn wieder hat. Diese Geschichte versuchte ich, im Unterricht der 6. Jahrgangsstufe zu illustrieren anhand des Liedes „Zeugnistag" von Reinhard Mey. Und ziemlich zügig fanden die Schülerinnen und Schüler Parallelen. Als wichtigste Textzeile wurde herausgearbeitet:

„Wie gut es tut, zu wissen, dass dir jemand Zuflucht gibt, ganz gleich, was du auch ausgefressen hast!" Genau das ist es: Gott gibt auch Ihnen Zuflucht, immer und jederzeit, ganz gleich was wieder schiefgelaufen ist. Probieren Sie's ruhig aus – im Gebet oder vielleicht sogar in dieser Woche noch in einem Gottesdienst! Bleiben Sie behütet!

23. Juli

Gläserrücken, Pendeln, Hand- oder Kaffeesatzlesen, Horoskope lesen oder sich anfertigen lassen, all dies sind „verborgene" – okkulte Praktiken. Mit Schülerinnen und Schülern nehme ich dieses Thema immer in der achten Klasse durch. Wir besprechen dabei auch immer, dass der Wunsch, etwas über die Zukunft zu erfahren, durchaus verständlich ist. Natürlich wäre es cool, zu wissen, was mir alles noch bevorsteht. Ich könnte mich darauf einstellen und wäre nicht so überrascht. Vielleicht könnte ich – wenn mir ein schlechtes Schicksal droht – es vielleicht sogar noch abwenden. Wenn ich doch nur wüsste, was noch alles auf mich zukommt! Natürlich fragen wir uns dann aber auch, was der christliche Glaube dazu zu sagen hat. Und recht schnell kommen wir dann darauf, dass Christen auf's Gläserrücken und Handlesen verzichten können, weil sie sich in Gott geborgen wissen dürfen. Unvergleichlich hat das Dietrich Bonhoeffer formuliert in einem Gedicht, das er im Gefängnis sitzend und nicht wissend, was mit ihm passieren wird, geschrieben hat: Von guten Mächten wunderbar geborgen, erwarten wir getrost, was

171

kommen mag. Gott ist mit uns am Abend und am Morgen. Und ganz gewiss an jedem neuen Tag! In diesem Sinne: Bleiben Sie von diesen guten Mächten geborgen!

24. Juli

„Warum sind eure Gottesdienste immer so traurig?" bin ich von manch einem Konfirmanden schon gefragt worden. Abgesehen davon, dass ich nicht finde, dass unsere Gottesdienste IMMER traurig sind, macht mich diese Frage doch nachdenklich. Wahrscheinlich lachen, oder zumindest schmunzeln wir in unseren Gottesdiensten wirklich etwas zu wenig. Alles wirkt so feierlich und ernst, und das hat ja auch seinen Grund, aber das Lachen gehört als Gabe Gottes auch dazu. Alles hat seine Zeit. Auch Jesus hat an manch einer Feier teilgenommen; und wir werden kaum ernsthaft annehmen, dass er stets mit düsterer Miene am Tisch saß und über die Schlechtigkeit der Welt grübelte. Dass er tatsächlich auch etwas für Humor und Witz übrig hatte, lässt sich vielleicht an der Art erkennen, wie er die oft hinterhältigen Fragen seiner Widersacher und Gegner auffing, sie fast immer mit einer Gegenfrage, oder einer Geschichte parierte, die kaum an Spritzigkeit, Humor und Witz zu wünschen übrigließ. Doch oft scheint es so, als ob unter den Christen die Gegner der Freude und des Lachens in der Überzahl sind. Ob Christen oder Nichtchristen - all diejenigen, die mit strenger Miene einhergehen, machen sich meist gar nicht bewusst, dass sie sich das Leben meist unnötig schwer machen. Das Lächeln kostet doch nichts, und bringt dagegen viel ein. Es bereichert den Empfänger ohne den Geber ärmer zu machen. So ist es ein kostenloses, aber gleichzeitig sehr wertvolles Geschenk. Wo bekommt man heute noch solche Geschenke? Vielleicht in Bayreuth in der Fußgängerzone, im Rotmain-Center oder wo auch immer ... Bleiben Sie behütet!

25. Juli

Können Sie es eingestehen, wenn Sie einen Fehler gemacht haben? Gewiss, es kommt ganz darauf an, wie man mit seinem Fehler konfrontiert wird. Aber stellen Sie sich einmal vor, sie haben einen Fehler gemacht und keiner hat's gesehen. Ist es da nicht das Schlaueste, man macht sich heimlich still und leise vom Acker? So eine Erfahrung habe ich selbst einmal gemacht. Ich habe mein Auto abgestellt, und als ich wiederkam war mir einer in die Seite gefahren und hatte sich mir nichts dir nichts aus dem Staub gemacht. Es half auch nichts, dass man anhand der umherliegenden Reflektoren feststellen konnte, dass es sich um ein fünf Monate altes Modell eines Autos der deutschen Premiumklasse gehandelt hat. Die Polizei war machtlos – ohne Zeugen und ohne Nummernschild. Das ist für den Geschädigten bitter. Deshalb: Haben Sie ruhig den Mut! Stehen Sie zu ihren Fehlern! Das ist wahre Stärke!

Bleiben Sie behütet!

26. Juli

Eines meiner Lieblingsfächer in der Schulzeit war die Mathematik. Ich habe es geliebt, schwierige Aufgaben zu knacken und es hat mir eine große Freude bereitet, wenn sich ein mathematisches Problem dann auch wirklich hat lösen lassen. Besonders spannend fand ich die Knobelaufgaben: Ein Beispiel: Neun einzelne Punkte, angeordnet in drei Reihen – und alle Punkte haben den gleichen Abstand voneinander. Verbinden Sie diese neun Punkte mit vier geraden Strichen, ohne den Stift einmal abzusetzen! Hm – wie geht das! Es hat wirklich etwas gedauert, bis ich auf die Lösung kam. Man kann sie schlecht beschreiben, denn die Lösung liegt außerhalb der neun Punkte. Irgendwie ist das häufig auch so ähnlich bei unseren Problemen, die wir untereinander immer wieder haben. Die Lösung liegt außerhalb. Wie gut wäre es, wenn wir es schaffen würden, uns einmal selbst zuzuschauen, wie wir uns innerhalb eines Streits verhalten. Ich bin mir sicher: Wenn das gelänge, ließen sich viele Konflikte zügiger lösen, denn die Lösung liegt meist irgendwo außerhalb des Problems. Bleiben Sie behütet!

27. Juli

Was ist eigentlich der Sinn des Lebens? Diese Frage kann man sich am Anfang eines neuen Jahres durchaus einmal stellen. Zwei meiner Studentinnen der Evangelischen Religionslehre an der Universität Bamberg stellten mir Ende des vergangenen Jahres diese Frage – und irgendwie fühlte ich mich ertappt: Hast Du Dir denn schon ernsthaft einmal Gedanken darüber gemacht, was der Sinn des Lebens ist? Ich war mir nicht so sicher. Wir wursteln alle irgendwie vor uns hin und sind froh, wenn wir die Anforderungen des Lebens und vor allem des Berufslebens irgendwie meistern. Aber welchen Sinn hat das alles? Am Ende eines längeren Gesprächs ist mir immer deutlicher geworden: Wir sollen glücklich werden! Ja, glücklich zu werden ist unsere göttliche Bestimmung! Jesus hat Menschen geheilt, damit sie wieder eine Perspektive bekommen und um deutlich zu machen: Das Reich Gottes ist mitten unter euch! Paulus spricht seinen Gemeinden zu: „Der auch seinen eigenen Sohn nicht verschont hat, sondern hat ihn für uns alle dahingegeben – wie sollte er uns mit ihm nicht alles schenken? (Röm 8,32) Ja, das ist es: Glücklich zu sein und glücklich zu werden … nicht auf Kosten anderer, sondern ALLE sollen glücklich sein. Jetzt, in Zukunft und über den Tod hinaus! In diesem Sinne: Bleiben oder werden Sie glücklich! Und bleiben Sie behütet!

28. Juli

In diesen Tagen beginnen wieder die Richard-Wagner-Festspiele. Wir freuen uns, wenn anlässlich der Premiere Prominente unsere Stadt besuchen. Manche stellen sich stundenlang an den Eingang des Festspielhauses, um einen Blick auf die Politiker und Schauspieler erhaschen zu können, die zur Vorstellung kommen. Es ist fast so wie bei Zachäus, der unbedingt diesen durch Jericho wandernden Superstar Jesus sehen wollte. Hierfür klettert er auf einen Baum. Und jetzt stellen Sie sich mal vor, einer der Prominenten ginge an den Zaun, der die Schaulustigen vor dem Festspielhaus zurückhält und spricht einen an, von dem er weiß, dass niemand mit ihm zu tun haben will: „Weißt Du was? Heute habe ich keine Lust auf Wagner, heute will ich bei Dir einkehren!" Das würde überall größte Verwunderung hervorrufen. Aber genau das hat dieser Jesus getan: „Zachäus, steig eilend herab, denn heute will ich in deinem Haus einkehren!" Ja, Jesus hat dadurch Zachäus in die Gemeinschaft zurückgeholt ... und so etwas könnten wir zuweilen auch tun – dazu gehört nur ein Satz: „Komm, wir machen heute etwas zusammen!" Bleiben Sie behütet!

29. Juli

Ist das Christentum eigentlich eine tolerante Religion? Diese Frage stellen wir uns immer wieder im Religionsunterricht. Tolerant wollen wir doch alle sein. Und Toleranz ist in einer Gesellschaft wie der unseren auch sehr wichtig. Allerdings haben wir auch Bibelstellen in unserem Neuen Testament, in denen es heißt: Christus spricht: Ich bin der Weg und die Wahrheit und das Leben. Niemand kommt zum Vater denn durch mich!" Tja, was ist nun mit unserer Toleranz. Können wir das einfach so ignorieren? Ich glaube, wir würden falsch handeln, wenn wir uns unsere Bibel neu schreiben und einfach die Stellen streichen würden, die nicht mehr in unser Konzept passen. Aber wir können erkennen, dass „unsere" Wahrheit nicht unbedingt die Wahrheit meines Gesprächspartners sein muss. Und wer sich von Gott gehalten glaubt und weiß, kann diese Unterschiede auch aushalten. Denn Jesus hat auch gesagt: „Richtet nicht, auf dass ihr nicht gerichtet werdet!" In diesem Sinne ist das Christentum mit Sicherheit sehr tolerant! Bleiben Sie behütet!

30. Juli

Franz-Peter Tebartz-van Elst! Wer kennt ihn nicht? Den Mann, den die Presse zum „Protzbischof" gekürt hat. Die ausgiebige Berichterstattung führte dazu, dass viele Menschen dies zum Anlass nahmen, der katholischen Kirche den Rücken zu kehren … und manche Evangelischen Christen sind auch gleich aus ihrer Kirche ausgetreten, obwohl dies nichts mit der Evangelischen Kirche zu tun hatte. Franz-Peter Tebartz-van Elst sei Dank! Auffällig ist, dass solche Menschen ein gewaltiges mediales Interesse auslösen. Andere aber, die tagein tagaus glaubwürdig, ehrenhaft und integer in der Kirche als Pfarrerinnen, Pfarrer oder Bischöfe ihren Dienst tun und deren Reden durch ihr Handeln gedeckt ist, finden keinerlei mediale Aufmerksamkeit. Dabei ist das mit Sicherheit die Mehrzahl! Informieren Sie sich doch einmal darüber, wie ihre Ortspfarrerin, ihr Ortspfarrer oder ihr Bischof redet und handelt. Ich verspreche Ihnen: Sie würden Gründe finden, sich ihrer Kirche wieder zuzuwenden. In diesem Sinne: Treten Sie doch ein und bleiben Sie behütet!

31. Juli

Werbeslogans sind meist sehr eingängig, auch der Slogan eines Energy-Drinks, der angeblich Flügel verleihen soll. In den USA soll dieser Satz verboten worden sein, weil einem durch die Einnahme dieses Getränks eben keine Flügel wachsen. Was könnte es aber dann sein, was uns Kraft und Mut verleiht? Kein Geringerer als Franz Liszt, der am 31. Juli 1886 in Bayreuth starb, hat einmal gesagt: „Der Glaube mehrt die Tatkraft." Dieser Slogan gefällt mir wesentlich besser als der von dem koffeinhaltigen Zuckergetränk, zumal ich diese Erfahrung bereits gemacht habe: Der Glaube an den Gott, in dessen Hand ich mich stets geborgen weiß, mehrt meine Tatkraft, gibt mir Mut, Zuversicht und das nötige Selbstvertrauen. Mögen Sie diese Erfahrung auch machen. Bleiben Sie behütet!

August

1. August

Wenn es draußen besonders heiß ist und wir vor Hitze kaum noch etwas leisten können, wenn die Klimaanlagen – sofern vorhanden – ausfallen ... was ist dann zu machen? Wir brauchen Abkühlung! Viele suchen das nächstgelegene Freibad auf, um im Wasser Abkühlung zu finden. Aber der ganze Trubel dort lässt viele auch nicht so leicht zur Ruhe kommen. Deshalb versuchen Sie es heute vielleicht auch auf eine andere Art. Abkühlung und Ruhe finden Sie mit Sicherheit auch in der nächstgelegenen Kirche. Die meist alten Gemäuer halten nicht nur die Hitze, sondern auch die Hektik ab. Ja, hier ist gut sein! Und

wenn Sie schon einmal da und zur Ruhe gekommen sind, was hindert Sie daran, ein Gebet
zu sprechen. Sie werden Gottes Nähe spüren!
Bleiben Sie behütet!

2. August

Hurra, der Ball rollt wieder! Die Bundesliga ist
inzwischen schon ein paar Spieltage alt! Für
manche ist so ein Fußballverein wie eine Religion, ein kleiner Gott, zu dem man steht „in guten
wie in schlechten Zeiten" – wie es ein einer Fuß-
ballhymne auf den FC Bayern heißt. Und tatsächlich finden viele im Fußball „Leben, Liebe,
Freude und auch Leid ... bis in alle Ewigkeit".
Das habe ich mir nicht mal so eben ausgedacht,
sondern diese Formulierungen finden sich auch
in jener Hymne auf den Stern des Südens. Nun
ja, ich will das nicht einfach so runtermachen.
Gehöre ich doch auch zu jenen, die sich freuen,
wenn die eigene Fußballmannschaft gewinnt. Ja,
und im Stadion war ich natürlich auch schon, habe gelitten und gejubelt. Das gehört dazu! Aber
vielleicht wird doch auch ab und zu deutlich, dass
wir nicht leben, um unserer Mannschaft zuzuju-
beln, dass Fußball eine wunderschöne Nebensache ist, dass sich in meinem Leben eben nicht
wirklich etwas ändert, wenn meine Mannschaft
Deutscher Meister wird oder nicht absteigt, sondern dass wir leben dürfen, weil ein anderer zu
uns und unserem Leben steht – in guten wie in
schlechten Zeiten ... ja bis in alle Ewigkeit! Bleiben Sie behütet!

3. August

Viele von uns brechen in diesen Tagen oder Wochen zu einer Reise auf. Wir nutzen die Ferienzeit, um hier und an anderen Orten Erholung und neue Eindrücke zu sammeln. Zum Reisen gehört das Kofferpacken und damit auch der unablässige Gedanke: Bloß nichts Wichtiges vergessen: T-Shirts, Badehose, Waschbeutel, Tickets oder der Auto-Check, die Reiseapotheke, Pässe, Ausweise, Warnweste – an den Segen, den Reisesegen denken wir kaum. Viel wichtiger ist die Reiseunfall- und Reisekrankenversicherung. Aber auch so ein Segen kann einem etwas bedeuten, wichtig werden auf einer Reise: Gott spricht: „Siehe, ich sende einen Engel vor dir her, der dich behüte auf dem Wege und dich bringe an den Ort, den ich bestimmt habe." In diesem Sinne sage ich all denen, die sich heute oder in der nächsten Zeit aufmachen: „Möge die Straße dir entgegeneilen, möge der Wind immer in deinem Rücken sein. Möge die Sonne warm auf dein Gesicht scheinen und der Regen sanft auf deine Felder fallen. Und bis wir uns wiedersehen, halte Gott dich fest in seiner Hand." Bleiben Sie behütet!

4. August

Sind Sie auch genervt, wenn Sie auf ihrem Weg in die Arbeit durch eine Baustelle mit Behelfsampel aufgehalten werden. Und an diesen Ampeln ist die Rotphase immer so furchtbar lang … und dann kommt noch dazu, dass man immer wieder das Gefühl hat, die Bauarbeiten gehen nicht so voran wie sie eigentlich müssten.

Dabei sind derartige Baustellen uns im Grunde überhaupt nicht fremd. Baustellen gibt es in jedem Leben, Konflikte in der Familie, Stress mit Arbeitskollegen, Ärger mit Vorgesetzten, … seltsamerweise stören uns die Umwege, die wir dafür in Kauf nehmen, um diesen Baustellen aus dem Weg zu gehen, kaum. Und je öfter wir diesen Baustellen aus dem Weg gehen, desto langwieriger sind die Bauarbeiten. Gewiss, es gibt Brüche, die kaum mehr heilbar sind – jedenfalls nicht für uns! Aber wir können die meisten Baustellen in unserem Leben tatsächlich immer noch selbst in Ordnung bringen. Man müsste sich nur einen Stoß geben … warum nicht gleich heute? Bleiben Sie behütet!

5. August

Wie kann Gott das zulassen? So fragen sich viele Menschen im Angesicht einer großen Katastrophe. Wenn er allmächtig und liebend ist, warum war das möglich? Die Fragen sind berechtigt und wir werden sie mit Sicherheit nicht in einem Gedanken zum Tag lösen können. Aber ich denke immer wieder gerade über das Wort „allmächtig" nach. Denn wenn wir uns die Bibel ansehen, war der Glaube an den allmächtigen Gott besonders und eigentlich erst wirklich ausgeprägt im letzten Buch der christlichen Bibel, dem Buch der Offenbarung. Die hinter der Offenbarung stehenden Gemeinden mussten schon Verfolgung erdulden. Gerade in dieser Situation, in der Situation, in der sie von vielen Feinden umgeben waren und Verfolgung – ja, vielleicht schon den Tod – für ihren christlichen Glauben erdulden mussten, kamen sie zu der Erkenntnis. Gott ist allmächtig! Sie haben mit dieser Vokabel daran festgehalten, dass Gott – obwohl es gerade gar nicht danach aussieht – nach wie vor die Zügel in der Hand hält und der Herr über die Welt und die Geschichte ist und bleibt. Sie haben Gott mit seiner Allmacht behaftet und damit ihrer Zuversicht Ausdruck verliehen: Gott wird das gegenwärtige widrige Geschick wenden! Und sie haben Recht behalten! In diesem Sinne: Bleiben auch Sie behütet vom allmächtigen und barmherzigen Gott!

6. August

Wenn ich in einer fremden Stadt bin, sehe ich mir immer gerne die Kirchen an. Tatsächlich erfahre ich es immer wieder wie eine Oase inmitten einer pulsierenden Stadt, wenn sich die Kirchentüren hinter mir schließen und der Lärm der Straße nur noch gedämpft hörbar ist. Manchmal hat man sogar das Glück, dass jemand gerade an der Orgel sitzt und den einen oder anderen Choral spielt. Die Altäre und Kanzeln sind häufig wunderschön gestaltet. Auf einer Kanzel habe ich einmal etwas ganz Besonderes gesehen: Aus dem Rand der Kanzel ragte eine aus Holz geschnitzte Hand, die ein Kreuz hielt. Sofort fühlte ich mich erinnert an das Pauluswort aus dem ersten Korintherbrief: Wir predigen Christus, den Gekreuzigten. Tatsächlich: nur in ihm ist das Heil für uns Christinnen und Christen beschlossen. Der Gekreuzigte schenkt die Gewissheit, dass Gott den Glaubenden annimmt – ohne Bedingungen. Gott sei Dank! Bleiben Sie behütet!

7. August

„Herr Pfarrer, ich habe schon meinen Glauben, auch wenn ich am Sonntag nicht in die Kirche komme!" Diesen Satz habe ich immer wieder gehört, als ich noch Gemeindepfarrer hier in Bayreuth war. Und ich habe es den Menschen auch immer geglaubt. Ich weiß wohl, dass man sich durchaus aufraffen muss, wenn man am Sonntagvormittag in den Gottesdienst kommen möchte. Da ist nichts mit ausschlafen und in Ruhe frühstücken! In der Tat! Auch ich muss sich aufraffen, aber wenn ich es dann tue und den Gottesdienst besuche, dann mache ich eigentlich immer die Erfahrung: Es lohnt sich! Es lohnt sich, wenn man es sich immer wieder neu bestätigen lässt: Du bist – was Du auch tust – in Gottes Hand! Er lässt Dich nicht allein! Und es gibt viele, die diese Überzeugung teilen, wie man an den Gottesdienstbesuchern sieht. Es ist wie ein Feuer, das durch so einen Gottesdienstbesuch immer wieder neu entfacht wird und das – wenn ich länger nicht in der Kirche war – manchmal nur noch glimmt. Ja, es tut mir gut, einen Hauch von Ewigkeit auch in meinem Leben immer wieder einmal zu spüren. Dann weiß und spüre ich: Ich bin nicht allein! Bleiben Sie behütet!

8. August

Haben Sie auch einmal eine Vision von ihrem Leben gehabt, einen Lebensentwurf, ein Lebenskonzept, einen Schnittmusterbogen für's eigene Leben? Und wenn Sie ihn nicht haben, dann haben oder hatten ihn vielleicht andere für Sie? Erwartungen von Seiten der Familie, Leistungsdruck von Seiten der Gesellschaft, wie man zu sein hat und was man am besten aus seinem Leben machen kann oder soll.

Ich habe auch schon Gottesdienste in der Justizvollzugsanstalt St. Georgen gehalten. Was mögen sich die Gefangenen dort denken, von ihrem Lebensentwurf, von ihren Visionen. Alles vorbei? Alles aus? Alles nur ein Scherbenhaufen?

Sinnvoll wird Leben, so meinen die Geschichten des Neuen Testaments, wenn man Menschen findet, die Anteil an der Person nehmen, behutsam mit unseren Verwundungen umgehen und unsere Unverwechselbarkeit und Einmaligkeit wahrnehmen. Und vielleicht wird ihnen gerade heute durch die eine oder anderen Begegnung klargemacht: Was immer ich auch falsch gemacht habe: Ich kann mich zeigen, wie ich wirklich bin. Bleiben Sie behütet!

9. August

Heute möchte ich Ihnen eine Geschichte vorlesen, die meine heutigen Gedanken besser formuliert als ich es könnte: Zu Sokrates kam ein Mann, der ihm ganz aufgeregt etwas von seinem Freund erzählen wollte. Gerade als er anfangen wollte, unterbrach ihn Sokrates und fragte: „Hast du, was du mir sagen willst, durch die drei Siebe gesiebt?" Als der Mann ihn verständnislos ansah, erklärte Sokrates: „Das erste Sieb ist die Wahrheit. Hast du alles, was du mir erzählen willst, geprüft, ob es wahr ist? – Das zweite Sieb ist die Güte. Ist das, was du mir sagen willst, wenn schon nicht als wahr erwiesen, so doch wenigstens gut? – Beim dritten Sieb lass uns fragen, ob es notwendig ist, mir das zu erzählen, was dich so aufregt? Und wenn das, was du mir erzählen willst, weder wahr noch gut noch notwendig ist, so lass es begraben sein und belaste dich und mich nicht damit." Tja, da kann ich nur noch hinzufügen: Bleiben Sie behütet!

10. August

Erziehen Sie Ihre Kinder auch zum Lügen? Mir wird das immer wieder deutlich, wenn ich in der Schule einmal herausfinden soll, wer irgendeinen dummen Streich gespielt hat. Den Schülerinnen und Schülern ist ganz schnell klar: Wenn ich die Wahrheit sage, werde ich bestraft, also lüge ich lieber. Tja, das ist schon eine blöde Situation. Da würden wir gerne die Wahrheit herausfinden und drohen – bei ehrlicher Antwort – mit Strafe. Geradezu ein Teufelskreis! Deshalb bin ich zu der Überzeugung gelangt: Wahrhaftigkeit soll nicht bestraft werden. So schwere Vergehen haben wir in unserem Gymnasium nicht, dass wir in jedem Fall strafen müssten, sodass man in der Regel auch davon absehen und es mit einer Ermahnung – und einem Lob für den Mut der Wahrhaftigkeit – belassen kann. Ja, mögen auch wir – wenn uns selbst mal was daneben gegangen ist – den Mut haben, zu unseren Fehlern zu stehen … dann können auch wir die Erfahrung machen, dass Wahrhaftigkeit nicht bestraft wird. Bleiben Sie behütet!

11. August

Maßhalten ist das eigentliche Ziel des Lebens – so lehren uns alte griechische Philosophen. Maßhalten, das heißt, weder in das eine noch in das andere Extrem zu verfallen! Immer wieder staune ich, wie viel die alten Griechen vom Leben gewusst haben. Tatsächlich ist das Leben doch eine Gratwanderung. Man muss aufpassen, dass man nicht auf der einen oder anderen Seite des Grades, auf dem man wandert, abstürzt. Und so viele Verlockungen unserer Gesellschaft wollen uns zu sich ziehen: Und vielfach erlegen wir auch tatsächlich den Versuchungen: Es gibt Spielesucht, Computersucht, Kaufsucht, Alkoholsucht, Drogensucht, Fresssucht, Magersucht, … ich kann sie gar nicht alle aufzählen. Und viele dieser Süchte sind bereits so weit fortgeschritten, dass man sie nur noch mit professioneller Hilfe behandeln kann. Aber nicht alle. Manchmal schaffen wir es noch – zurück auf den Weg, hinauf auf unsere Gratwanderung, indem wir einfach rechtzeitig innehalten, uns in den Arm fallen und uns überlegen, dass wir es anders machen wollen als bisher. Es geht! Man muss es nur wollen … und man braucht zugleich das Gefühl, dass man sich auch anders hätte entscheiden können! Versuchen Sie's einfach mal! Bleiben Sie behütet!

12. August

Berschit bara elohim et haschamajim weet haarez. Wehaarez hajeta Tohuwabohu. Am Anfang schuf Gott den Himmel und die Erde. Die Erde aber war wüst und leer. So beginnt unsere

Bibel. So beginnt die Geschichte von der Erschaffung der Welt in sieben Tagen. Der evang. Pfarrer Jörg Zink hat einmal einen Text geschrieben über die letzten sieben Tage der Erde. Da heißt es am Schluss: Am sechsten Tage drückten die letzten Menschen den roten Knopf, denn sie fühlten sich bedroht. Feuer hüllte den Erball ein, die Berge brannte, die Meere verdampften und die Betonskelette in den Städten standen schwarz und rauchten. Und die Engel im Himmel sahen, wie der blaue Planet rot wurde, dann schmutzig braun und schließlich aschgrau. Und sie unterbrachen ihren Gesang für zehn Minuten." Und am Schluss heißt es da: „Am siebten Tage war Ruhe. Endlich. Die Erde war wüst und leer."

Wenn ich mit meinen Schülern diesen Text besprochen habe, formulieren wir immer noch einen Hoffnungstext dagegen unter der Überschrift: „Vielleicht ist es noch nicht zu spät!" Ja, hoffentlich nicht! Tun wir gemeinsam etwas dafür! Bleiben Sie behütet!

13. August

Am 13. August 1961 trat das ein, was viele für nicht möglich gehalten haben: Berlin wurde durch die Mauer in zwei Teile geteilt. Die vielen Dokumentationen machen deutlich, wie erbarmungslos und menschenverachtend die Teilung Deutschlands war. Als am 9. November 1989 die Mauer fiel, sagte der Friedensnobelpreisträger Willy Brandt jenen Satz berühmten Satz: „Jetzt wächst zusammen, was zusammen gehört!" Und? Ist es zusammengewachsen? Wie oft waren Sie seither in den neuen Bundesländern? Haben Sie Freunde oder gar Verwandte in den neuen Bundesländern? Fahren Sie hin! Sehen Sie sich die Landschaften, Städte und Dörfer an! Knüpfen Sie Kontakte, damit jener Satz von Willy Brandt endlich wahr wird: „Jetzt wächst zusammen, was zusammen gehört!" Bleiben Sie behütet!

14. August

Was denn? Arbeiten Sie auch am Sonntag? „Ohne Sonntag gibt es nur noch Werktage!" so sagte es ein Slogan der christlichen Kirchen, als in der Gesellschaft diskutiert wurde, ob die Sonntagsruhe nicht etwas aufgeweicht werden sollte. Shoppen am Sonntag – ein Erlebnis für die ganze Familie! Aber wer fragt nach den Verkäuferinnen und Verkäufern? Es ist ein gutes Erbe, das wir vom Volk Israel – wenn Sie so wollen: von den Juden – übernommen haben. An einem Tag der Woche einmal nichts zu tun – oder wie es ein alter Schlager aus den 70er Jahren sagte: „Ich lass die Arbeit Arbeit sein und pfeif auf den Gewinn, wir zwei fahren irgendwohin." Jesus hat das etwas anders formuliert, wenn er meint, dass der wöchentliche Feiertag für den Menschen da ist und nicht der Mensch für den wöchentlichen Feiertag. Betrachten Sie doch die Freiheit von der Arbeit an diesem Tag als Errungenschaft. Kaiser Konstantin hat vor ziemlich genau 1700 Jahr den Sonntag zum gesetzlichen Feiertag im römischen Reich gemacht. Lassen wir uns diese Errungenschaft nicht kampflos wieder abjagen! Pfeifen Sie auf den Gewinn und fahren Sie mit

ihrem Partner oder mit ihrer Familie einfach irgendwohin … vielleicht sogar auch in einer Kirche zum Gottesdienst … Bleiben Sie behütet!

15. August

Was ist wirklich wichtig in meinem Leben?
Wahrscheinlich stellen wir uns diese Frage in all
dem täglichen Einerlei viel zu selten. Heute tun
wir es einmal! Was sind die Dinge, die, falls
Ihnen alles verloren ginge und nur noch diese
blieben, Ihr Leben trotzdem noch erfüllen würden. Was fällt Ihnen dazu ein? Ihre Familie, Ihre
Kinder, Ihre Gesundheit, Ihre Freunde, die be-
vorzugten, ja leidenschaftlichen Aspekte Ihres
Lebens. Ja, ich weiß, andere Dinge sind auch
wichtig wie Arbeit, Haus, Auto. Ja, und dann gibt
es noch Kleinigkeiten, Ausgaben und Einnah-
men, Hausputz, ein sauberer Schreibtisch ... Die
Frage ist nur, womit fange ich an?

Wenn Sie all Ihre Zeit und Energie in die
Kleinigkeiten investieren, werden Sie nie Platz
haben für die wichtigen Dinge. Achten Sie auf die
Dinge, die Ihr Glück gefährden. Spielen Sie mit
Ihren Kindern! Nehmen Sie sich Zeit für eine medizinische Untersuchung! Führen Sie Ihren Partner zum Essen aus! Es wird immer noch Zeit
bleiben, um das Haus zu reinigen oder Pflichten
zu erledigen. Vielleicht fangen Sie gleich heute
damit an. Bleiben Sie behütet!

16. August

Eine uralte Weisheit der Dakota-Indianer sagt:

„Wenn du entdeckst, dass du ein totes Pferd reitest, steig ab!" Das ist ja banal, mögen Sie spontan sich denken. „Wenn Du entdeckst, dass du ein totes Pferd reitest, steig ab!" Na klar, sollte man dann absteigen. Aber ganz so klar ist das häufig eben nicht. Manchmal merke ich gar nicht, dass das Pferd, das ich reite, tot ist. Manchmal weiß ich ganz genau, dass der Weg, den ich gehe, falsch ist – und doch gehe ich ihn weiter … vielleicht, weil ich weder vor mir noch vor anderen zugeben will, dass ich einen Fehler gemacht habe, vielleicht auch weil ich aus Prinzip konsequent sein will … Dabei sollte es doch auch Kennzeichen des Menschen sein, dass man sich selbst in den Arm fällt, den erkannten Holzweg verlässt, vom toten Pferd absteigt. Deshalb: Wenn Sie das Gefühl haben, dass Sie ein totes Pferd reiten, ändern Sie nicht einfach die Kriterien, die besagen, wann das Pferd tot ist oder kaufen sich einen neue Peitsche. Steigen Sie einfach ab und beginnen Sie etwas Neues … dafür ist es nie zu spät! Bleiben Sie behütet!

17. August

Der frühere Bayern-Trainer und gläubige Christ Ottmar Hitzfeld ist einmal gefragt worden: „Was meinen Sie: Ist es Gottes Wille, dass der FC Bayern München möglichst häufig gewinnt?" Hitzfeld soll gelächelt und kurz überlegt haben. Dann hat er diplomatisch gesagt – wohl wissend, dass der Sieg der einen Mannschaft immer auch die Niederlage der anderen bedeutet: „Der FC Bayern hat in Deutschland die meisten Anhänger. Und ich kann mir vorstellen, dass Gott möglichst viele Menschen glücklich sehen will." Ich glaube, Ottmar Hitzfeld hat hier ein Wort ausgesprochen, dass richtig ist: Gott will möglichst viele Menschen glücklich sehen. Auch Sie, und auch diejenigen, die Ihnen nahestehen. Vielleicht überlegen Sie heute einmal, wem Sie eine Freude bereiten oder wen Sie glücklich machen könnten. Manchmal reicht ein Lächeln, ein freundlicher Satz, ein Blumenstrauß! Machen Sie die Ihnen anvertrauten Menschen ein wenig glücklicher … Sie werden sehen: Das Glück kommt zu Ihnen zurück. Bleiben Sie behütet!

18. August

Heute hätte meine Großmutter Geburtstag. Sie ist bereits 1979 gestorben. Aber ich erinnere mich viel und gerne an sie. Als ich in der Grundschule war, besuchten wir meine Großeltern an jedem Wochenende. Vieles von dem, was sie mir erzählten, werde ich nicht vergessen. Ich hüte die Schätze der Erinnerung sorgsam. Ich spürte, welche Hoffnungen meine Großeltern, die den ersten und den zweiten Weltkrieg miterlebten, in mich gesetzt haben. Ob ich sie enttäuscht habe, mögen sie selbst beurteilen. Aber ich habe spätestens beim Tod meiner Großeltern gemerkt, dass es auch meine Aufgabe ist, das Licht, die Lebensfreude, die Dankbarkeit und nicht zuletzt den Glauben, den sie mir vorgelebt haben, weiterzutragen, weiterzugeben. Und Sie? Ich bin mir sicher, dass Sie– wenn Sie an Ihre Vergangenheit denken – auch solche Menschen finden, die Ihnen ein Licht aufgehen haben lassen. Geben Sie dieses Licht, diese Lebensfreude weiter; denn so können auch Sie selbst zum Licht für andere werden. Bleiben Sie behütet!

19. August

Im Sommer des Jahres 2015 wurde auf der Luisenburg das Stück „Glaube und Heimat" des Tiroler Heimatdichters Karl Schönherr aufgeführt. Es beschreibt, wie im 16. und 17. Jahrhundert die Protestanten aus Österreich vertrieben wurden, weil die Habsburger Machthaber – wie sie selber sagten – lieber eine Wüste als ein Land voll von Ketzern regieren wollten. Als ich mit meinen Schülern über dieses grausame Unrecht sprach, meinte einer: Ich stelle mir das so vor wie in der ehemaligen DDR. Hier wie dort versucht eine Regierung, auch über das Denken der Untertanen zu bestimmen. Und dann hält man es einfach nicht mehr aus! Man verlässt seine Heimat und seinen Besitz, um frei sein zu können. Tja, besser kann ich es auch nicht sagen: Möge uns immer wieder neu bewusst werden: es ist nicht selbstverständlich, in Freiheit leben zu dürfen. Bleiben Sie behütet!

20. August

„Ein junger Mann fragt seinen 85jährigen Großvater: „Sag ‘mal, Opa, wie kannst du so sicher sein, dass es einen Gott gibt? Der Zustand der Welt müsste dir doch zeigen, dass es gar keinen Gott geben kann." - Der Alte lächelt und meint: „Weißt du, Junge, stell dir vor: Es hat über

Nacht geschneit! Wenn ich dann morgens aus dem Haus gehe und Fußspuren um mein Haus sehe, dann weiß ich doch: Da ist heute Nacht jemand um mein Haus gegangen. Genauso ist's mit meinem Leben. Wenn ich es mir genau betrachte, sehe ich in ihm Fußspuren, Gottes Spuren."

Soweit die Geschichte! Können Sie in Ihrem Leben Gottes Spuren erkennen? Zugegeben, manchmal müssen wir schon ganz genau hinschauen. Gott drängt sich nicht auf. Seine Spuren gleichen selten den Spuren eines Dinosauriers, häufig sind sie klein und unscheinbar. Aber wer erst einmal auf die Spuren Gottes im eigenen Leben aufmerksam geworden ist, kann bewusster, dankbarer und zuversichtlicher in jeden neuen Tag gehen. Bleiben Sie behütet!

21. August

In jeder Woche gibt es einen Sonntag, einen Tag der Besinnung – vielleicht auch einmal ein Tag, um über sich selbst nachzudenken. Ist in der Woche alles gut gelaufen? Habe ich Fehler gemacht? Was könnte ich in Zukunft besser machen? Und vielleicht fragen sich manche von Ihnen auch: Was will Gott von mir? Was darf ich tun und was muss ich um Gottes willen lassen?

Der Apostel Paulus schreibt den Korinthern auf die Frage, was man denn als Christ tun und was man lassen soll: „Alles ist mir erlaubt!" Tatsächlich, das steht sogar viermal im ersten Korintherbrief. Alles ist mir erlaubt! Diese These gilt! Und wenn Paulus dann noch die Einschränkung hinterherschiebt: „Aber nicht alles dient zum Guten!" Dann heißt das nichts anderes als: Gott hat Dich von der ständigen Fragerei, was erlaubt ist und was nicht, durch Jesus Christus befreit. Wenn Du Deinen Nächsten liebst, kannst Du völlig frei handeln. Du darfst dabei auch Fehler machen. Das ist kein Problem! Der Kirchenvater Augustin hat diese Einstellung auf die Formel gebracht: „Liebe, und tu was Du willst!" Es ist tatsächlich die Grundeinstellung, um die es hier geht: „Liebe! Und Du wirst richtig handeln!" Bleiben Sie behütet!

22. August

Dr. Karl Würzburger – sein Vater Dr. Albert Würzburger war der Namengeber unserer Dr.-Würzburger-Straße – schreibt in seinem Buch „Im Schatten des Lichts" von der Liebe: „Einen Menschen zu lieben, heißt, von ihm verstanden zu werden." Mit diesem Satz macht er deutlich, dass Liebe immer etwas Gegenseitiges ist, und dass Verstehen und verstanden werden ein ganz wichtiger Bestandteil der Liebe ist. Liebe ist nicht einfach ein romantisches Gefühl, und ich selbst bekomme immer ein ganz seltsames Gefühl, wenn prominente Ehepaare sich trennen und dann sagen: Die Liebe ist verflogen. Das klingt so, als wäre die Trennung von Eheleuten ein naturgegebenes Phänomen. Ehe, Liebe, hat sehr viel mit Arbeit und mit der Mühe um Verständnis zu tun. Kämpfen Sie um Ihre Lieben, lassen Sie die Liebe nicht so einfach gehen. Bleiben Sie dran ohne zu bedrängen! Vielleicht ist es noch nicht zu spät. Bleiben Sie behütet.

23. August

„Wer zu sehr nach Perfektion strebt, verliert die Leichtigkeit im Leben!" Ich weiß nicht mehr genau, wo ich neulich diesen Satz gelesen habe – ich glaube, es war auf irgendeinem Abreißkalender, aber dieser Satz ist mir in Erinnerung geblieben. „Wer zu sehr nach Perfektion strebt, verliert die Leichtigkeit im Leben!" Sicher – früher hat man uns immer gesagt: „Ordnung ist das halbe Leben!" Sicher, Ordnung ist wichtig! Aber wer immer von sich selbst und von anderen Perfektion verlangt, wird schnell zum Tyrann. Manchmal dürfen wir auch fünfe gerade sein lassen. Manchmal darf ich auch ich selbst sein, Kind sein, Fehler machen und anderen Fehler verzeihen. Das Leben kann so schön sein, wenn man andere nicht immer bevormundet und gängelt … auch für einen selbst kann das das Leben leichter machen. Nichts andere meint auch der Apostel Paulus, wenn er seinen Gemeinden rät: „Nehmt einander an, so wie Christus euch angenommen hat!" Ja, auch Sie dürfen sich angenommen wissen – egal welche Fehler sie machen … und das gilt dann natürlich auch für die Menschen, mit denen Sie zusammenleben, für Ihren Ehepartner, für Ihre Kinder! Bleiben Sie behütet!

24. August

Heute habe ich einmal eine Rechenaufgabe für Sie. Bitte konzentrieren Sie sich und rechnen Sie: Was ist 27 plus 59 minus 38 plus 18 und das Ganze geteilt durch 6? Kennen Sie eigentlich den Versuch, bei dem ein Mensch die Aufgabe bekommt, zu zählen, wie oft …. Hallo! Hören Sie mir überhaupt noch zu? Kennen Sie den Versuch, bei dem ein Mensch die Aufgabe bekommt, zu zählen, wie oft fünf durcheinanderlaufende Handballspieler einander den Ball zuwerfen? Und während die einen werfen und die anderen zählen läuft ein Gorilla durch das Bild. Das fällt aber niemandem auf, weil alle mit dem Zählen beschäftigt sind. Genauso ist es oft mit unserem Leben. Weil wir so mit allem Möglichen Unwichtigem beschäftigt sind, sehen wir das Wichtige gar nicht mehr: Die Menschen, die unsere Hilfe brauchen, oder die Menschen, die unser Glück vollständig machen, Gott, der unser Leben in seiner Hand hält. Vielleicht übersehen Sie wenigstens heute bei allem Kleinkram, der zu erledigen ist, nicht das, was Ihr Leben wertvoll macht, Ihrem Leben Sinn gibt und Sie selbst glücklich macht. Bleiben Sie behütet! Ach ja, und das Ergebnis der Rechenaufgabe ist elf.

25. August

Ein älteres Ehepaar feierte nach langen Ehejahren das Fest der Goldenen Hochzeit. Beim gemeinsamen Frühstück dachte die Frau: "Seit fünfzig Jahren habe ich immer auf meinen Mann Rücksicht genommen und ihm immer das knusprige Oberteil des Brötchens gegeben. Heute will ich mir endlich diese Delikatesse gönnen." Sie schmierte sich das Oberteil des Brötchens und gab das andere Teil ihrem Mann. Entgegen ihrer Erwartung war dieser hocherfreut, küsste ihre Hand und sagte: "Mein Liebling, du bereitest mir die größte Freude des Tages. Über fünfzig Jahre habe ich das Brötchen-Unterteil nicht mehr gegessen, das ich vom Brötchen am allerliebsten mag. Ich dachte mir immer; du solltest es haben, weil es dir so gut schmeckt."

Ja, liebe Zuhörerinnen und Zuhörer, wie oft am Tag und wieviel sprechen Sie eigentlich mit Ihrem Partner, ihren Kindern, ihren Freunden? Manchmal kann ein ganz kleines Wort große Probleme lösen, manchmal kann eine kurze Absprache auch kleine oder große Katastrophen verhindern. Probleme werden nur gelöst, wenn über sie gesprochen wird. Eine andere Möglichkeit sehe ich nicht. Deshalb suchen Sie das Gespräch miteinander, nur so werden Sie weiter miteinander vertraut. Bleiben Sie behütet!

26. August

Müssen Sie sich morgens einen Schubs geben, wenn Sie aus dem Bett steigen? Oder einen Schubs, wenn Sie auf die Arbeit gehen? Oder Ihre Arbeit anpacken? Es ist schwierig, Schwung zu entwickeln, wenn man müde und muffig ist. Das ist wohl wahr. Aber das Problem ist die Abwärtsspirale! Wenn ich muffig zur Arbeit erscheine, werden meine Kollegen ähnlich reagieren. Ein Wort gibt das andere … und wirklich gutes Arbeiten kommt so nicht wirklich zu Stande! Eigentlich ist es doch so: Kritik sind auch wir selbst bereit anzunehmen, wenn wir uns angenommen fühlen. D.h. wenn uns erst einmal deutlich gemacht worden ist, dass unsere Arbeit geschätzt wird. Wenn das Klima stimmt, dann geht nicht nur das Arbeiten leichter, sondern auch Kritik – meistens verpackt als Anregungen – kann leichter angenommen werden. Also mir geht es jedenfalls so!

Der Apostel Paulus lobt in seinen Briefen seine Adressaten immer am Anfang des Briefes – teilweise sogar sehr ausführlich –, ehe er Anregungen für ein weiterhin gedeihliches Miteinander gibt. Vielleicht sollten auch wir in Zukunft ein Beispiel an ihm nehmen … erst das Gute sehen, das im Entstehen oder schon entstanden ist … dann kann auch unser Leben leichter werden. Bleiben Sie behütet!

27. August

Vor ein paar Wochen sagte mir ein Freund am Telefon zum Abschied einen Satz, der mich tief berührt hat, weil ich weiß, dass er ihn nicht einfach so daher gesagt hat, … etwa, weil man einander doch irgendwas Nettes sagen müsste. Er sagte zu mir: „Viele Grüße an die ganze Familie. Und passt auf Euch auf – Ihr seid wertvoll!" Wissen Sie, wie gut das tut, wenn man so etwas gesagt bekommt, wie warm es einem ums Herz wird? Ja, das wünschen wir uns, dass die Menschen, die uns am Herzen liegen, behütet sind, dass sie auf sich selbst aufpassen, denn sie sind wertvoll. Dasselbe gilt übrigens auch für Sie. Und deshalb lassen Sie es sich heute von mir gesagt sein: Passen Sie gut auf sich auf! Sie sind wertvoll! Oder anders gesagt: Bleiben Sie behütet!

28. August

„Man darf nicht lügen! Das steht in der Bibel – ich glaube, in den 10 Geboten!" Diesen Satz habe ich einmal einen Schüler sagen hören. In der Oberstufe betrachten wir dieses Gebot noch etwas genauer: „Du sollst nicht falsch Zeugnis reden wider deinen Nächsten!" Tja, muss ich wirklich immer die Wahrheit sagen, auch wenn sie verletzt, wehtut? Das machen ja manche Menschen wirklich: „Ich weiß, dass das wehtut, aber ich sage nur meine Meinung! So bin ich eben!" Tatsächlich ist der Umgang mit der Unwahrheit schwierig, aber muss ich mich wirklich immer wie ein Elefant im Porzellanladen aufführen? „Ich sage ja bloß die Wahrheit – und das muss ich ja auch wegen des 8. Gebotes." Martin Luther hat in seinem Kleinen Katechismus dieses achte Gebot – wie ich finde – erschöpfend interpretiert, wenn er sagt: „Was ist das? Wir sollen Gott fürchten und lieben, dass wir unseren Nächsten nicht belügen, verraten, verleumden oder seinen Ruf verderben, sondern sollen ihn entschuldigen, Gutes von ihm reden und alles zum Besten kehren." In diesem Sinne: Seien Sie ehrlich – und kehren Sie alles zum Besten! Bleiben Sie behütet!

29. August

„Religionen müssen abgeschafft werden!" so habe ich neulich in einem Interview mit irgendeinem atheistischen Religionsforscher gelesen. Seine Begründung ist folgende: Der islamistische Terror beruft sich ebenso zu Unrecht auf eine Religion wie die eigentlich zutiefst unreligiösen Pegida-Demonstranten in Dresden. Ganz ehrlich: Mir leuchtet diese Begründung überhaupt nicht ein. Bloß weil es Menschen gibt, die die Religion für ihre Machtzwecke missbrauchen, haben sich die Religionen noch längst nicht überlebt. Im Gegenteil: Es ist genauso wichtig, dass sich Christinnen und Christen den Pegida-Demonstranten bildlich gesprochen in den Weg stellen, wie es wichtig ist, dass Muslime deutlich machen, dass auch ihre Religion offenbar doch auch dunkle Seiten hat, mit denen man sich auseinandersetzen sollte. Deshalb möchte ich mit einem erweiterten Schlagertext sagen: „Wir lassen uns das Singen und das Beten nicht verbieten!" Vielleicht setzen Sie gerade in dieser Woche ein Zeichen gegen Pegida … und schauen mal in einem Gottesdienst vorbei! Es wäre bestimmt kein Fehler! Bleiben Sie behütet!

30. August

„Glauben heißt nicht-Wissen!" Ich höre bis heute meine strenge Grundschullehrerin, wenn Sie einem Schüler über den Mund fuhr, weil der eine Frage mit „Ich glaube, ..." einleitete. „Glauben heißt nicht wissen!" Manchmal wird uns auch von anderer Seite dieser Satz gesagt – aber in dem Sinn: „Das kann man nicht wissen, das muss man halt glauben!" Aber steht der Glaube wirklich auf so wackligen Beinen? Wenn ich mir ab und zu die Bibel zur Hand nehme, dann stelle ich fest, dass Glaube für einen Markus, einen Lukas, einen Paulus oder einen Johannes – sie alle haben Texte geschrieben, die im Neuen Testament stehen – dass Glaube für diese Menschen viel mehr ist als „Nicht wissen". Und ich beginne zu lernen, dass der Glaube für diese Menschen eine feste Überzeugung war, eine Überzeugung, die so fest war, dass sie ihr Leben

200

darauf aufgebaut haben. Ja, so einen Glauben möchte ich auch von Gott geschenkt bekommen! Und sie? Bleiben Sie behütet!

31. August

Es ist schon einige Jahre her, da sang Hans Harz das eingängige Lied „Die weißen Tauben sind müde. Sie fliegen lange schon nicht mehr; sie haben viel zu schwere Flügel. Und ihre Schnäbel sind längst leer". Hans Harz malt mit seiner Musik ein trauriges Bild vor unseren Augen. Früher war halt alles besser. So denken viele von uns, und ich schließe mich da auch immer wieder mit ein. Früher hatte die Jugend noch Respekt vor dem Alter, früher wurde mehr in der Schule und im Konfirmandenunterricht gelernt, früher gab es nicht so viel Ablenkung vom Eigentlichen, und manche unter uns denken mit Wehmut an die früheren Zeiten, in denen sie körperlich wesentlich leistungsfähiger waren als jetzt, wo vielleicht Krankheiten und Gebrechen den Körper heimsuchen, oder als sie noch einen Ehepartner hatten.

Früher war alles besser. Diese Einstellung, so sehr sie subjektiv nachvollziehbar ist, birgt aber auch Gefahren in sich: Man vergräbt sich in die eigenen Erinnerungen, und man droht, die Hoffnung für die heutige Zeit zu verlieren. Es ist mit nüchternem Blick besehen nämlich gar nicht alles schlechter geworden als früher. So haben viele Menschen wesentlich mehr Freiheit und Freizeit als früher. Und selbst wenn ältere Menschen viel mit ihren Gebrechen und Krankheiten zu kämpfen haben, ich bin überzeugt, auch sie finden an ihrem Leben etwas, was das Leben lebenswert macht. Schärfen Sie Ihr eigenes Auge für die kleinen Glücksmomente, die Gott auch Ihnen jeden Tag neu schenken möchte und die das Leben ein bisschen heller machen! Es ist nämlich *nicht* alles schlechter als früher! Bleiben Sie behütet!

September

1. September

Am 1. September 1939 begann der zweite Weltkrieg mit dem Überfall von Nazi-Deutschland auf Polen. Wie viel Leid hat dieser furchtbare Krieg über Europas Völker gebracht! Wenn ich mir die Liste der Gefallenen an unserer Geseeser Kirche so anschaue, stelle ich fest, dass im letzten Kriegsjahr mehr Menschen den Tod fanden als in den fünf Jahren vorher. Wahrscheinlich ist das immer so: Wenn die Macht des Bösen eigentlich schon längst gebrochen ist, dann tobt das Böse sich noch einmal ganz besonders schlimm aus und versucht, noch möglichst viele Menschen ins Unglück zu reißen. Und wenn ich mir heute unsere Welt ansehe, dann halte ich mich an genau dieser Überzeugung fest: Auch wenn hier manchmal alles drunter und drüber zu gehen scheint: Das Chaos ist für mich ein Zeichen dafür, dass die Macht des Bösen gebrochen ist … ein für allemal! Und das letzten Endes

das Gute siegen wird. Oder wie es der Liederdichter Johann Frank im 17. Jahrhundert formuliert: „Tobe, Welt, und springe! Ich steh hier und
singe in gar sich'rer Ruh!" In diesem Sinne: Bleiben Sie behütet!

2. September

Sind Sie verwundet? Ich meine nicht körperlich, sondern seelisch? Hat Ihre Seele Narben?
Hat Ihr Herz eine Lücke, die sich nicht schließen
lässt? Umgang mit Leid ist Arbeit, harte Arbeit
und man darf sich vielfach eben nicht denken:
„Das wird schon wieder!" Manches wird eben
nicht wieder! Wie soll man aber damit umgehen?
Wahrscheinlich meinen wir, unser Leben ist nur
dann schön, wenn wir fröhlich sind, aber manche
Lasten können wir nicht abwerfen. Und ich füge
hinzu: Wir müssen es auch nicht. Wenn es uns
gelingt, die Lasten anzunehmen, als Teil unseres
Lebens, zu akzeptieren, dass das Leben nach
oder mit dem Leiden eben nicht mehr so wird wie
vorher, dann werden wir vielleicht auch merken,
wie unsere Kräfte wachsen. Wenn wir es schaffen könnten, das Leben – auch wenn es einge-
schränkt ist, weil uns unser Leiden, der Schmerz
und die Trauer doch immer wieder einholen – so
anzunehmen, dass all das auch ein Teil unseres
Lebens ist, dann können wir erfahren, wie unsere
Kräfte wachsen – so wie es auch Paulus erfahren hat, der den Korinthern schreibt: „Er hat zu
mir gesagt: Lass Dir an meiner Gnade genügen,
denn meine Kraft ist in den Schwachen mächtig!"
In diesem Sinne: Bleiben Sie behütet!

3. September

Christen sieht man ihr Christsein nicht an. Tatsächlich weiß ich nicht, wenn ich mich mit einem mir fremden Menschen unterhalte, ob er ähnlich denkt oder glaubt wie ich. Dabei ist es doch so, dass gerade unter Christinnen und Christen ein weltweiter Zusammenhalt geglaubt, gedacht, erhofft wird. Das ist bei Fußballfans anders. Als ich in der vergangenen Saison blau-weiß gekleidet nach Nürnberg ins Stadion gefahren bin, kam ich bereits am Bahnhof Nürnberg mit den ersten Darmstadt-Fans, die mir begegneten, ins Gespräch. Es war wie ein großer Zusammenhalt, gleiche Kleidung, gleiche Einstellung – man hat sich auf Anhieb super verstanden. Und als die Darmstädter in Nürnberg den Ausgleich schossen, lag man sich auf der Fan-Tribüne in den Armen. Wer immer um einen herumstand, wurde umarmt.

Ich stelle mir vor, dass ein vergleichbares Gemeinschaftsgefühl auch unter Christen sich entwickeln könnte, die doch zu einem Herrn gehören. Man kann das jeden Sonntag ausprobieren – in der eigenen Kirche. Man kann es aber in besonderer Weise erfahren, wenn man im Urlaub – vielleicht sogar in einem fremden Land – einmal einen christlichen Gottesdienst besucht. Unter Menschen zu sein, die so denken und glauben wie ich … das ist, als wäre ich daheim. Bleiben Sie behütet!

4. September

„Bescheidenheit ist eine Zier, doch weiter kommt man ohne ihr!" Vielleicht kennen Sie dieses Sprichwort. Tatsächlich ist es so, dass häufig derjenige, der am lautesten schreit, am ehesten das bekommt, was er möchte. Ab und zu dringen Informationen über die Vertragsverhandlungen von Profifußballspielern an die Öffentlichkeit … und da ist man immer wieder schockiert, mit wie hoch die Zahlen sind, über die da verhandelt wird. Neulich habe ich die Biographie von Pep Guardiola, dem früheren Bayern-Trainer gelesen. Er beschreibt, dass im Fußball-Internat von Barcelona den jungen Spielern nicht nur Fußball, sondern auch Bescheidenheit beigebracht wird, denn: Wer bescheiden ist, bleibt lernfähig! Und nur wer lernfähig ist, entwickelt sich auch weiter. Guardiola, selbst längst Multimillionär, ist trotzdem für mich ein Beispiel, dass man es auch mit Bescheidenheit weit bringen kann. Solche Menschen beeindrucken mich. Bleiben Sie behütet!

5. September

Haben Sie sich schon einmal gefragt, woher Sie eigentlich kommen und wohin Sie gehen? Woher kommt die Kraft in mir, die meinen Kopf denken und meine Hände handeln lässt? Ich bin mir sicher, dass alles leben auf der Erde eine gemeinsame Quelle hat, die sich in den unterschiedlichsten Formen und Wesen zeigt. Nennen Sie es Gott oder das Göttliche – das ist egal! Dieses Göttliche drückt sich in allem aus, was existiert, in jedem Sonnenstrahl, jedem Windhauch und jedem Wassertropfen. Was – glauben Sie denn – lässt Sie atmen, gehen, fühlen, denken, planen und machen? Was ist die Kraft hinter allem? Solange wir uns diese Frage nicht stellen, hat unser Leben wenig Sinn und wir verlieren uns im Schaffen, Tun und Werkeln. Darum erscheint vielen Menschen ihr Tun und ihre Zeit sinnlos, weil es nicht auf etwas gegründet ist, weil uns der Grund unseres Lebens verloren zu gehen droht und wir meinen: Es hat sich mir noch nicht geoffenbart. Wirklich? Finden Sie wirklich keine haltende Hand Gottes in Ihrem Leben? Bleiben Sie behütet!

6. September

Lass die Leute reden und hör' Ihnen nicht zu! Die meisten Leute haben ja nichts Besseres zu tun. Kennen Sie auch das Lied von den „Ärzten". Sie machen damit auf ein wichtiges Problem aufmerksam: Das Ablästern über andere: Da wird vermutet nach dem Motto „man sagt ja nichts, aber …" und meistens sind diese „Vermutungen" über andere keine guten „Vermutungen". Die „Ärzte" geben dabei folgenden Rat: „Lass die Leute reden und hör einfach nicht hin. Die meisten Leute haben ja gar nichts Böses im Sinn. Es ist ihr eintöniges Leben, was sie quält, und der Tag wird interessanter, wenn man Märchen erzählt." Ja, wenn das nur so einfach wäre, das Nicht-Hinhören. Gut, es mag zwar nicht einfach sein, aber es ist möglich. Wissen Sie, was Jesus von Nazareth getan hat, als die Leute ihn „Fresser und Weinsäufer" genannt haben? Er hat zu Zachäus, dem Zöllner, gesagt: „Zachäus, steig eilend herab vom Baum, denn ich muss heute noch bei Dir zuhause einkehren!" Jesus hat sich nicht um das Gerede der Menschen gekümmert, weil er mit sich selbst und mit Gott im Reinen war. Und wie ist es mit Ihnen? Sind Sie mit sich selbst und mit Gott im Reinen? Bleiben Sie behütet!

7. September

Vor über 150 Jahren brachte die industrielle Revolution unsägliches Leid über die Mehrheit der Gesellschaft. 10köpfige Familien hausten in einem einzigen Raum. Betten gab es nicht genug – man musste in Schichten schlafen. Kinder hatten harte körperliche Arbeit zu leisten, um für das Familieneinkommen mit zu sorgen. Da gab es in Hamburg den jungen evangelischen Pfarrer Johann Hinrich Wichern. Der erschrak über das Leid der Menschen. So wird erzählt, er habe sich eines Tages auf die Suche nach einem Konfirmanden gemacht, der nicht zum Unterricht erschienen war. Als er ihn in einem großen Mietshaus auf dem Dachboden fand, stellte sich heraus, dass der Junge gar nicht kommen konnte, weil er nichts zum Anziehen gehabt hatte. Wichern – wir haben hier in Bayreuth ja auch eine Wichernstraße – sagte sich nicht: „So ein Elend! Daran kann ich sowieso nichts ändern!" Nein, er packte an! Er gründete ein Kinderheim und holte die Kinder von der Straße. Daraus ist heute ein riesiges diakonisches Werk in Hamburg geworden. Machen Sie's wie Wichern! Klagen Sie nicht über schlechte Zustände in ihrem Leben, in unserer Stadt – packen Sie an. Sie werden sehen, dass etwas Großes daraus werden kann. Bleiben Sie behütet!

207

8. September

Vielleicht beobachten Sie ja auch mit kleinem oder gar großem Interesse die Fußball-Bundesliga. Vor wenigen Spielzeiten hat der kleine SV Darmstadt 98 als Aufsteiger in die 2. Liga den sensationellen Durchmarsch gemacht und ist in die Bundesliga aufgestiegen. Der Darmstädter Trainer Dirk Schuster hat auf die Frage, was für ihn in der vergangenen Saison das schönste Erlebnis war, nicht einfach gesagt: „Der letzte Sieg und der damit verbundene Aufstieg!" sondern er erinnerte an eine Szene aus einem der letzten Spiele. Der Stürmer Tobias Kempe hatte gerade das entscheidende 1:0 geschossen und war auf zwei jubelnde Mitspieler auf der Tartanbahn zugerannt und ihnen in die Arme gefallen. Diese beiden Mitspieler gehörten zwar zum Darmstädter Kader, aber hatten in diesem Spiel nicht einmal einen Platz auf der Ersatzbank bekommen. „Das war für mich als Trainer ein ganz besonderes Erlebnis!" sagt Dirk Schuster und er meint damit: Es zeigt, dass wir eine Mannschaft sind, die zusammensteht. Das ist für mich ein schönes Bild! Wie schön ist es, wenn Menschen, die im Mittelpunkt stehen, diejenigen nicht vergessen, die draußen sind, ja, sie sogar in den Mittelpunkt holen. Und wer steht bei Ihnen am Rand und wer in der Mitte? Bleiben Sie behütet!

9. September

Kennen Sie das christliche Glaubensbekenntnis? Es ist ja relativ lang und gehört zum

Grundwissen eines jeden Christen. Und doch fällt es immer einmal wieder schwer, es in allen Teilen mit dem Brustton der Überzeugung zu sprechen. Wenn ich einen Gottesdienst halte, leite ich zuweilen das Sprechen des Glaubensbekenntnisses mit folgenden Worten ein: Sprechen Sie unser Bekenntnis nicht ohne innere Beteiligung. Lassen Sie die Sätze weg, die Sie heute nicht mit voller Überzeugung sagen können und sprechen Sie die anderen dafür deutlich mit. So können Sie die Erfahrung machen, dass Ihr Banknachbar dort deutlich spricht, wo Ihr Glaube momentan nicht mit kann. Und so machen wir die Erfahrung, dass wir in einer Gemeinschaft aufgehoben sind, die Glaube und Zweifel miteinander teilt."

Ja, so leite ich das Bekenntnis zuweilen ein. Und diese Einleitung hat noch einen weiteren Hintergrund: Ich bin der Überzeugung, dass mein Banknachbar zuweilen auch stellvertretend für mich glauben kann. Er kann da glauben, wo mein Glaube erschöpft ist. Deshalb hat Jesus auch den Gelähmten geheilt, nicht weil der Gelähmte geglaubt hat, sondern weil seine vier Freunde stellvertretend für ihn geglaubt haben. Sie glauben mir nicht? Lesen Sie es nach im 2. Kapitel des Markusevangeliums. Bleiben Sie behütet!

10. September

„Schön ist es auch anderswo, und hier, hier bin ich sowieso!" Kein Geringerer als Wilhelm Busch hat einer seiner Figuren diese Worte in den Mund gelegt. Sie werden gesagt von einem Mann, der nicht zufrieden ist mit dem, was er vor Augen hat. Er hält sich ständig ein Fernglas vor und blickt in die Ferne. „Schön ist es auch anderswo, und hier, hier bin ich sowieso!" Viele Jahre vor der Erfindung des Fernsehers, des Internets und v.a. der Smartphones hält uns dieser Mensch den Spiegel vor. Wenn ich in diesem Sommer an Straßencafés vorbeigegangen bin, habe ich häufig Menschen gesehen, die gemeinsam an einem Tisch saßen, aber wortlos auf ihren Smartphones tippten. Es gibt auch Menschen, die, kaum dass sie bei einem Bekannten sind, sich nach dem Code für dessen W-Lan erkundigen, weil sie mit ihrem Smartphone sofort wieder ins Netz müssen. „Schön ist es auch anderswo, und hier, hier bin ich sowieso!" Solche können nicht mehr Eiliges von wirklich Wichtigem unterscheiden. Solche Menschen verpassen ihre Gegenwart, übersehen die Schönheit der Nähe und spüren nicht mehr die Wärme eines guten Gespräches. Wichtig ist der Mensch in meiner Nähe – und nicht zufällig hat Jesus von Nazareth hier vom Nächsten gesprochen. Achten Sie auf die Menschen in ihrer Nähe! Bleiben Sie behütet!

11. September
Haben Sie ein Laster! Etwas, von dem Sie wissen, dass es nicht gut ist, aber Sie tun es trotzdem? Ich habe im Sommer ein Buch gelesen, in dem eine Begebenheit erzählt wird, die ich Ihnen gerne weitergeben möchte. Der Hauptakteur, ein Kriminalkommissar erzählt seinem Freund: „Vor ein paar Jahren fragte mich meine 17jährige Tochter, warum ich rauche. Ich habe ihr damals die verschiedensten Gründe genannt: Es hilft mir bei Stressabbau, es schmeckt mir, ich

fühle mich wohl mit einer Zigarette in der Hand … und so weiter …. Nach einer kurzen Pause sagte meine Tochter: ‚Dann wird es Dir sicher auch nichts ausmachen, wenn ich auch zu rauchen anfange.' Da erkannte der Vater, dass er sich etwas vorgemacht hatte, und hörte zu rauchen auf. Vielleicht ist es wirklich so, dass wir manchmal erst zur Einsicht kommen, wenn uns die Kinder den Spiegel vorhalten. In der Geschichte wird nicht erzählt, ob die Tochter wirklich zu rauchen angefangen hat, aber es ist zu hoffen, dass sie es nicht getan hat – ihrer eigenen Gesundheit zu liebe! In diesem Sinne: Passen Sie auf sich auf – und bleiben Sie behütet!

12. September

Die Wochentage haben in unterschiedlichen Sprachen unterschiedliche Bezeichnungen. Während im Deutschen häufig germanische Götternamen herhalten müssen, sind es etwa im Italienischen alte römische Gottheiten, die den Wochentagen ihren Namen geben. Etwas Besonderes ist der Sonntag. Während bei uns mit der Bezeichnung „Sonntag" immer noch an die „Sonne" gedacht wird, heißt dieser Tag im Italienischen „Domenica" – Herrentag. Damit ist nicht ein wie immer gearteter Männer- oder gar „Vatertag" gemeint, sondern mit „Herr" ist Jesus gemeint. Tatsächlich bezeichneten die ersten Christen den Sonntag auch als den „Tag des Herrn", weil Jesus an diesem Tag auferstanden ist. Bis heute ist in den christlichen Kirchen dieser Tag der erste Tag der Woche auch der Tag, an dem man sich daran erinnert: Der Herr ist auferstanden – er ist wahrhaftig auferstanden! Das ist wahrlich ein Grund zur Freude – vielleicht sogar ein Grund zum Gottesdienstbesuch. Bleiben Sie behütet!

13. September

„Also, ich gehe nur in die Kirche, wenn die Pfarrerin oder der Pfarrer XY predigt, denn da nehme ich immer etwas aus dem Gottesdienst mit." Kennen Sie solche Sätze? Sie machen mir deutlich, wie wichtig die Predigt im Gottesdienst ist. Wir Pfarrerinnen und Pfarrer mühen uns da immer wieder redlich. Und zuweilen gelingt es tatsächlich, den Gottesdienstbesuchern etwas mitzugeben, sie zum Nachdenken zu bewegen, sie zu trösten und zu ermutigen für ein Leben, das nicht einfach ist. Umso verblüffter war ich, als ich in einer Kirche in Südfrankreich auf der Kanzel einmal statt eines Lesepultes ein großes Blumengesteck sah. Die Kanzel ist in dieser Kirche offenbar nur noch ein Möbelstück, das als Blumenständer zu verwenden ist. Dabei hat doch Paulus gesagt: „Der Glaube kommt aus der Predigt!" Und nach Jesaja 55 sagt Gott: „Mein Wort wird nicht wieder leer zu mir zurückkommen, sondern wird tun, was mir gefällt, und ihm wird gelingen, wozu ich es sende." Deshalb forderte Martin Luther nicht zu Unrecht: Gottes Wort sollen die Menschen hören und wirken lassen. In diesem Sinne: Lassen Sie sich ansprechen von dem rechtfertigenden Wort Gottes. Was immer auch geschieht: Gottes Liebe bleibt Ihnen gewiss! Bleiben Sie behütet!

14. September

Erfolgreiche Menschen haben's gut! Immer wenn jemand bei Günter Jauch wieder einer die Million abräumt, denkt man sich insgeheim: ‚Mann, der hat's gut! Keine Sorgen – alle Türen stehen ihm offen.' Tatsächlich bewundern wir gerne die Erfolgreichen. Unsere Illustrierten sind voll von den Reichen und Schönen. Aber immer wieder bekommen wir auch mit, dass diese Erfolgreichen auch nur mit Wasser kochen, wir hören von Ehen, die in die Brüche gehen, von Trauer, Leid und schweren Schicksalen, ja sogar von Selbstmord. In der Tat: Es ist nicht unbedingt wünschenswert, auf der Titelseite der Illustrierten zu landen. Auf meinem Schreibtisch steht ein Abreißkalender, den mir einst Schüler geschenkt haben. Es ist dort immer der 21. August. Denn an diesem Tag lautet der Spruch des Tages – er stammt von keinem Geringeren als Martin Luther: „Wer bekommt, was er mag, ist erfolgreich. Wer mag, was er bekommt, ist glücklich!" Ja, wenn wir es lernen, das zu mögen, was uns Gott schenkt, dann können auch wir glücklich werden. Bleiben Sie behütet!

15. September

Die Zeit heilt alle Wunden – so heißt es! Aber das stimmt nicht! Es gibt Wunden, die werden nie richtig geheilt. Ich denke da an Menschen, die durch ihren Tod einfach fehlen, die im Leben eine Lücke hinterlassen. Ich bin mir sicher, jeder kennt so einen Menschen, der ihm bis heute fehlt. Bei mir ist es ein guter Freund, der vor vielen Jahren starb! Ich habe oft und viel mit ihm geredet – und obwohl er so ganz anders war als ich, hatten wir immer einen besonderen Draht zueinander. Er hat mir gut getan. Die Gespräche vermisse ich bis heute. Ich habe ihn damals beerdigt, weil er sich das gewünscht hat. Und ich habe in meiner Ansprache gesagt: „Er hinterlässt eine Lücke in meinem Leben." Diese Lücke ist bis heute nicht geschlossen. Und ich glaube, das ist gut so! Die Menschen, die uns fehlen, bleiben uns dadurch bis in die Gegenwart nah. Wir, die wir zurück geblieben sind, tragen die Erinnerung an sie weiter. Und so leben sie nicht nur bei Gott, sondern auch in dieser Welt – in unseren Gedanken, Gefühlen und Worten – weiter. Und das ist gut so! Bleiben Sie behütet!

16. September

Vor ein paar Jahren habe ich in einer Kirche im Odenwald etwas Eigenartiges gesehen. Der holzgeschnitzte Christus, der da am Kreuz hing, blutete aus einer Wunde am Herzen. Bisher hatte ich immer nur Darstellungen mit einer Seitenwunden auf der rechten Seite knapp unterhalb des Brustkorbes gesehen. Spontan dachte ich mir: Da hat der Künstler einen Fehler gemacht. Aber das Johannesevangelium gibt tatsächlich nicht an, auf welcher Körperseite der römische Soldat dem Gekreuzigten die Wunde mit seinem Speer zufügt. Und dann dachte ich mir: Vielleicht will der Künstler mit seiner Darstellung etwas Wichtiges sagen: nämlich dass Jesus sein Herzblut für die Menschen vergießt. Ja, und dann fiel mir ein Lied von Heinz Rudolf Kunze ein. Es ist, als würde der Christus am Kreuz von Neunkirchen im Odenwald dem vor ihm stehenden Menschen sagen: „Dein ist mein ganzes Herz! Du bist mein Reim auf Schmerz! Wo Du nicht bist, kann ich nicht sein. Ich möchte gar nichts and'res ausprobieren …" Oder – wie es im ersten Johannesbrief ausgedrückt wird: Durch sein Blut sind wir rein von aller Sünde. Nichts trennt uns mehr von Gott! Wenn das kein Grund ist, zu diesem Jesus zu gehören? Bleiben Sie behütet!

17. September

Lieben Sie sich? Nein, das ist keine Frage für ein Ehepaar … sonst müsste die Frage auch lauten: Lieben Sie einander? Es ist eine Frage an jeden einzelnen von uns: Hör mal, liebst Du Dich eigentlich? Es ist für einen Pfarrer nicht ganz leicht, über Selbstliebe zu reden! Selbstliebe scheint doch im Neuen Testament gar nicht vorzukommen. Da geht es vielmehr um die Nächsten- oder gar Feindesliebe. Aber sich selbst zu lieben? Sowohl Jesus als auch der Apostel Paulus halten folgendes Gebot für das Wichtigste: „Du sollst Deinen Nächsten lieben wie dich selbst!" Gut, hier wird nicht zur Selbstliebe aufgerufen, aber sie wird vorausgesetzt. Tatsächlich halte auch ich eine positive Grundeinstellung zur eigenen Person für die Grundlage wahrer Nächstenliebe. Deshalb ist es nicht falsch, wenn wir mit uns selbst im Reinen, wenn wir zufrieden mit der eigenen Person sind. Kein Geringerer als Charlie Chaplin hat anlässlich seines 70. Geburtstages eine Rede gehalten, in der immer wieder die Zeile auftaucht „als ich mich selbst zu lieben begann". Einen kurzen Abschnitt darauf möchte ich Ihnen heute mit auf den Weg geben:

Als ich mich selbst zu lieben begann,

habe ich aufgehört, immer recht haben zu wollen,

so habe ich mich weniger geirrt.

Heute habe ich erkannt: das nennt man Demut. Bleiben Sie behütet!

18. September

Es ist stiller um ihn geworden, seit der Kulmainer Skirennläufer Gerd Schönfelder seine sportliche Karriere beendet hat. Unzählige Medaillen und Ehrungen hat Schönfelder erhalten. Bei einem Zugunfall im Jahr 1989 hatte er den rechten Arm und vier Finger der linken Hand verloren. Aber Gerd Schönfelder gab nicht auf, er kämpfte sich ins Leben zurück und wurde mehrfacher Weltmeister und Olympiasieger. Ein Zeitungsartikel im Nordbayerischen Kurier aus dem Jahr 2002 über ihn trug als Überschrift einen Satz, den er im Interview selbst gesagt hat: „Ich glaube fest, dass alles einen Sinn hat!" Und weiter heißt es da: „Vielleicht hat Gott mir eine Aufgabe gegeben – die Aufgabe, anderen Behinderten zu zeigen, dass sie etwas erreichen können. Und Nichtbehinderten, dass sie offen mit uns umgehen und keine Angst vor Kontakten haben." Ich möchte hinzufügen: Gerd Schönfelder hat mich darüber hinaus gelehrt, dass es richtig ist, am Glauben festzuhalten, dass man durch das Wissen um Gottes Gegenwart auch in und nach einer persönlichen Katastrophe Stabilität, Mut und Kraft gewinnen kann – ja, so einen Glauben wünsche ich mir auch … und Sie? Bleiben Sie behütet!

19. September

Wann haben Sie eigentlich Ihr Kind das letzte Mal gelobt? Wann haben Sie Ihrem Kind das letzte Mal zu verstehen gegeben: Ich bin stolz auf Dich?

Lob ist wichtig. Anerkennung ist der Motor unseres Lebens. Wer nie gelobt wird, wer nie vermittelt bekommt: Das, was Du tust, ist richtig gut, der kommt leicht in eine Abwärtsspirale. Ein ehemaliger Klassenkamerad von mir ist Seelsorger in einem Nervenkrankenhaus. Er sagte mir bei einem Klassentreffen einmal den Satz: Unsere Nervenkrankenhäuser sind voll von Menschen, die sagen: „Meine Eltern haben mich nie gelobt! Ich konnte es ihnen nie recht machen! Nie war etwas gut genug!" Und ich frage mich: Ist es denn so schwer, Lob und Anerkennung zu vermitteln? Ist es so schwer, den eigenen Familienmitgliedern zu sagen: Du bist mir recht – auch wenn etwas mal in die Hosen geht. Dabei brauchen wir nur das weiterzugeben, was Gott uns schenkt: Lob, Anerkennung, Rechtfertigung. Deshalb lassen Sie es sich heute einmal gesagt sein: Was auch passiert, Du bist gerechtfertigt und angenommen von Gott. Er ist stolz auf Dich! Bleiben Sie behütet!

20. September

Seit 1954 proklamiert die UNO den 20. September als den Welttag des Kindes. An einem Tag im Jahr sollte man sich an die Rechte denken, die Kinder auf dieser Welt eigentlich haben sollten. Inzwischen hat die Landesregierung von Thüringen beschlossen, diesen Tag zum gesetzlichen Feiertag zu erklären. Es sei ein Zeichen von Familienfreundlichkeit, einen „arbeitsfreien Kinderfeiertag" einzuführen. Da frage ich mich dann schon: Warum gibt's dann keinen Feiertag am Welttag des Buches – Lesen ist so wichtig – oder am Welttag des Lächelns, am Welttag des Meeres, des Hundes, des Pferdes oder gar des Küssens? Die Tatsache, dass man jetzt einen völlig willkürlich festgesetzten Tag als staatlichen Feiertag einführt, ist ein Zeichen für die Entchristlichung der Gesellschaft. Dabei waren es die evangelischen Kirchen, aus denen der Anstoß zum friedlichen Aufstand gegen die DDR-Diktatur kam! Es lohnt sich, sich seine eigenen christlichen Wurzeln immer wieder bewusst zu machen – dann ist man weniger in der Gefahr abzuheben oder den Halt zu verlieren. Oder wie wäre es mit deinem Feiertag am 28. September, dem Welttag des Butterbrotes? Ein gesundes Frühstück ist auf jeden Fall auch nicht verkehrt. Bleiben Sie behütet!

21. September
Vor gut einer Woche hat die Schule wieder angefangen. Es ist für uns Schulpfarrer nicht ganz leicht, immer wieder einen neuen, originellen Schulanfangsgottesdienst zu entwerfen. Man muss sich irgendwie immer etwas einfallen lassen. In einem Vorschlag zum Schulgottesdienst habe ich die Idee gefunden, man solle doch ein Maßband mit auf die Kanzel nehmen, so ein fle-

xibles, wie man es in Nähkästchen findet. Ja, und dieses könne man um den Kopf legen, um deutlich zu machen, was in der Schule gefordert wird: Lernen, Verstehen, Wiedergeben. Dann könne man deutlich machen, dass das bei Gott doch anders sei. Gott legt – so heißt es da – ein Maßband um das Herz. Und man solle doch auf die eigene Herzensbildung achten. Puh, da musste ich erst einmal durchschnaufen. Das ist doch Quatsch! Gott beurteilt die Menschen nicht wie ein besserwisserischer Lehrer! Ich bin mir sicher: Bei Gott zählen ganz andere Maßstäbe, als in unserer Leistungsgesellschaft! Ich als Pfarrer kann aber zu denen, die unter meiner Kanzel sitzen, nur sagen: „Gott stellt nicht *auch noch* Anforderungen an Dich! Du bist Gott recht! So wie Du bist! Nichts kann uns scheiden von seiner Liebe, die in Christus Jesus ist, unserm Herrn!" Bleiben Sie behütet!

22. September
Warum ist in der in der Fußballsaison 2015/16 eigentlich eine Fußballmannschaft, die im Grunde nur aus einer Zusammenstellung von gescheiterten Fußballspielern bestand, NICHT aus der Bundesliga abgestiegen. Tatsächlich ist der SV Darmstadt 98 vielfach belächelt worden: „Truppe der Gescheiterten" und „Abstiegskandidat Nr. 1" und „Dieser Kader ist nicht bundesligatauglich." Und doch sicherte man sich am vorletzten Spieltag den Klassenerhalt. Der damalige Trainer brachte es auf den Punkt mit dem Satz: Wir spielen nach dem Motto: „Alles kann, nichts muss!" Diese Einstellung ist so treffend. Auch für

das Leben von uns Menschen. Versuchen Sie nichts zu zwingen. Alles kann, nichts muss! Das ist ein schönes Erfolgsrezept. Und das kann auch für Ihr Leben gelten: Trauen Sie Gottes Führung etwas zu! Er wird es schon recht machen. Sie brauchen nichts zu zwingen versuchen – alles kann, nichts muss! Bleiben Sie behütet!

23. September

Klagen Sie gerne? Wenn ja, dann versuchen Sie, in der nächsten Zeit doch einmal, sich selbst zuzuhören und schreiben Sie ihre typischen Jammersätze einmal auf. Vielleicht ordnen sie diese auch einmal nach Häufigkeit. Zum Beispiel: In dieser Woche auf Platz 1: Heute ist nicht mein Tag! auf Platz 2: Immer Ich!, auf Platz 3: Die Welt ist ungerecht! Und auf Platz 4 ein Evergreen: „Meine Eltern sind an allem schuld!" Was denken Sie eigentlich, wenn Sie immer denselben Schlager hören? Stimmt! Man kann das Lied irgendwann nicht mehr hören. Und vielleicht geht es Ihnen auch so, wenn Sie sich Ihre Jammersätze einmal bewusst gemacht haben. Da heißt es dann irgendwann von ganz alleine: „Heute ist nicht mein Tag!" zum dritten Mal dabei … bitte nicht wiederwählen! In diesem Sinne lassen Sie es sich gesagt sein: Heute ist Ihr Tag! Bleiben Sie behütet!

23. September

Wenn schließlich endlich das Wochenende erreicht ist, atmen die meisten auf. Wochenende, endlich Wochenende! Kein Dienst, keine Arbeit! Endlich! Dabei nimmt die Arbeit so viel Platz in unserem Leben ein. Ist unter der Woche von Montag bis Freitag wirklich alles Last, Mühe und Jammer? Freuen Sie sich am Morgen eines Arbeitstages, wenn Sie aufstehen, auf etwas anderes als auf die Pausen, den Feierabend und das Wochenende? Wenn sie sich nur auf die Zeit freuen, in der Sie von Ihrer Arbeit befreit sind, dann haben Sie entweder irgendwann in ihrem Leben eine Weiche falsch gestellt oder Ihnen entgehen bei ihrer Arbeit die schönen Seiten, die die Arbeit mit sich bringt, ein Lächeln, ein freundliches Wort, ein aufmunterndes Nicken, ein lustiges Gespräch. Vielleicht achten Sie heute einmal auf diese kleinen Zeichen der Zuneigung, die das Leben lebenswert machen – auch und gerade während der Arbeit. Bleiben Sie behütet!

24. September

Immer weniger Deutsche scheinen an Gott zu glauben. Ich hoffe, das beruht nicht auf Gegenseitigkeit. Dabei hat Christsein durchaus Vorteile: Welche Feiertage gäbe es denn in einem atheistischen Staat? Den 1. April vielleicht? Den 1. Mai, den 20. September, den 3. Oktober ... Schluss! Glückstechnisch scheint sich der Glaube aber zu lohnen – ehrlich! Religiöse Menschen sind – das hat eine Studie ergeben – durchschnittlich im Großen und Ganzen zufriedener, leben länger und gehen mit Krankheiten konstruktiver um. Was genau macht am Glauben glücklich und gesund? Es wird einem in diesem Leben anscheinend nichts geschenkt … obwohl das von der Gnade Gottes immer behauptet wird. Ich denke, mit dem Glück im Leben ist es ähnlich wie mit dem Glauben. Reden darüber ersetzt keine eigene Erfahrung. Lassen Sie sich doch darauf ein: Hier ist der Schlüssel zum Glück, hier ist mitten in der Stadt eine offene Kirchentür – bitte nach Ihnen! Bleiben Sie behütet!

25. September

Ein Mann hatte seine Axt verloren und vermutete, dass der Sohn des Nachbarn sie ihm gestohlen hatte. Er beobachtete ihn daher genau: Sein Gang, sein Blick war ganz der eines Axtdiebes. Alles, was er tat, sah nach einem Axtdieb aus. Einige Zeit später fand der Mann zufällig die Axt in seinem eigenen Schuppen unter einem Bretterhaufen. Am nächsten Tag sah er den Sohn seines Nachbarn: Sein Gang war doch nicht der eines Axtdiebes, auch sein Blick war nicht der eines Axtdiebes.

So kann man sich täuschen! Vorurteile können ein Leben vergiften. Und nicht von ungefähr versucht man, in der Rechtsprechung den Grundsatz beizubehalten: „Ein Verdächtigter gilt so lange als unschuldig bis seine Schuld nachgewiesen ist." Das kann auch für unser normales und alltägliches Leben gelten. Mit Schuldzuweisungen und Schuldsprüchen sind wir manchmal recht schnell, zu schnell. Aber vielleicht verbirgt sich hinter dem etwas grimmig dreinblickenden Nachbarn ein Mensch, der um etwas oder jemanden trauert und bloß nicht lachen kann. Oder wenn jemand sehr heftig und scharf auf ein Wort reagiert, das gar nicht böse gemeint war, ... vielleicht hat man einfach zufällig einen wunden Punkt getroffen – ohne es zu wollen.

Vorurteile können das Zusammenleben vergiften – vielleicht fallen Ihnen ja auch ein paar Vorurteile ein, die sie selbst gegenüber anderen haben. Mögen Sie mit den Menschen, die es mit Ihnen zu tun bekommen, gut auskommen! Bleiben Sie behütet!

26. September

„Dass wir miteinander glücklich werden – das ist unsere göttliche Bestimmung." So habe ich vor einiger Zeit einmal in einer Predigt gesagt. Tatsächlich ist für viele das Leben ein täglicher Kampf, ein Kampf mit sich selbst, ein Kampf mit der Familie, ein Kampf mit den Arbeitskollegen. Dabei ist das Leben gar nicht so schlimm. Irgendjemand muss uns einmal beigebracht haben, dass es im Leben um's Gewinnen und Verlieren geht. Wenn ich gewinne, ist der andere der Verlierer – und umgekehrt. So wird immer eine Nullsumme erreicht: Plus bei mir heißt Minus beim anderen. So einfach ist das! Aber das stimmt nicht! Glauben Sie wirklich, den anderen macht es Freude, gegen Sie zu kämpfen? Glauben Sie wirklich, dass Sie nur dann gewinnen, wenn der Andere verliert? Nein, ich glaube, dass das Leben kein Nullsummenspiel ist. Es ist doch so, dass alle gewinnen, wenn eine gemeinsame Vereinbarung gefunden worden ist. Gerade am Beispiel des Krieges sehen wir, dass im Grunde alle die Verlierer sind, auch die vermeintlichen Gewinner. Paulus hat das sehr schnell begriffen, wenn er meint: Gott hat alle in die Sünde eingeschlossen, Juden und Heiden, damit er sich aller erbarme. Das ist erst eine win-win-Situation! In diesem Sinne: Machen Sie's wie Gott: Versuchen Sie nicht, auf Kosten Ihrer Mitmenschen zu gewinnen … dann werden Sie bestimmt miteinander glücklich. Bleiben Sie behütet!

27. September
Haben Sie schon einmal Wii gespielt? Ich meine diese Konsole, die man an einen Fernseher hängt und mit der man die eigenen Arm- und Handbewegungen auf dem Bildschirm sichtbar machen kann. Auf diese Weise kann man im Sitzen vor dem eigenen Fernseher Tennis oder Tischtennis spielen. Man kann Autorennen fahren oder Bogenschießen. All das ist virtuell inzwischen problemlos möglich. Und es macht auch richtig Spaß! Aber die Herausforderung bleibt auch hier – wie bei jeder weiteren neu erfundenen Spielmöglichkeit: Das wahre Leben ist anders. Es ist etwas anderes, in der Realität Tischtennis oder Tennis zu spielen. Es macht einfach mehr Freude – von der Gemeinschaft mit den Mitspielern ganz zu schweigen. Ich weiß nicht, wie viele gute Freunde ich gewonnen und wie viele Freundschaften ich vertieft habe dadurch, dass ich in der Realität Fußball gespielt habe und spiele. Das ist eben nochmal etwas ganz anderes als das Spiel in der virtuellen Welt. Ehrlich! Probieren Sie es aus! Es lohnt sich! Bleiben Sie behütet!

28. September
Ein Schüler ging einmal zu einem jüdischen Gesetzeslehrer und machte ihm folgendes Angebot: „Ich gebe Dir einhundert Gulden, wenn Du

224

mich das gesamte jüdische Gesetz lehren kannst, während ich auf einem Bein stehe." Daraufhin meinte der Rabbi nur: „Stelle dich auf ein Bein!" Und als der Schüler das tat, sagte der Lehrer: „Alles, was du willst, dass dir die Leute tun sollen, das tu ihnen auch! Fertig! Wo ist mein Geld?"

Ja, so schnell kann es gehen! Alles, was du willst, dass dir die Leute tun sollen, das tu ihnen auch! Auch Jesus hat in der Bergpredigt diesen Satz, die goldene Regel, gesagt: Alles, was du willst, dass dir die Leute tun sollen, das tu ihnen auch! Ich möchte, dass mir die Menschen freundlich begegnen – warum blicke ich dann griesgrämig drein? Ich möchte, dass mir meine Gegner nichts Böses tun – warum rede ich dann schlecht über sie? Ja, so einfach ist das! Vielleicht fangen wir heute einmal damit an und tun den Menschen, mit denen wir zusammen sind, das eine oder andere Gute – mal sehen, was zurückkommt. Bleiben sie behütet!

29. September

Vielleicht waren Sie im vergangenen Sommer dieses Jahres einmal im Kreuzsteinbad. Gerade an besonders heißen Tagen hat man manchmal Mühe, ein freies Plätzchen für seine Decke oder sein Handtuch zu finden. Und wenn man da so dicht an dicht liegt, dann nimmt man manchmal geradezu zwangsläufig an den Gesprächen der Nachbarn teil. Besonders interessant wird's, wenn dort ein Streit ausbricht. In der Regel wundern wir uns dann, über welche Kleinigkeiten dort gestritten wird und der Streit kommt einem manchmal geradezu lächerlich vor. Tatsächlich ist es so, dass unsere Streitigkeiten Außenstehenden gegenüber oft ziemlich kleinkariert und lächerlich vorkommen. Ein Außenstehender könnte tatsächlich viele Streitigkeiten schnell schlichten. Vielleicht wäre das auch die Lösung vieler kleiner Streitigkeiten in unserem Alltag: Versuchen Sie doch einmal, wenn ein Konflikt ausbricht, diesen wie einer zu betrachten, der den Streithähnen zuhört. Dann löst sich vieles vielleicht ziemlich schnell ganz einfach in buchstäbliches Wohlgefallen auf. Bleiben Sie behütet!

30. September

Ein Fuchs schlich sich an einen Weinstock heran. Sein Blick hing sehnsüchtig an den dicken, blauen und überreifen Trauben. Er stützte sich mit seiner Vorderpfote gegen den Stamm, reckte seinen Hals empor und wollte ein paar Trauben erwischen, aber sie hingen zu hoch. Verärgert versuchte er sein Glück noch einmal. Diesmal tat er einen gewaltigen Satz, doch er schnappte nur ins Leere. Ein drittes Mal sprang er aus Leibeskräften – so hoch, dass er auf den Rücken fiel. Nicht ein Blatt hatte sich bewegt. Da rümpfte der Fuchs die Nase: „Sie sind mir noch nicht reif genug, ich mag keine sauren Trauben." Mit erhobenem Haupt stolzierte er in den Wald zurück.

Tja, wie gehen Sie eigentlich mit Niederlagen um? Ich finde, der Fuchs macht es nicht schlecht. Er interpretiert seine Schwäche völlig neu und sucht das Positive darin: Ich mag keine sauren Trauben. Das war eh' nichts für mich!

Diese Neuinterpretation ist völlig in Ordnung! Der Fuchs sieht nicht die Katastrophe, sondern geht frohgemut seines Weges. Auch mir fällt es oft nicht leicht, in Niederlagen das Positive zu sehen, aber es lohnt sich, dieses immer neu zu finden ... das macht einen zufriedener mit dem, was man doch hat. In diesem Sinne: Bleiben Sie behütet!

Oktober

1. Oktober

Was war eher? Die Henne oder das Ei? Die alte Frage: Ohne Hennen gibt es keine Eier und ohne Eier gibt es keine Hennen, die daraus schlüpfen könne. Das ist ein typischer Fall von: Kann man drüber streiten. Und worüber man streiten kann, darüber muss man nicht streiten – so sagte es einst mein längst verstorbener Mathematiklehrer in der Oberstufe.

Ich habe ein ähnliches Gedankenexperiment heute: Sind glückliche Menschen dankbar? Oder sind dankbare Menschen glücklich? Das ist aus meiner Sicht etwas anderes als die Frage nach der Henne und dem Ei. Glückliche Menschen sind nicht automatisch dankbar. Wenn es uns gut geht, dann lassen wir gerne den Herrgott einen guten Mann sein und fühlen uns einfach gut. Es ist genau anders herum: Es sind die dankbaren Menschen, die glücklich sind. Es sind die Menschen, die wissen, was ihnen das Leben – oder sollte ich vielleicht besser sagen: Gott – geschenkt hat, die glücklich sind. Es sind die Menschen, die das Glück dankbar aus Gottes Hand annehmen und sich ein Wort des Paulus gesagt sein lassen: „Der auch seinen eigenen Sohn nicht verschont hat, sondern hat ihn für uns alle dahingegeben – wie sollte er uns mit ihm nicht alles schenken?" Entdecken Sie die Geschenke Gottes in ihrem Leben, werden Sie glücklich und bleiben Sie behütet!

2. Oktober

Übung macht den Meister! So sagt es der Volksmund. Und damit ist gemeint, dass vieles eben nicht automatisch gut wird ... man muss schon üben. Wer gut Tennis oder Fußball spielen will, muss ebenso üben wie einer, der gut singen oder ein Instrument spielen will. Übung und Fleiß machen dann den Meister. Im Grunde ist es mit dem Beten ähnlich! Auch Beten will geübt sein, sonst fehlen uns die Worte, wenn wir Gott wirklich einmal brauchen. Wie kann ich das Gesangbuch verwenden, das nicht nur gedacht ist zum Gesang im Gottesdienst, sondern auch für das Leben zuhause. Kaum jemand weiß, dass sich auch Gebete im Gesangbuch finden, Gebete für Menschen, die beim Beten völlig aus der Übung gekommen sind. Auch in dieser Woche gibt es wieder einen Sonntag. An diesem Tag erinnert sich die Christenheit daran, dass Jesus von den Toten auferstanden ist, fürwahr ein guter Tag, um einmal das Beten wieder einzuüben – es lohnt sich, spätestens dann, wenn wir Gott wirklich brauchen. Bleiben Sie behütet.

3. Oktober

Das weiche Wasser bricht den Stein. Die Wahrheit dieses Satzes wird mir immer wieder bewusst, wenn ich an das Geschenk der Wiedervereinigung am 3. Oktober 1990 denke. Acht Jahre vorher – im Jahr 1982 – hatte der evangelische Pfarrer der Leipziger Nikolaikirche Christian Führer zusammen mit seinem Kirchenvorstand beschlossen, dass von nun an jeden Montagabend ein Friedensgebet in der Kirche stattfinden sollte. Acht Jahre lang beteten also jeden Montagabend einmal fünf, einmal acht, einmal vielleicht sogar zehn Menschen in der großen Kirche um Frieden. Plötzlich wuchs die Anzahl der Friedensaktivisten im Jahr 1989 sprunghaft an, und man entschloss sich, im Anschluss an das Friedensgebet zunächst auf dem Kirchhof später sogar in der Stadt zu demonstrieren. Nachdem sich fast acht Jahre nichts getan hatte, begann plötzlich der Sturz einer Diktatur mit der Folge der der deutschen Wiedervereinigung am 3. Oktober 1990. So ist dieses Geschehen für mich auch ein Zeichen der Hoffnung, dass auch die eigenen Bemühungen um Frieden in Familie und Kollegenkreis nicht vergeblich sein müssen. Es lohnt sich, nicht aufzugeben! Bleiben Sie behütet!

4. Oktober

Jede Bevorzugung der eigenen Person zieht fast immer eine Benachteiligung anderer nach

229

sich. Ich möchte Ihnen heute von einem Geschehen erzählen, bei dem dieser Satz nicht zutrifft. Nach christlicher Überzeugung werden wir permanent und immer wieder bevorzugt ... ohne dass ein andere benachteiligt wird. Denn – egal, was wir tun – wir sind Gott recht. Er beurteilt uns nicht nach dem, was wir tun, sondern nach dem, was wir brauchen: und das ist nichts Anderes als Zuspruch und Liebe. Das gilt dann natürlich nicht nur für mich, sondern auch für meine Mitarbeiter und Kollegen, meine Chefs und Freunde, meine Untergebenen und last not least für meine Familie. Sie sind alle von Gott gewollte, geliebte und angenommene Kinder. Hm – und wie gehe ich mit diesen Menschen um? Bleiben Sie behütet!

5. Oktober

Was ist Wahrheit? Jesus selbst wird diese Frage bei seinem Prozess von Pilatus gestellt. Was ist Wahrheit? Ende des vergangenen Jahres wurde die islamistische Bewegung „die wahre Religion" zu Recht in Deutschland verboten. Was ist denn die Wahrheit? Ich denke, wir erweisen uns einen Bärendienst, wenn wir „Wahrheit" mit Objektivität verwechseln. Wahrheit ist etwas Anderes. Wir reden doch zum Beispiel auch von „wahren Freunden" oder von „wahrer Liebe". Was hat das denn mit Wahrheit zu tun? Die Vorstellung von „Wahrheit", die hinter diesen Sätzen steht, ist etwas Anderes. Sie macht deutlich: Wahrheit hat etwas mit Zutrauen, mit Verlässlichkeit, mit Gewissheit zu tun. Und wenn Jesus Christus nach Johannes 14,6 sagt: „Ich bin der Weg und die Wahrheit und das Leben", dann meint er nichts Anderes als: Ich bin dein wahrer Freund, auf mich kannst Du Dich verlassen. Ich bleibe bei Dir und stehe zu Dir, was immer auch passiert." Darauf kann ich mein Leben aufbauen. Das macht mich gewiss und zuversichtlich. Er zeigt mir meinen Weg! Darauf kann ich vertrauen und das macht mich fröhlich. Und Sie?

Wenn Sie heute etwas von diesem Urvertrauen spüren, können Sie mutig und fröhlich Ihren Weg weitergehen. Bleiben Sie behütet!

6. Oktober

Manche Unterrichtsstunden bleiben einem besonders im Gedächtnis … mir geht es vor allem in den Stunden so, in denen ich etwas von meinen Schülern lerne. Im vergangenen Schuljahr betrachteten wir das sog. Hundertguldenblatt, einen Kupferstich des berühmten Niederländischen Malers Rembrandt van Rijn. Dort ist zentral Jesus dargestellt, der eine Predigt hält. Links und rechts kommen Menschen zu ihm, die entweder kritisch oder desinteressiert dreinblicken oder die hoffnungsfroh sich Hilfe und Zuspruch erhoffen. Nach einer ausführlichen Besprechung sollte jeder sich eine Person aussuchen und sich in diese hineinversetzen: Mit welchen Erwartungen kommt diese Person zu Jesus und was passiert dann? Das waren die Fragen, die sie zu beantworten hatten. Ein Schüler wählte einen jungen Mann, der eine Karre schob, auf der ein offenbar Schwerkranker lag. Er beschrieb die Hoffnung des jungen Mannes, als er zu Jesus kam. Und dann passierte Folgendes: Jesus sagte zu dem Schwerkranken: „Man darf den Bund

des Lebens und des Todes nicht unterbrechen"
Und Jesus legte die Hand auf die schwitzende
Stirn des Kranken und segnete ihn. Im selben
Augenblick starb der Kranke." Soweit mein Schüler aus der 6. Klasse. Ich war sprachlos vor
Staunen! Durch den Glauben wird nicht einfach
alles in der Weise gut, wie wir es uns vorstellen –
manchmal geht es auch anders. Oder wie Dietrich Bonhoeffer einmal formuliert hat: Gott erfüllt
nicht alle unsere Wünsche, aber er hört alle unsere Gebete. In diesem Sinne: Bleiben Sie behütet!

7. Oktober
Kennen Sie Tracy Crouch? Wohl eher nicht.
Tracy Crouch ist die britische Ministerin für Einsamkeit. Ja, Sie haben richtig gehört: In Zeiten
von WhatsApp, Facebook und Instagram gibt es
in Großbritannien ein Ministerium für Einsamkeit.
Das Ministerium ist der Versuch, eine Antwort auf
das Phänomen der Vereinsamung in unserer
modernen westlichen Gesellschaft zu finden.
Jobverlust, Trauerfall oder Trennung … immer
mehr Menschen leiden auch bei uns an Einsamkeit. Und das ist nicht nur ein Phänomen der älteren Generation. Was tun? Gewiss, eine Patentlö-
sung gibt es wohl kaum. Dafür sind die Gründe
der Vereinsamung einfach zu unterschiedlich.
Aber es gibt eben doch eine Organisation, die in
nahezu jedem Ort vertreten ist, in der es im Besonderen auch um „Gemeinschaft" geht. Die
Versammlungen sind wöchentlich und öffentlich
und nicht zufällig nennt sich diese Organisation
„Gemeinde". Das Gegenteil von „einsam" ist ja

schließlich „gemeinsam". Und warum sollte man nicht einmal – ganz unverbindlich – einen Gottesdienst oder eine andere Gemeindeveranstaltung besuchen? Dort kann ich Menschen treffen, die ähnlich auf der Suche sind, wie ich … und das wäre tatsächlich ein erster Schritt aus der eigenen Einsamkeit hinein in eine „Gemeinsamkeit". Bleiben Sie behütet!

8. Oktober

Wie schön ist es, wenn man bei einem Menschen erkennt

Er brennt für was er tut und ist in seinem Element

Und wie schön ist es sich mit solchen Menschen zu umgeben

Die für das was sie tun leben

Ich glaube, dass ist echt das Schönste was es gibt

Wenn man das was man tut, leidenschaftlich liebt.

Man tut damit sich nicht nur selbst einen Gefallen

sondern, letzten Endes, allen.

Bodo Wartke bringt es mit seinem Lied „Das falsche Pferd" auf dem Punkt und stellt uns die richtigen Fragen: Brennen Sie für das, was Sie tun? Oder ist für Sie die Arbeit Mittel zum Leben. Mögen Sie Ihre Arbeit? Dabei geht es nicht um Rosinenpickerei. Ich denke, es gibt in jedem Beruf Aufgaben, die man nicht so gerne tut – etwa das Korrigieren am Lehrerberuf, das ist eine Aufgabe, auf die ich gerne verzichten würde. Aber im Großen und Ganzen ist es hilfreich, für das, was man tut, zu brennen. Denn: Man tut damit sich nicht nur selbst einen Gefallen, sondern letzten Endes, allen. In diesem Sinne: Machen Sie sich die schönen Seiten an Ihrem Beruf bewusst und tun Sie sich damit selbst einen Gefallen – und allen anderen auch! Und bleiben Sie behütet!

9. Oktober

Kennen Sie Menschen, die ihnen das Leben so richtig schwer machen – ich meine Menschen, mit denen Sie einfach nicht zu Recht zu kommen scheinen. Sie scheinen einem immer Steine in den Weg legen zu wollen und man findet einfach keinen richtigen Draht zu ihnen.

Vielleicht liegt es ja auch irgendwie an einem selbst? Ich erinnere mich noch an einen Mitstudenten, der sich immer wieder maßlos über einen Professor geärgert hat. Er fühlte sich benachteiligt und zu Unrecht kritisiert. Und dann geschah es: Als es um die Zulassungsarbeit für's erste Examen ging, sagte der Student zu dem betreffenden Professor: „Ich möchte bei Ihnen diese Arbeit schreiben!" Das ist schlau! Habe ich mir damals gedacht. „Wenn Du ihn schon nicht besiegen kannst, mache ihn Dir zum Freund." So ähnlich hat es unser Bundesliga-Basketballverein „Medi Bayreuth" irgendwie auch mit Raoul Korner gemacht. Nachdem dieser als Trainer der Basketball Löwen Braunschweig medi Bayreuth mit 58:98 die deutlichste Heimniederlage der Saison 2015/16 beigebracht hatte, wurde er am Saisonende als neuer Trainer verpflichtet. Ein Blick auf die derzeitige Tabelle der Basketball-Bundesliga zeigt: Die Rechnung ist aufgegangen. Deshalb: Machen Sie's wie medi Bayreuth! Machen Sie sich die zum Freund, die Ihnen das Leben schwermachen! Bleiben Sie behütet!

10. Oktober

Wer ist ein Superman? So haben wir neulich uns in der 11.Klasse gefragt? Ist derjenige ein Superman, der übermäßig stark ist, der fliegen und eine Gewehrkugel im Flug fangen kann, der durch Mauern sehen und notfalls die Welt zurückdrehen kann – so wie Superman in den einschlägigen Filmen? Oder ist es nicht vielmehr so, dass man sein Superman sein eigentlich erst zeigen kann, wenn es einem schlecht geht, wenn man wie der frühere Superman-Darsteller Christopher Reeve nach einem Reitunfall vom Hals ab gelähmt und an ein Beatmungsgerät angeschlossen trotzdem noch Lebensmut entwickelt, eine Stiftung für Gelähmte gründet, damit ihnen besser geholfen werden kann, und daran arbeitet, seinen erlernten Beruf weiter ausüben zu können. Ich glaube, gerade in solchen Situationen zeigt sich der wahre Supermann! Ein Superman, der auch in Ihnen stecken könnte. Nicht viel anders ist es mit Jesus von Nazareth: Nicht an seinen Taten, sondern an seinem Sterben und Auferstehen erkennt man ihn. Ich schließe mit einem Bekenntnis, das Dietrich Bonhoeffer einmal formuliert hat: „Ich glaube, dass Gott uns in jeder Notlage so viel Widerstandskraft geben will, wie wir brauchen. Aber er gibt sie uns nicht im Voraus, damit wir uns nicht auf uns selbst, sondern allein auf ihn verlassen. In solchen

235

Glauben müsste alle Angst vor der Zukunft überwunden sein." Bleiben Sie behütet!

11. Oktober

„Worüber man streiten kann – darüber muss man nicht streiten! Aber wenn es eindeutig ist und nichts zu streiten gibt, dann muss man streiten!" Unvergessen ist dieser Satz meines Mathematiklehrers in der Oberstufe. Inzwischen ist er längst verstorben, aber an diese von ihm wahrscheinlich ganz spontan erfundene Lebensweisheit erinnere ich mich noch gut. „Worüber man streiten kann – darüber muss man nicht streiten! Aber wenn es eindeutig ist und nichts zu streiten gibt, dann muss man streiten!"

Kaum jemand lebt gerne im Streit. Es kostet Kraft und ist stressig. Aber man darf nicht alles schlucken. Manchmal ist ein fair ausgetragener Konflikt wie ein reinigendes Gewitter. Dann weiß man, woran man ist. Charlie Chaplin hat einmal gesagt: „Wir brauchen uns nicht vor Auseinandersetzungen zu fürchten, denn sogar Sterne knallen manchmal aufeinander und es entstehen neue Welten!" In diesem Sinne: Geben Sie ab und zu einer neuen Welt eine Chance und bleiben Sie behütet!

12. Oktober

Haben Sie ein Vorbild, einen Menschen, an dem Sie sich orientieren? Wenn ich in der 9. Jahrgangsstufe das Thema „Evangelische Kirche im 20. Jahrhundert" durchnehme, versuche ich, das immer wieder auf einzelne Lebensbilder zuzuspitzen. Geschichte wird doch vor allem dann lebendig, wenn man ermessen kann, wie einzelne Menschen mit den Herausforderungen ihrer Zeit umgegangen sind. Da sind mutige Christinnen und Christen in der Zeit des Nationalsozialismus ebenso bewundernswert wie in der Zeit der DDR-Diktatur. Es sind Menschen, die sich nicht verbiegen haben lassen, denen bewusst war, dass sich der christliche Glaube jedem staatlichen Totalitarismus widersetzen muss, dass man dafür auch bereit sein muss, Nachteile in Kauf zu nehmen und verfolgt zu werden. Da gibt es einige, die mir zum Vorbild geworden sind. Und wenn Schüler mich manchmal fragen: „Was hätten Sie denn damals gemacht!", kann ich immer nur antworten: „Ich hoffe, ich hätte genauso mutig meinen Glauben bekannt und genauso zielstrebig gehandelt." Es sind die Menschen, die sich selbst allen Widerständen zum Trotz treu geblieben sind, die uns beeindrucken und die unser Staat ebenso wie unsere Kirche bis heute braucht. In diesem Sinne: Bleiben Sie sich treu, und bleiben Sie behütet!

13. Oktober

Nach kirchlicher Überlieferung ist im Jahr 9 nach Christus, also vor rund 2000 Jahren Paulus geboren, der Mann, auf den 13 der 27 Schriften des Neuen Testaments zurückgehen, also nahezu die Hälfte. Und das nicht zu Unrecht! Wie kein zweiter hat dieser Mann die Welt verändert. Er hat uns Christen beigebracht, dass wir nicht gottgefällig leben müssen, um Gott zu gefallen. Er hat uns beigebracht, dass wir Gott recht sind im Glauben an Jesus Christus. Und das alles, weil

Gott gnädig und barmherzig sind. Die guten Taten, die folgen automatisch aus diesem Glauben. Da brauchen Christen eigentlich gar keine Vorschriften. Ja, dieser Überzeugung war Paulus. Wissen Sie eigentlich, woher er stammte? Er kam aus einer mittelgroßen Stadt im Südosten der heutigen Türkei: Tarsus. Er kam aus einer Gegend, in der es heute zuweilen durchaus riskant ist, Christ zu sein. Ja, in der Tat, es gibt auf dieser Welt Gegenden, in denen Christen verfolgt werden. Lassen Sie uns diese Christen niemals vergessen! Bleiben Sie behütet!

14. Oktober

Bambi, Goldene Stimmgabel, Goldene Kamera, Grammy, Oskar, … Menschenskinder, was wird denn noch alles an Preisen für angeblich sensationelle Arbeiten an Menschen verliehen, die sowieso schon Millionäre sind? Geradezu bahnbrechend sind sich dann auch immer die tränenreichen Dankesworte der jeweiligen Preisträger. Das Schlimme ist, die Meisten von denen glauben auch wirklich, dass sie etwas ganz Besonderes sind, besser als andere Menschen. Reichtum und herausgeputzte Schönheit … ich weiß nicht so recht, ob das wirklich begehrenswert ist. Die Schlagzeilen der Regenbogenpresse über die oder jene Trennung oder Scheidung zeigen: Die erfolgreichen Schauspieler oder Sportler sind keineswegs glücklicher als wir Normalen. Aber zuweilen täte ihnen ein Schuss Demut wirklich gut – in dem Sinn wie es der Liedermacher Reinhard Mey einmal formuliert hat: „Wir sind alle lauter arme, kleine Würstchen, unter lauter andern armen kleinen Würstchen. Doch die meisten davon sind für die Erkenntnis blind, dass sie auch nur lauter arme kleine Würstchen sind." Und es sind gerade genau diese „armen kleinen Würstchen", auf die es Gott ankommt, Menschen wie Du und ich, die hält er für wichtig. Bleiben Sie behütet!

15. Oktober

In diesen Tagen beginnen an vielen bayerischen Hochschulen und Universitäten die Lehrveranstaltungen des Wintersemesters. Ich weiß nicht, für wie viele Studierende es das erste Semester ist. Aber es ist schon eine spannende Sache. Man stellt sich im Vorfeld allerhand Fragen: Wie sind die Leute so drauf, mit denen ich zusammen studiere? Werde ich Freunde finden? Wie finde ich mich an der Uni zu Recht? Wie sind die Dozentinnen und Dozenten? Oder: Ist mein Studienfach am Ende das richtige für mich? Aus eigener Erfahrung weiß ich: Studium und Beruf können ganz unterschiedlich sein – und sie sind es in der Regel auch. Das muss kein Nachteil sein. Beides kann Freude machen und Interesse wecken. Allen denen, die heute oder in diesen Tagen einen neuen Lebensabschnitt beginnen, möchte ich eine Verheißung mit auf den Weg geben. Es sind Sätze, die Gott dem Urvater Abraham mit auf seinen Weg gibt: „Geh aus deinem Vaterland und von deiner Verwandtschaft und aus deinem Elternhaus in ein Land, das ich dir zeigen will. Ich will dich segnen." Wer im Vertrauen auf Gottes Führung aufbricht zu neuen Ufern, der wird diesen Segen Gottes spüren.

Dann braucht man wirklich keine Angst vor dem Neuen zu haben. Bleiben Sie behütet!

16. Oktober

In der 8. Jahrgangsstufe nehmen wir das Thema „Okkultismus" durch. Wir überlegen gemeinsam, welche okkulten Praktiken es denn gibt – also zum Beispiel Pendeln, Gläserrücken – teilweise probieren wir sie auch aus und überlegen, weshalb Menschen so etwas machen. Ziemlich schnell benennen meine Schülerinnen und Schüler dann die Neugier, aber auch die Unsicherheit in Bezug auf die Zukunft. Irgendwie will man doch erfahren, was auf einen in absehbarer Zeit zukommt; denn wir fahren irgendwie alle doch nur auf Sichtweite. Was aber verbirgt sich hinter der nächsten Kurve?

Die Gefahren, die vom Pendeln und Gläserrücken ausgehen, liegen aber auf der Hand. Angenommen, ich erfahre dabei, dass mir schlimmes Leid bevorsteht, dann bleibt diese Information in meinem Hinterkopf haften. Ein unbeschwertes glückliches Leben ist dann kaum noch möglich. Vielleicht halten wir es da besser mit Dietrich Bonhoeffer, der – im Gefängnis sitzend und vom Tode bedroht die Zeilen gedichtet hat: Von guten Mächten wunderbar geborgen erwarten wir getrost, was kommen mag. Gott ist mit uns am Abend und am Morgen und ganz gewiss an jedem neuen Tag! In diesem Sinne: Bleiben Sie behütet!

17. Oktober

Als mein Urgroßvater, ein Bauernsohn, als Kind ausrutschte und hinfiel, brach er sich das linke Handgelenk. Sein Vater schickte ihn zum Bader im Dorf. Der schiente den Bruch und band ihn fest ein, Gips gab es damals noch nicht. Mein Urgroßvater wurde bei der Arbeit in Haus und Hof aber weiter gebraucht, und so half er unter Schmerzen weiter mit, so gut er eben konnte. Als nach mehreren Wochen der Verband abgenommen wurde, stellte sich heraus, dass der Bruch schief zusammengewachsen war. Und bald darauf sah man auch, dass die Hand nicht mehr weiter wuchs. Welch eine Katastrophe! Ich weiß nicht, wieviel Tränen mein Urgroßvater über seine verkrüppelte Hand vergossen hat, ich weiß nicht, welche Vorwürfe sich seine Eltern über die schlechte Behandlung des Bruchs gemacht haben. Warum ich Ihnen das erzähle? Ganz einfach: Mein Urgroßvater war nun nicht mehr zur harten Feldarbeit zu gebrauchen. Deshalb wurde er auf eine weiterführende Schule geschickt, durfte studieren und wurde Pfarrer. Seine Geschichte ist für mich ein Beispiel dafür, dass Gott uns manchmal seltsame Wege führt, Wege, die wir nicht verstehen, Wege, die auch manchmal in Katastrophen führen, aber dass er auch aus vielen Katastrophen Gutes entstehen lassen kann. Ich wünsche Ihnen, dass Sie diese Zuversicht gewinnen können. Auch wenn der Weg in eine Sackgasse zu führen scheint: Gott meint es gut mit ihnen - und er wird es ihnen auch zeigen. Bleiben Sie behütet!

18. Oktober

Warum sagt man eigentlich dem Protestantismus nach, er sei verkopft und verknöchert? Wahrscheinlich weil wir in unseren Gottesdiensten keinen Weihrauch und kein Weihwasser haben, weil die Gewänder unserer Pfarrerinnen und Pfarrer nichts so farbenprächtig sind und weil wir die Predigt, das Wort, so hoch schätzen. Dabei ist es Paulus selbst, der der Gemeinde in Rom einmal geschrieben hat: „So kommt der Glaube aus der Predigt." Wenn tatsächlich – wie es das Augsburgische Bekenntnis von 1530 vorschreibt – in unseren Kirchen das Evangelium rein und lauter gepredigt wird, damit der Glaube an den rechtfertigenden Gott wächst und gedeiht, dann müssten gerade evangelische Christinnen und Christen besonders glücklich sein – denn jedem Einzelnen sagt Gott durch Jesus Christus: „Sünde hin oder her! Um Dein Seelenheil brauchst Du Dich nicht mehr zu kümmern – das ist alles bezahlt! Deshalb: Mach Dir keine Sorgen um Dich, sondern gehe befreit Deinen Weg in tätiger Nächstenliebe!" In diesem Sinne dürfen auch sie befreit und glücklich ihren Weg weitergehen. Bleiben Sie behütet!

19. Oktober

Im Frühjahr 2017 hat Papst Franziskus der Wochenzeitung „Die Zeit" ein Interview gegeben, in der er den Aufsehen erregenden Satz gesagt hat: „Ich bin ein Sünder und ich bin fehlbar!" Auch und gerade theologisch gesehen ist dieser Satz herausragend, denn er widerspricht eigentlich der katholischen Rechtfertigungslehre wie sie das Konzil von Trient im 16. Jahrhundert in Abgrenzung zu Martin Luther festgeschrieben hat. Anders gesagt: Der Satz des Papstes ist zutiefst lutherisch. Es war Martin Luther, der herausgearbeitet hat, dass der an Jesus Christus glaubende Mensch immer beides gleichzeitig ist: Sünder und Gerechtfertigter! Sünder vor sich selbst, aber Gerechtfertigter und Angenommener vor Gott. Anders gesagt: Gott spricht zum Sünder: „Ja, du magst Sünder sein – na wenn schon? Jesus Christus tritt für Dich ein – und deshalb giltst Du für mich als Gerechtfertigter, Du bist und bleibst mein Kind!"

Wissen Sie was? Die Erkenntnis von Papst Franziskus lässt mich hoffen, dass sich die römische Kirche auf ihre lutherische Schwesterkirche zu bewegt. Oder – wie es Wolfgang Ambros in einem Lied in einem – zugegeben – anderen Kontext mal formuliert hat: „Langsam wachs ma zamm"! Das wäre doch was! Bleiben Sie behütet!

20. Oktober

Stellen Sie sich einmal folgende Szene vor: Sie stehen im Supermarkt an der Kasse. Als Sie an der Reihe sind, kommt der Filialleiter, um den Kassenstand festzustellen. Damit nicht genug, der Kunde vor Ihnen zückt ein Bündel Rabattmarken, die er einlösen will, und weigert sich, die Preise zu bezahlen, mit denen die Waren ausgezeichnet sind. Derweil wird die Nachbarkasse eröffnet, die Sie aber nicht erreichen können, weil alle Ihre Waren bereits auf dem Warenband liegen. Der Gipfel ist erreicht, als Sie endlich dran sind und gerade die Kassenzettelrolle ausgetauscht werden muss. Es ist, als wäre ein kleiner, böser Kobold in uns, der uns einredet: „Warum passiert so was immer nur mir? Warum immer nur mir? Als hätte sich die Welt gegen mich verschworen! Was für ein elendes Leben! Der Typ mit seinen Zettelchen hat wohl nichts Besseres zu tun, als dem Rest der Welt auf die Nerven zu gehen!" Die Spannung steigt, Nervosität und Wut breiten sich aus.

Es ist, als würde der Kobold in Ihnen immer nur ein Wort schreien: „Ich, ich, ich!" Wenn Sie es aber gerade in so einer Situation schaffen, Ihre Aufmerksamkeit auf die Dinge zu richten, die das Leben lebenswert machen, ihre Partnerin, Ihren Partner, Ihre Kinder, Ihre Freunde, oder wenn Sie plötzlich im Stillen vielleicht sogar ein Vaterunser sprechen – mit innerer Anteilnahme, dann wird sehr schnell dieser kleine Bösewicht in Ihnen, der immer nur „Ich, ich, ich" schreit, Ruhe geben. Probieren Sie es doch aus und bleiben Sie behütet!

21. Oktober

Haben Sie in diesem Herbst einmal einen Drachen steigen lassen? So ein Drache ist ein willkommenes Bild für die Freiheit, die wir einander lassen. Ein Drachen muss an der Schnur hängen, er muss angebunden bleiben, sonst ... ja, was, meinen Sie, passiert, wenn die Schnur reißt? Der in die Freiheit entlassene Drache stürzt ab, er fliegt nicht höher, nein, er fällt herunter. Komisch nicht? „If you love somebody, set him free" heißt es in einem Lied, „wenn du jemanden liebst, lass ihn frei", ich glaube, dieser

Gedanke bringt es auf den Punkt. Es gibt in unserer Welt keine schrankenlose Freiheit. Und wenn ich denke, wirklich all das tun und lassen zu können, wonach ich gerade Lust habe, werde ich nicht nur ein Sklave meiner eigenen Begierden, sondern auch ganz schnell ganz einsam.

Deshalb: Lassen Sie den Ihren Freiraum, dann werden Sie erfahren, wie die Liebe sie doch zusammenhält – Gott macht es mit Ihnen genauso! Er lässt sie frei … nicht damit sie abstürzen, sondern damit Sie Flügel bekommen und zugleich den nicht vergessen, der sie immer fest in der Hand hält. Ihm verdanken Sie Ihre Freiheit. Bleiben Sie behütet!

22. Oktober

Sorgen Sie nur für Andere – oder sorgen Sie auch für sich selbst? Wer nicht gut für sich selbst sorgt, wird auch für die anderen auf Dauer zur Last.

Erschöpfung ist das Gegenteil von bewusstem Schöpfertum. Der Erschöpfte gibt die Verantwortung für sein Glück ab, weil er vielen unwahren Gedanken Glauben schenkt, die meist beginnen mit „Ich muss …", „Ich sollte …", „Ich kann nicht …" oder „Ich habe keine Wahl …". Ihre äußeren Verpflichtungen sind eine Tatsache, aber wie Sie damit umgehen, ist IHRE Wahl. Die haben Sie aber nicht bewusst getroffen. Wenn Sie nur noch für die Arbeit leben und ranklotzen, ziehen Sie den wichtigsten Stecker aus Ihrer Steckdose und berauben sich der Energien, die Ihnen zur Verfügung stehen.

Es ist nicht die entscheidende Frage, wie viele Stunden Sie arbeiten, sondern ob Sie bei der Arbeit bei sich selbst und bei Anderen sind oder ob Sie alle Sinne abgeschaltet haben. Viele Menschen trinken den ganzen Tag kaum ein Glas Wasser oder bemerken um vier Uhr nachmittags, dass sie den ganzen Tag noch nichts gegessen haben außer dem kargen Frühstück, hastig zwischen Tür und Angel oder beim Autofahren reingezogen. Auch wenn wir zehn oder mehr Stunden am Tag arbeiten, können wir in Kontakt mit uns bleiben und den Tag auf unsere Art wieder „takten". Die Pausen, selbst die kleinen, können wir nutzen, um wieder zu uns selbst zu kommen und für drei Minuten bewusst zu entspannen. Wer seinem Tag nicht selbst eine Struktur gibt und ihn auf diese Weise strukturiert, der kommt leicht aus dem Takt, aus dem Gleichgewicht. Bleiben Sie im Takt und bleiben Sie behütet!

23. Oktober

„Warum steht in fast jedem Dorf eine Kirche?" Diese Frage stelle ich meinen Schülern jedes Mal, nachdem sie den Auftrag erhalten hatten, ein Dorf zu malen. Und tatsächlich: Die meisten fangen in der Regel sogar mit der Kirche an. Aber warum ist das so? Warum hat fast jedes Dorf in Deutschland eine Kirche? Ich bin immer wieder erstaunt, welche Antworten den Schülern auf diese Frage einfallen. Ganz besonders zu denken gegeben hat mir die Aussage: „Die Kirche zeigt die Zeit an!" Ja, in der Tat, Kirche zeigt die Zeit an – nicht nur durch die Kirchturmuhr,

sondern auch durch ihre Existenz. In vielen Ort-
schaften ist sie wie ein Stein gewordenes Ausrufezeichen aus dem Jenseits, als würde sie sagen: „Denkt daran! Es gibt mehr als das, was wir
hier sehen! Denkt auch an Gott! Rechnet mit seinem Eingreifen!" Vielleicht tun wir das einmal
heute ganz besonders. Lassen Sie uns mit dem
Eingreifen Gottes zu unserem Heil rechnen – hier
und jetzt sowie in Zukunft! Bleiben Sie behütet!

24. Oktober
StreamOn ermöglicht Dir, unterwegs deine
Musik zu hören, ohne dass dein Datenvolumen
davon belastet wird! Ist das nicht toll? Permanent
Musik hören zu können, ohne dass das Datenvolumen belastet wird. Da kann ich mich permanent
zudröhnen, wegträumen, betäuben. In der heutigen Erlebnis-Gesellschaft ist Einsamkeit wenig
gefragt. Bis in den Urlaub hinein verfolgen uns
die Angebote der Animateure. Rund um die Uhr
lassen wir uns zudröhnen von Radio, Fernsehen
oder eben von StreamOn. Wie oft ertappe ich
mich, dass ich gedankenlos nachquatsche, was
ich gerade im Fernsehen gehört und gesehen
habe. Es ist wie eine fremde Stimme, die aus mir
spricht. Meine eigene entdecke ich erst auf einem langen Spaziergang beim Nachdenken. Ja,
Einsamkeit ist aber eine Erholung für meine Sinne und meine kleinen grauen Zellen im Gehirn.
Einsamkeit ist Rückzug auf mich selbst. Ich habe
gute Erfahrungen damit gemacht, und Sie? Bleiben Sie behütet – besonders auf Ihrem heutigen
Spaziergang!

25. Oktober

Als zur Zeit des Kalten Krieges der damalige sowjetische Generalsekretär Nikita Chruschtschow in seiner berühmten Rede die Stalin-Ära brandmarkte, soll jemand in der Kongresshalle gesagt haben: „Wo waren Sie, Genosse Chruschtschow, als alle diese unschuldigen Menschen hingeschlachtet wurden?" Chruschtschow hielt inne, blickte sich in der Halle um und sagte: „Würde derjenige bitte aufstehen, der das gesagt hat!" In der Halle wuchs die Spannung. Niemand stand auf. Dann sagte Chruschtschow: „Nun, das ist die Antwort, wer Sie auch immer sein mögen. Ich war damals in genau der gleichen Lage wie Sie jetzt."

Ja, liebe Zuhörerinnen und Zuhörer, es ist manchmal wirklich schwer, sich zu seinen Überzeugungen zu bekennen, aufzustehen, aufzubegehren gegen verstecktes oder offenes Unrecht. Manchmal hält man aus Bequemlichkeit, manchmal aus Angst den Mund. Ich möchte Ihnen heute Mut machen, einmal darauf zu achten, wo Ihnen verstecktes oder offenes Unrecht, versteckte oder offene Lügen begegnen. Stehen Sie auf, melden Sie Widerspruch an! Das ist gewiss kein leichter Weg, aber nur so bleiben Sie sich treu. Bleiben Sie behütet!

26. Oktober

„Da habe ich mir ziemlich Stress gemacht." Also, ich kenne diesen Gedanken sehr wohl. Mit diesem Satz spricht man eine tiefe Wahrheit aus. Denn den eigentlichen Stress macht man sich meist selbst. Natürlich ist bis zu einem gewissen

Termin das und jenes noch zu erledigen, und manchmal weiß ich nicht, ob ich es schaffen kann. Aber den eigentlichen Stress mache ich mir selbst. „Es muss, es muss, es muss einfach alles noch untergebracht und erledigt werden." Nicht viel anders war der Stress, den sich Martin Luther vor seinem reformatorischen Durchbruch gemacht hat: „Mensch, du musst, du musst, du musst einfach den Anforderungen Gottes genügen." So lange, bis er erkannte: „Müssen tut man gar nichts! Gott schenkt Dir seine Gerechtigkeit … für umsonst!

Luther drang durch zu der Gewissheit: Was auch passiert – ich weiß mich von Gott angenommen, Gott sagt zu mir, dem Glaubenden: „Du bist und bleibst – ganz egal, was Du in Deinem Leben noch schaffst oder nicht schaffst – mein geliebtes Kind. Du bist mir recht." Daran versuche ich immer zu denken, wenn meine stressverschärfenden Gedanken mir einreden wollen: „Die Welt wird über Dir zusammenstürzen, wenn du das oder jenes nicht rechtzeitig schaffst." Ja, ich muss nicht alles glauben, was ich denke! Viel lieber will ich an den Gott glauben, der mich aus meinem eigenen Stress befreit – und Sie? Bleiben Sie behütet!

27. Oktober

Es ist für manche eine Glaubensfrage: Hat Gott die Welt erschaffen oder ist alles nur durch Zufall und erbarmungslose Auslese über Jahrmillionen hinweg entstanden? Ganz ehrlich: Ich denke nicht, dass sich die Überzeugung, Gott habe die Welt und alles, was darin ist, erschaffen, und die Evolutionslehre ausschließen. Martin Luther hatte von der Evolutionslehre noch keine Ahnung, aber er bringt mit seiner Auslegung der Aussage „Ich glaube an Gott, den Schöpfer des Himmels und der Erde" auf den Punkt, worum es im christlichen Glauben geht. Luther schreibt – ich kürze es etwas ab: „Ich glaube, dass mich Gott geschaffen hat samt allen Kreaturen, mir Leib und Seele, Augen, Ohren und alle Glieder, Vernunft und alle Sinne gegeben hat und noch erhält; dazu Kleider und Schuh, Essen und Trinken, ...; mit allem, was not tut für Leib und Leben, mich reichlich und täglich versorgt, in allen Gefahren beschirmt und vor allem Übel behütet und bewahrt; und das alles aus lauter väterlicher, göttlicher Güte und Barmherzigkeit, ohn' all mein Verdienst und Würdigkeit." Soweit Luther! Schöpfungsglaube bedeutet also nicht, dass Gott die Welt am Anfang der Zeit erschaffen hat und jetzt zusieht, wie alles abläuft – nein! Gott erhält mir alles bis heute, er versorgt mich mit allem, was ich zum Leben brauche, er beschirmt, behütet und bewahrt mich – ohn' all mein Verdienst und Würdigkeit. Und soll ich Ihnen etwas sagen? Das macht Gott ganz gewiss mit Ihnen auch. Bleiben Sie behütet!

28. Oktober

Sind Sie jung? Der Jugend gehört doch die Zukunft! Wir gehören eigentlich zum alten Eisen. Heute hat mein Sohn Geburtstag. Und wenn ich ihm gratuliere, dann denke ich daran, dass wir alle älter werden. Ich selbst habe in diesem Jahr schon Geburtstag gefeiert und deshalb ist mir dieser Gedanke nahe. In einem Lied von Reinhard Mey zu diesem Thema heißt es: „Rieselt in meinem Hirn der Kalk, hat aus dem Nacken sich der Schalk verkrümelt? Frag ich mich beklommen. Hat meine Jugend über Nacht sich leise aus dem Staub gemacht und ich hab's gar nicht mitbekommen?" Tja, vielleicht gehöre ich selbst inzwischen auch schon zum alten Eisen, über das man hinter vorgehaltener Hand kichert? Ich weiß es nicht. Aber lassen Sie es uns mit Reinhard Mey halten, der im selben Lied weitersingt: „Ob man alt ist oder nicht, steht nicht auf Hintern und Gesicht und deren Falten mit den Jahren. Mancher ist schon als Kind senil und junge Greise kenn ich viel." In diesem Sinne: Bleiben Sie jung und vor allem behütet!

29. Oktober

Machen Sie viele Fehler? Ich meine jetzt weniger Fehler, die Ihnen vorgehalten werden und die man selbst so schlimm nicht findet. Ich rede von Fehlern, die einem selbst irgendwann leidtun. Ich meine Situationen, in denen ich schlicht falsch gehandelt und Menschen verletzt und vielleicht sogar getäuscht habe. So etwas kann ich nicht rückgängig machen. Tja, aber was bleibt zu tun? Ist vielleicht Schweigen eine Lösung? Wohl kaum. Tatsächlich machen uns auch unsere Fehler zu dem, was wir sind. Und der beste Umgang damit ist, – und ich sage es bewusst provozierend – *offensiv* damit umzugehen und es nicht totzuschweigen. Dadurch wird alles nur noch schlimmer. Gehen Sie auf die Menschen zu, die Sie verletzt haben, stellen Sie Ihre Sichtweise und ihre Absichten dar und bitten Sie um Vergebung in dem Wissen: das ist vielleicht nur eine kleine Entschädigung, aber es ist eine große Geste. Nur wirklich große Menschen können Fehler einräumen und um Verzeihung bitten! Deshalb: Stehen Sie zu Ihrer Größe und bleiben Sie behütet!

30. Oktober

Im ersten Brief an die Gemeinde zu Korinth schreibt der Apostel Paulus insgesamt viermal den wichtigen Satz „Alles ist mir erlaubt!" Er meint damit nicht, dass Christen tun und lassen könnten, was sie wollen, sondern er meint damit, dass Christinnen und Christen frei sind. Sie müssen nicht ängstlich immer fragen, ob ich das oder jenes essen darf, ob ich das oder jenes tun muss, damit Gott mich nicht bestraft. An anderer Stelle bringt Paulus diesen Gedanken folgendermaßen auf den Punkt: „Zur Freiheit hat uns Christus befreit!" Welch ein Geschenk, aber auch welch eine Herausforderung! Unsere Gesellschaft ermöglicht es, im Sinne dieser Freiheit, von der Paulus schreibt, zu leben. Die Frage ist nur, wie man damit umgeht. Können Sie mit ihrer Freiheit etwas anfangen, oder müssen Sie sich mit Hilfe von Fernseher, Smartphone, Computer und Internet ablenken? Ja, was könnten wir mit unserer Freiheit – Pardon Freizeit – eigentlich Sinnvolles anfangen? In jedem Fall: Bleiben Sie behütet!

31. Oktober

Heute ist Reformationstag! Am 31. Oktober 1517 veröffentlichte Martin Luther seine 95 Ablassthesen. Bis diese in Bayreuth bekannt wurden, dauerte es noch gut zwei Jahre. Es war der damals ziemlich unwichtige Messpriester Georg Schmalzing, der sich – ähnlich wie Luther – über den Ablasshandel in Bayreuth aufregte. Dass er einmal der Reformator Bayreuths werden sollte hatte er wohl kaum beabsichtigt. Als einfacher Messpriester hatte er nicht studiert. Seine Aufgabe war es, täglich eine lateinische Messe an einem kleinen Altar in einer hinteren Ecke der Bayreuther Stadtkirche für denjenigen zu lesen, der ihn dafür bezahlt hatte. Als ihm Anfang des Jahres 1520 die 95 Thesen in die Hände fielen, hielt er es nicht mehr aus und begann, in seinen lateinischen Messen auf deutsch zu predigen. Er sagte den Gläubigen, dass sie darauf vertrauen dürfen: Gott rechtfertigt sie im Glauben an Jesus Christus aus Gnade und Barmherzigkeit – Ablass und Winkelmessen nannte er „Gaukelei" und Menschenwerk. Der eigentlich für das Predigen in der Stadtkirche zuständige Magister Nikolaus Schamel teilte zwar Schmalzings Meinung, traute sich aber nicht aus der Deckung. Ja, so ein bisschen Nikolaus Schamel steckt wohl in jedem von uns: Manchmal müsste man einfach gegen bestehendes Unrecht seine Stimme erheben … und dann ist man dankbar, wenn es ein anderer macht und den Kopf hinhält. Aber vielleicht trauen Sie sich auch einmal aus der Deckung – so wie Georg Schmalzing damals. Bleiben Sie behütet!

November

1. November

Allerheiligen und Allerseelen! Katholische Christen denken in diesen Tagen ganz besonders an ihre verstorbenen Toten. Sie besuchen die Gräber und denken an die gemeinsamen Stunden. Vielfach werden sie auch an die Tage und Stunden des Abschieds denken, als der Vater, die Mutter, die Tante, der Onkel oder gar das eigene Kind starb. Bis zuletzt hatte man noch gehofft, der Tod könne abgewendet werden. Aber zum Schluss stand man doch mit leeren Händen da. Die Hoffnung starb zuletzt.

Wirklich? Ich schüttle innerlich den Kopf. Nein! Da gibt es noch etwas, etwas, was Macht über den Tod hat und über den Tod hinaus Kraft gibt. Etwas, was garantiert: Es ist nichts verloren! Ihr werdet euch wiedersehen! Der Auferstandene Jesus von Nazareth ist derjenige, der dem Volksmund das Maul stopft: Die Hoffnung – ich weiß nicht, ob Sie das wussten – die Hoffnung stirbt für Christen nämlich nie. Bleiben Sie behütet!

2. November

Warum sind eigentlich viele Menschen ausgebrannt, obwohl unsere Generation deutlich weniger arbeitet als die unserer Vorfahren?

Burnout – so etwas haben meine Großeltern nicht gekannt – dabei haben die noch den Krieg erlebt – ganz zu schweigen vom Wiederaufbau des in weiten Teilen zerstörten Landes. Ja, warum sind heutzutage so viele Menschen ausgebrannt? Die Frage ist berechtigt – und in einem kurzen Gedanken zum Tag werde ich sie auch nicht beantworten können. Aber *ein* Aspekt scheint mir hier doch von Bedeutung zu sein. Wir spenden einander zu wenig Anerkennung, zu wenig Zuwendung und wohl auch zu wenig Liebe. Wer all dies in seinem beruflichen Schaffen nicht bekommt, wird krank. Vielleicht achten Sie heute – am letzten Arbeitstag der Woche – einmal darauf, wer in Ihrem Umfeld wirklich gute Arbeit leistet, und vielleicht schenken sie sich dieser Person heute einmal ganz besonders Ihre Zuwendung und Anerkennung. Es lohnt sich bestimmt auch für sie selbst. Bleiben Sie behütet!

3. November

Wie würden Sie sich einschätzen? Sind Sie eher vertrauensselig oder eher misstrauisch. Tatsächlich können Menschen, die eher skeptisch und misstrauisch sind, nicht so leicht enttäuscht werden. Wer weiß denn, ob ich mich auf diese oder jene Zusage, die ich bekommen habe, verlassen kann? Was ist, wenn mein Kollege, mein Freund, mein Partner mich wieder enttäuscht? Und sagt nicht ganz zu Unrecht der Volksmund: Wer einmal lügt, dem glaubt man nicht, und wenn er auch die Wahrheit spricht? Da lohnt es sich scheinbar eher, misstrauisch und skeptisch zu sein, oder? Wenn ich diese Frage jetzt mit „nein" beantworte, hat dies seinen Grund. Denn es hat eine wissenschaftliche Untersuchung tatsächlich herausgefunden, dass Menschen, die grundsätzlich anderen vertrauen können, im Durchschnitt gesünder und glücklicher leben als diejenigen, die ständig anderen misstrauen. Deshalb mein Rat: Riskieren Sie ruhig auch mal die eine oder andere Enttäuschung, aber leben Sie gesund und schenken Sie anderen ihr Vertrauen. Bleiben Sie behütet!

4. November

Lesen Sie gerne die Regenbogenpresse? Oder die Online-Artikel, die uns t-online oder yahoo bieten? Sind Sie gerne im Internet und stöbern auf twitter und facebook, was es alles Neues so gibt? Tatsächlich gibt es inzwischen längst die Internet-Sucht und mich blicken immer wieder große Augen an, wenn ich meinen Schülerinnen und Schülern zu erklären versuche, dass das wahre Leben analog und nicht digital ist. Manchmal habe ich das Gefühl, wir lassen uns mit viel zu viel Informationen und Halbwissen zumüllen. Manche Menschen scheinen z.B über George Clooney mehr zu wissen als über sich selbst. Ich meine damit, sie wissen, wie er wohnt und was ihm, dem Prominenten wichtig ist in seinem Leben. Aber was ist *Ihnen* denn wichtig? Was macht das Leben für Sie lebenswert? Welche Menschen, welche Ereignisse, welche Handlungen, welcher Gott? Vielleicht ist der heute ein guter Anlass, einmal darüber nachzudenken – sei es zuhause, sei es in einer Kirche: „Wer oder was ist wirklich wichtig in meinem Leben?" Bleiben Sie behütet!

5. November

„Ich glaub' an Dich!" So bringen wir auf den Punkt, wenn wir damit einem Freund gegenüber deutlich machen wollen: „Du schaffst die Aufgabe, die vor Dir liegt. Du wirst es richtig machen! Du wirst Erfolg haben!" Und es ist Zuversicht, die man mit einer solchen Aussage verbreiten will: „Ich glaub' an Dich!" Wenn ich als Christ sage: „Herr Gott, ich glaub' an Dich!", dann wird damit grundsätzlich nichts anderes ausgesagt als: „Herr Gott, Du wirst es richtig machen! Du wirst das zum Guten führen, was mich belastet und was mich ängstigt." Mit dem Satz: „Gott, ich glaub' an Dich!" wird in gleicher Weise Zuversicht verbreitet. Gott macht es schon richtig. Oder wie es Torsten Niege, ein Liederdichter aus dem 16. Jahrhundert einmal formuliert hat: „Gott will ich lassen raten, denn er all Ding vermag. Er segne meine Taten, mein Vornehmen und Sach. Ihm hab' ich heimgestellt, mein Leib, mein Seel', mein Leben, und was er sonst gegeben. Er mach's wie's ihm gefällt." Darauf will auch ich vertrauen – und auf diese Weise an Gott glauben – und Sie? Bleiben Sie behütet!

6. November

Ich kann mir nicht vorstellen, dass Sie nur von Menschen umgeben sind, die Ihnen fröhlich und zugewandt begegnen. Haben Sie Menschen in Ihrem Umfeld, die Ihnen das Leben schwer machen? Menschen, denen man einfach nichts recht machen kann, die immer an einem herummotzen und –kritisieren und dem entsprechend missmutig dreinblicken? In einem Buch habe ich neulich eine sehr bedenkenswerte Überlegung gelesen, die ich Ihnen heute weitergeben möchte. Dort heißt es: „Wie man die Menschen, die einem Böses wollen am schlimmsten bestrafen kann? Das ist ganz einfach: Indem man glücklich wird. Vielleicht sogar, indem man trotzdem glücklich wird! Das ist vielleicht tatsächlich ein schöner Ratschlag! Lassen Sie sich nicht zu sehr verdrießen, wenn Nachbarn, Kollegen, Vorgesetzte Ihnen gegenüber stets missmutig sind. Begegnen Sie diesen Menschen – aus welchem Antrieb auch immer – trotzdem zugewandt, fröhlich und freundlich … vielleicht ändert sich ja doch etwas. Bleiben Sie behütet!

7. November

Wovon träumen Jugendliche heutzutage? Wenn ich mir so die Casting-Shows ansehe, die seit über einem Jahrzehnt uns geboten werden, dann gibt es meist nur eines: Berühmt und reich werden! Tatsächlich haben es einige wenige wohl auch durch die Teilnahme an so einer Casting-Show geschafft. Sie sind reich und berühmt geworden – zumindest haben sie es bis zum C-Promi geschafft, vielleicht sogar bis zum B-Promi. Mal ganz im Ernst: Ist das wirklich erstrebenswert. Die Reichen und Berühmten haben mit genau denselben Problemen zu kämpfen wie wir Normalen. Als sich der Schauspieler Robin Williams – und das war sogar ein A-Promi – das Leben genommen hat, ist einem das wieder richtig bewusst geworden. Ist so ein Leben wirklich erstrebenswert? Viel wichtiger ist es doch, dass wir es lernen, dankbar für das zu sein, was uns geschenkt ist, dass wir glücklich werden. Das ist auch Ihre göttliche Bestimmung! Und glücklich zu werden kann man sich nicht erkaufen, das wird einem geschenkt. Ein erster Schritt dazu wäre, dankbar auf das zu blicken, was man jetzt schon bekommen hat. In diesem Sinn: Wissen Sie sich beschenkt und bleiben Sie behütet!

8. November

Augenzwinkernd hat der Liedermacher Reinhard Mey in einem Lied beschrieben, wie seine Familie auf ihn reagiert hat, als er nach einem Jahr Arbeit am neuen Album in den Kreis seiner Familie zurückkehren wollte: „Aber statt der Jubelschreie bei meinem Auftauchen hör' ich nur ein Stöhnen: ‚Also, wir könn'n dich gar nicht brauchen'. Und eh' hier nur dumm und unnütz in der Gegend rumstehst und alle nervst und allen tierisch auf den Senkel gehst, setz' Dich noch mal an deinen Schreibtisch und schreib noch zwei bis drei Lieder. Du bist doch g'rad so schön dabei, danach komm meinetwegen wieder." Puh! So etwas sitzt. Und obwohl es Reinhard Mey so lustig beschreibt, dahinter steckt eine bittere Erfahrung: Wer seine ganze Energie und alle Zeit in die Arbeit steckt, wird irgendwann merken: Die eigene Familie, die besten Freunde, die Menschen, die das Leben lebenswert machen, haben ihr Leben plötzlich ohne mich eingerichtet. Sie kommen prima ohne mich zurecht und ich störe eigentlich nur. Gewiss, eine gute Arbeit zu haben ist viel wert – aber darüber will ich die Menschen nicht vergessen, die mein Leben lebenswert und glücklich machen. Und Sie? Bleiben Sie behütet!

9. November

Der 9. November ist ein Schicksalstag der Deutschen: Am 9. November 1918 rief Philipp Scheidemann nach der Abdankung des Kaisers die Republik aus. 20 Jahre später entfesselten die Nationalsozialisten an diesem Tag eine beispiellose Hetzjagd auf unsere jüdischen Mitbürger. Die Bayreuther Synagoge wurde nur verwüstet und nicht niedergebrannt, weil das Markgräfliche Opernhaus in nächster Nähe stand. Und am 9. November 1989 fiel die innerdeutsche Grenze nach der friedlichen Revolution in der DDR. Es war ein glücklicher Tag, an dem die Teilung Berlin und unseres Landes endlich überwunden wurde. Aber es gibt – bis heute – nicht nur Mauern aus Stein, es gibt auch andere Mauern: in Köpfen und Herzen. Sie hindern die Menschen, frei und ohne Vorbehalten miteinander umzugehen. Verstehen wir deshalb den heutigen Tag auch als Mahnung, trennende Mauern in uns und unter uns zu überwinden. Bleiben Sie behütet!

10. November

Am 10. November des Jahres 1483 wird in Eisleben das erste Kind von Hans und Margarete Luder geboren. Gleich am folgenden Tag, dem Martinstag, findet die Taufe statt, und was liegt näher, als den kleinen Jungen „Martin" zu nennen. Martin sollte die Welt verändern. Diese Veränderung zeigte sich bereits in seinem Namen.

Nachdem er als Theologe im Brief des Paulus an die Römer erkannt hatte, dass Gott den Menschen im Glauben rechtfertigt und dass dies nicht abhängig ist davon, wie viele gute Taten der Mensch vollbracht hat, nannte er sich eine Zeit lang „Martin Eleutherius", Martin, der Freie. Irgendwann legte er diese freie griechische Übersetzung seines Namens jedoch ab. Das Einzige, was blieb, war, dass er sich von da an nicht mehr Martin „Luder", sondern Martin „Luther" nannte. So ist sein Nachname eine ständige Erinnerung daran, dass der gläubige Mensch glaubt, wahrhaft frei ist, denn Gott hat ihn gerechtfertigt und wird ihn einst ganz in die Arme schließen. Dessen dürfen Sie gewiss sein! Bleiben Sie behütet!

11. November

Martin von Tour, ein Mann aus dem 8. Jahrhundert, war ein Soldat, der es nicht über's Herz brachte, einen Bettler am Wegesrand frieren zu sehen. Er teilte seinen Mantel, wurde später Christ und sogar Bischof. Eine schöne Geschichte, die ich mir immer wieder gerne bewusst mache. Denn sie zeigt mir, dass keine einzige gute Tat vergeblich ist und dass Großes aus ihr werden kann. Verzweifeln Sie also nicht, wenn Sie das Gefühl haben, kaum jemand merkt, wie Sie selbst sich für andere einsetzen. Ihr Einsatz ist nicht vergeblich … und – wer weiß? – vielleicht wird irgendwann tatsächlich eine große Sache daraus. Bleiben Sie behütet!

12. November

Kennen Sie eigentlich Paul Gerhardt? Paul Gerhardt lebte im 17. Jahrhundert und war evangelischer Pfarrer. Seine die von ihm gedichteten Kirchenlieder – erhalten sind insgesamt 139 – werden bis heute in unseren Gottesdiensten gesungen. Ich bin mir sicher: Wer ein bisschen mehr über Paul Gerhardts Leben weiß, wird diese Lieder noch ergriffener singen oder beten. Als das vierte seiner fünf Kinder wenige Wochen nach der Geburt gestorben war, könnte man meinen, Paul Gerhardt verliert auch religiös den Boden unter den Füßen. Aber im Angesicht des Todes seiner vier Kinder schreibt er im Jahr 1667 das Lied „Ich weiß, dass mein Erlöser lebt". Und da heißt es weiter:

Mein Heiland lebt; ob ich nun werd'
Ins Todes Staub mich strecken,
so wird er mich doch aus der Erd'
hernachmals auferwecken;
er wird mich reißen aus dem Grab
und aus dem Lager, da ich hab
ein kleines ausgeschlafen.

In diesem Sinne: Denken Sie an Paul Gerhardt und verlieren Sie nie die Hoffnung. Bleiben Sie behütet!

13. November

Machen Sie Ihre Arbeit gerne? Haben Sie Freude, wenn Sie ihrer beruflichen Aufgabe, ihrer Hausarbeit nachgehen? Oder machen Sie es, weil Sie es Halt machen müssen. Irgendjemand muss es ja tun! „Stell dir vor, wir Menschen würden von nun an nur noch Dinge tun, die wir wirklich gerne tun!" Mit diesem Satz beginnt ein Lied des Liedermachers Bodo Wartke. Und er will damit nicht sagen: Ich rate Euch, nur noch Urlaub zu machen, die Füße hochzulegen, zu chillen – wie es neudeutsch heißt, Glotze an, Bier her, Chips her und dann ist's gut! Nein, das meint er nicht! Es geht ihm darum, dass wir das, was wir tun müssen, mit ganzem Herzen gerne – und mit Liebe – tun. Bleiben Sie behütet!

14. November

Heute ist der Todestag von von Jean Paul. Er soll einmal gesagt haben: „Das Alter ist nicht trübe, weil darin unsere Freuden, sondern weil unsere Hoffnungen aufhören." Ich atme tief durch und frage mich, was der Pfarrerssohn Jean Paul sich dabei gedacht haben mag. Die Hoffnungen sollen im Alter aufhören? Ich erinnere mich noch gut an die Woche, in der mein Großvater, ein tiefgläubiger Mensch starb. Er versuchte an seinen letzten Tagen, sich immer wieder aus dem Bett aufzurichten und auf den Boden vor seinem Bett zu blicken: „Wo sind meine Schuhe?" hatte er immer wieder gefragt. Ihm war klar, dass er sich jetzt auf eine Reise zu machen hatte, eine Reise hinein in Gottes Ewigkeit. Eine Woche vor seinem 79. Geburtstag starb er schließlich. Ich weiß, dass er seine Hoffnungen bis zuletzt nicht verloren hat, und ich bin gewiss, dass er jetzt in Gottes Hand ist, der besser für ihn sorgen kann als wir Menschen es je könnten. In diesem Sinne: Verlieren Sie Ihre Hoffnungen nicht – und bleiben Sie behütet!

15. November

Können Sie eigentlich warten? Ich will Ihnen ein kurzes Märchen von einem jungen Bauern erzählen, der im Gras lag und auf seine Liebste wartete. Aber er war ungeduldig – plötzlich stand vor ihm ein kleines Männchen, das sagte: „Hier hast Du einen Knopf. Nähe ihn an deine Jacke und immer, wenn Dir die Zeit zu lang wird, drehe ihn nach rechts!" Gesagt, getan! Der Junge drehte - und schwupps stand seine Verlobte vor ihm. Dann drehte er weiter und schwupps war die Hochzeit … und er drehte und drehte … und ehe er sich's versah, war er alt und grau und lag auf seinem Sterbebett. Jetzt hatte er nichts mehr zu drehen und er erkannte, dass er schlecht mit der Zeit gehaushaltet hatte. Mit zitternden Händen drehte der den Knopf nach links. Da tat es einen Schlag und er lag wieder als junger Mann im Gras und wartete auf seine Liebste. Aber jetzt konnte er warten, weil er erkannt hatte, dass die Vorfreude beim Warten dafür sorgt, dass man die Erfüllung wirklich genießen kann. Und wie ist es mit Ihnen? Können Sie auf Weihnachten, die Ankunft Jesu warten? Oder brauchen Sie Lebkuchen schon im September und den Christbaum bereits zum Advent? Bleiben Sie behütet!

16. November

Gedanken zum Tag – ich weiß nicht, wie oft ich schon Gedanken zum Tag für die Mainwelle formuliert habe. Aber jedesmal, wenn ich mich hinsetze und mir den Kopf zerbreche, was ich denn noch zu sagen hätte, spukt mir der Gedanke im Kopf herum: Auf keinen Fall länger als 70 Sekunden! Uns Pfarrern fällt das mitunter schwer, aber die Redakteure und Journalisten halten fest daran, dass wir die Zeit nicht über Gebühr verbrauchen. Und das ist auch gut so! Nicht nur, weil nach spätestens 70 Sekunden die Aufmerksamkeit nachlässt, sondern auch noch aus einem ganz anderen Grund: Wer etwas Wichtiges zu sagen hat, macht keine langen Sätze. Er sagt vielleicht nur einen Satz „Du bist mir wichtig" – oder: „Ich hab dich lieb". Vielleicht achten Sie heute einmal besonders darauf, wer Ihnen etwas Wichtiges zu sagen hat und wer einfach nur sich wichtig machen will. Bleiben Sie behütet!

17. November

„Das liegt mir schwer im Magen" – „Das ist aber schwer zu verdauen" – „Daran habe ich noch zu knabbern". Kennen Sie nicht auch solche Sätze! Wir sagen sie dann, wenn uns etwas passiert, was uns zumindest zu denken gibt. „Das ist schwer zu verdauen" – dieser Satz macht deutlich, wie Körper und Geist zusammenhängen. Sorgen drücken nieder, sie belasten und lassen letzten Endes auch krank werden. Wie kann man sich davor schützen? In einem Buch habe ich den Ratschlag gelesen, man solle sich bei jeder wichtigen Unternehmen den Satz vorsagen: „Es wird gut ausgehen!" Denn genauso wie wir uns schlechte Gedanken und Sorgen machen können, können wir uns auch gute Gedanken machen. Mir fiel, als ich diesen Vorschlag las, ein Liedvers ein, den mir mein Vater beigebracht hat, wenn ich mir Sorgen vor einer wichtigen Klausur machte: „Darauf so sprech ich Amen und zweifle nicht daran: Gott wird es all's zusammen in Gnaden sehen an. Und streck nun aus mein Hand, greif an das Werk mit Freuden, dazu mich Gott bescheiden, in meim Beruf und Stand!" In diesem Sinne: Bleiben Sie behütet!

18. November

Als der Liederdichter und spätere Pfarrer Matthias Claudius – sie kennen alle sein bekanntestes Lied „Der Mond ist aufgegangen" – als Neunjähriger eine Bibel geschenkt bekam, las er auf der letzten Seite einen Eintrag von seiner Mutter: „Was du tust, bedenke das Ende, so wirst du nimmer Übles tun!" Ich kann mir vorstellen, dass viele unter Ihnen es geschmacklos finden, so etwas einem Neunjährigen in ein Buch zu schreiben. In der Tat – ich würde das auch nicht tun. Aber doch ist diese Mahnung der Mutter allemal einer Beachtung wert. „Was du tust, bedenke das Ende, so wirst du nimmer Übles tun!" Meistens bedenken wir bei dem, was wir tun, eben nicht das Ende. Wir ärgern uns über jemanden, schimpfen, handeln unüberlegt und schnell und ärgern uns am Ende noch über uns selbst. „Was du tust, bedenke das Ende, so wirst du nimmer Übles tun!" Am Ende des Kirchenjahres – in wenigen Tagen beginnt mit dem 1. Advent ein neues Kirchenjahr – denken viele von uns vielleicht eher an das Ende, auch an das eigene. Vielleicht wird uns dann bewusst, dass wir uns manchmal viel zu ernst nehmen und besser daran tun, bei Unvorhergesehenem den Tag ver-

streichen zu lassen und nochmal eine Nacht darüber zu schlafen – bevor wir etwas Unüberlegtes
tun. Bleiben Sie behütet!

19. November

Neulich las ich eine Geschichte, eine ausge-
dachte Geschichte. Sie handelt von einer jungen
Frau, die sich auf eine kleine Autoreise macht.
Sie hat das Gefühl, verfolgt zu werden und blickt
deshalb immer wieder in den Rückspiegel. Dabei
verliert sie ab und zu fast die Kontrolle über ihren
Wagen und fährt zuweilen Schlangenlinien. In
der Geschichte wird das dann auch so deutlich
gesagt: Wer immer zurückschaut, verliert den
Weg aus den Augen, kommt ins Schlingern und
riskiert einen Unfall. Was für ein Bild für das eigene Leben! Natürlich brauchen wir den Blick
zurück, den Blick auf unsere Tradition, auf unsere Herkunft, aber die Hauptblickrichtung geht
nach vorne, auf den Weg vor uns, auf das Ziel.
Welches Ziel haben Sie eigentlich im Leben?
Welches es auch sei: Verlieren Sie es nicht aus
den Augen – und bleiben Sie behütet!

20. November

Vor einiger Zeit habe ich meine frühere Heimat besucht. Ich habe das Haus von außen gesehen, in dem wir fünf Jahre gewohnt hatten. Als
wir dorthin zogen, war ich elf Jahre alt. 100 m
neben unserem Haus war ein Spielplatz, auf dem
ich damals viel Zeit mit Freunden verbrachte. Ich
sah mir nach all den Jahren alles wieder an.
Manches hatte sich verändert, manches war so
geblieben, wie es damals war. Ich erinnerte mich

an die Zeit, an die Spiele, an die schönen Stunden dort. Es war eine Zeit voller Leben. Wenn es das Wetter zuließ, war man draußen, traf sich mit Freunden und spielte … häufig natürlich Fußball. Ich erinnerte mich an die Lebendigkeit damals und fragte mich: Wo ist diese Lebendigkeit, dieses Leben heute? Ich denke, wir alle haben das Leben von damals, als wir noch Kinder waren, immer noch in uns. Manchmal vergessen wir das allerdings. Wir haben unseren inneren Spielplatz geschlossen – manche haben vielleicht auch eine Mauer um ihn gebaut. Aber vielleicht erinnern Sie sich auch noch gerne an die Lebendigkeit von damals – und vielleicht lernen Sie auch auf Ihre Weise wieder, miteinander zu spielen. Das wäre doch schön! Bleiben Sie behütet!

21. November

Neulich war ich mit meiner Frau in einer fremden Stadt im Café. Am Nachbartisch saßen ein Vater und drei Kinder – zwei Mädchen etwa im Alter von 13 und 12 Jahren, dazu noch ein Sohn im Alter von 10 Jahren. Bis auf den Sohn hatten alle ein Handy in der Hand. Die beiden Mädchen kicherten immer wieder vor sich hin. Der Vater saß so, dass ich erkennen konnte, dass er ein Kartenspiel spielt. Als der Junge seinen Vater ansprach: „Papa, die schreiben was Böses über mich!", schob ihn dieser beiseite und murmelte vor sich hin: „Jaja, gleich!" Es dauerte noch mindestens 10 Minuten, bis der Vater sein Handy weglegte und sich um seine Kinder kümmerte. Ja, es ist tatsächlich so: Durch das Handy bekommen wir nicht wirklich mehr Kontakte, sondern wir drohen, den Kontakt zu unserem Nächsten zu verlieren. Die Frage des Schriftgelehrten an Jesus ist heute aktueller denn je: „Wer ist mein Nächster?" Heute würde Jesus vielleicht zu ihm sagen: „Leg Dein Handy weg und öffne Deine Augen!" Bleiben Sie behütet!

22. November

Das Leben ist manchmal schon hart. Da gibt es häufig nichts, aber auch gar nichts zum Lachen. Dabei ist Lachen wichtig, sogar sehr wichtig. Nicht nur für die Gesundheit, sondern auch für das Fortkommen und die Lebensqualität. In der Tat! Eine Schulstunde, in der nicht auch einmal gelacht wird, ist für mich eine verlorene Stunde. Bei allem Ernst, den wir im Beruf, in der Schule und in der Familie auch immer wieder brauchen, ist es das auflockernde Lachen, das das Leben lebenswert macht. Dazu gehört natürlich auch eine gewisse positive Grundgestimmtheit. Diese sich im herbstlichen November zu bewahren, ist mitunter nicht einfach, aber es ist nicht unmöglich. In diesem Sinne: Wer an allem immer nur das Schlechte sieht, ist natürlich nicht empfänglich, für die lustigen und fröhlichen Seiten im Leben. In diesem Sinne: Bewahren Sie sich ihren Humor und ihre Lebensfreude, und versuchen Sie heute, einmal andere damit anzustecken; das Leben ist nicht nur grau – und das Lachen ist eine Gabe Gottes! Bleiben Sie behütet!

23. November

„Ich war einfach zur falschen Zeit am falschen Ort!" Vielleicht haben Sie sich diesen Satz ab und zu gedacht – vor allem wenn ein blöder Zufall dafür gesorgt hat, dass Sie etwas verloren haben, dass Sie oder andere verletzt worden sind, dass etwas Schlimmes passiert ist. „Ich war einfach zur falschen Zeit am falschen Ort!" Ja, und wie sieht es jetzt aus? Sind Sie denn momentan am richtigen Ort? Oder haben Sie Zweifel? Tatsächlich kann uns überall und jederzeit etwas Schlimmes zustoßen. Wir haben keine Versicherung, dass wir heute Nacht wohlbehalten in unserem eigenen Bett liegen, vielleicht sogar noch die Hände falten und Gott für diesen Tag danken. Aber wir können uns gewiss sein, dass wir – egal wo wir auch sind – in Gottes gnädigen Händen sind. Und dann sind wir da, wo wir sind, immer am richtigen Ort. Dessen dürfen Sie gewiss sein: Ja, Sie sind dort, wo Sie jetzt gerade sind, am richtigen Ort! Denn Sie bleiben immer von Gott behütet!

24. November

Das zweite Mal binnen weniger Monate war ich auf einer Trauerfeier für einen Menschen, der aus der Kirche ausgetreten war. Da kam dann ein Trauerredner zu Wort, der die Hoffnung ansprach, die der Verstorbene mit dem Kauf eines neuen Autos verknüpft hatte, der vom Leben sprach, das sich wie ein Vogel in den Himmel verflüchtigt hat … und das letzte Wort hatten Andrea Bocelli und Sarah Brighton mit ihrer herzzerreißenden Schnulze „Time to say goodbye".

Es ist eine nie gekannte Sprachlosigkeit und Leere, die bleibt, wenn man im Angesicht des Todes nicht von dem reden kann, der von sich gesagt hat: „Ich bin die Auferstehung und das Leben. Wer an mich glaubt, wird leben, ob er gleich stirbt." ‚Nein!', denke ich mir da. Wenn es einmal soweit ist, dann will ich mich diesem Jesus Christus ganz in die Arme werfen in der festen Gewissheit, dass er seine Verheißungen wahr macht. Oder – wie es Philipp Spitta in einem wunderschönen und tröstlichen Kirchenlied ausdrückt: „Wo ist solch ein Herr zu finden, der, was Jesus tat, mir tut? Mich erkauft von Tod und Sünden mit dem eignen teuren Blut? Sollt' ich dem nicht angehören, der sein Leben für mich gab, sollt ich dem nicht Treue schwören, Treue bis in Tod und Grab?" In diesem Sinn: Bleiben Sie behütet!

25. November
Am 25. November 1844, wurde Carl Benz geboren. Der erste, 1885 von Benz konstruierte Kraftwagen ist heute im Deutschen Museum in München zu bewundern; für unsere schnelllebige Zeit viel zu langsam. Aber seine Entdeckung hat die Welt verändert. Wir merken es spätestens daran, wenn uns vor Augen geführt wird, wie viele Arbeitsplätze direkt oder indirekt von der Autoindustrie und dem Straßenverkehr abhängen. Heute fahren unsere Autos wesentlich schneller, als das damals von Carl Benz konstruierte – wenngleich sich das Prinzip kaum verändert hat. Die Schnelligkeit unserer Autos ist für mich ein Beispiel für die Schnelllebigkeit unseres Lebens.

Sollten wir nicht der Langsamkeit wieder mehr Respekt zollen? Wer schnell durchs Leben eilt, droht den Blick für das Wichtigste, seinen Nächsten zu verlieren. Wer sich Zeit nimmt und auch einmal Zeit verschenkt, wird bemerken, wie seine Lebensqualität steigt. In diesem Sinne: Lernen Sie, von Zeit zu Zeit zu entschleunigen. Und bleiben Sie behütet!

26. November

Ende November 1973 hatten wir in Deutschland infolge der damaligen Ölkrise den ersten autofreien Sonntag – viele unter uns werden sich daran noch erinnern. Damals erlebten wir eine drastische Einschränkung unserer Mobilität. Das Auto blieb in der Garage – und viele gingen auf der Autobahn spazieren. Für die einen war es ein Traum: kein Lärm, keine Hektik, keine Abgase – für die anderen war es ein Alptraum – zurückgeworfen in eine Zeit, die man längst hinter sich geglaubt hatte. Bis heute ist jene Ölkrise von 1973 ein Indiz dafür, dass es nicht immer weiter bergauf gehen kann. Und vielleicht, vielleicht hilft uns die Erinnerung an jene Zeit von 29 Jahren auch, dass wir uns selbst immer wieder in den Arm fallen, auf die eine oder andere Fahrt mit dem Auto verzichten. Vielleicht erinnert sie uns aber auch an die Endlichkeit der Ressourcen unserer Welt und damit auch an unsere eigene Endlichkeit. Auch unsere Kinder und Kindeskinder wollen noch hier leben und eine lebenswerte Umwelt vorfinden. Bleiben Sie behütet!

27. November

„Tue Gutes und rede darüber!" Dieser Anweisung folgen heutzutage viele. Es naht die Weihnachtszeit und damit auch die Zeit der Spendenshows. Mit höchstem Respekt lese ich bei diesen Shows die Laufschriften, auf denen die Namen der Spender und die Höhe ihrer Spende eingeblendet wird. Da kommt schon ganz schön was zusammen. Und wahrscheinlich würde nie und nimmer so viel gespendet werden, wenn die Fernsehsender nicht die Möglichkeit eröffnen würden, dass ich meinen Namen auch einmal durchs Bild laufen sehe.

Aber ganz ehrlich: Brauchen wir das wirklich? Brauchen wir es wirklich, dass die Öffentlichkeit sieht, was wir zu spenden imstande sind? Spenden Sie weiter für die Bedürftigen, aber reden Sie *nicht* darüber, hängen Sie das *nicht* an die große Glocke! Das haben Sie nicht nötig. Nicht ARD, ZDF, RTL oder SAT1, nein, Gott selbst wird es Ihnen vergelten. Er vergisst es nicht, wenn Sie sich den Armen und Benachteiligten zuwenden – dessen bin ich mir sicher. Bleiben Sie behütet!

28. November

Haben Sie einmal eine die Bambi-Verleihung gesehen? Das ist immer ein Schaulaufen der Schönen und Reichen auf dem Roten Teppich. Toll, da möchte man auch mal dazugehören. Wirklich? Ich bezweifle, dass es Gott interessiert, ob man zu den Schönen und Reichen gehört und ob man vielleicht auch noch irgendeinen Preis eingeheimst hat, der für Otto Normalverbraucher unerreichbar ist. Heute ist der 1. Advent, heute beginnt nicht nur ein neues Kirchenjahr, sondern auch die Vorbereitungszeit auf die Ankunft Jesu. Und dieser Jesus kam nicht auf die Erde in einer 500 qm-Villa mit Swimming-Pool, 5 Bädern und 7 Schlafzimmern, sondern in einer Krippe im Stall von Bethlehem. Was uns das sagt? Ganz einfach: Bei Gott sind andere Kategorien wichtig als bei der Bambi-Verleihung. Er ist ganz nah bei Ihnen, bei den Menschen, die die Schönen und Reichen gerne übersehen, die meinen, sie wären nichts wert, die vergessen werden. Ihnen gilt der Zuspruch Gottes ganz besonders: Sie bekommen zwar keinen Bambi, aber sie bekommen das Krippenkind – und das ist viel mehr wert. Möge Jesus in diesem Sinne bei Ihnen, in Ihrem Haus und in Ihrem Herzen einziehen. Bleiben Sie behütet!

29. November

Advent – der Herr kommt! Kommt er wirklich? In unsere heillose Welt? So viele Türen sind zugemauert, so viele Herzen sind verschlossen. Ich glaube, Jesus kommt nicht so wie Flut und Sturm, die Dämme brechen, auch nicht mit Heeresmacht, die alles niederwalzt, auch nicht mit verborgener Gewalt, welche die Seelen wehrlos macht. Ich glaube, er will lieber vor verschloss'nen Türen warten, ob wir vielleicht aus freien Stücken uns ihm öffnen, ob wir vielleicht von innen her die Steine aus der Mauer brechen und ihn willkommen heißen. Darum: trotz unseres Glaubens, dass der Erlöser durch verschlossene Tore gehen kann, ist es zu überlegen, ob wir die Tore und die Türen, zu denen wir die

Schlüssel haben, nicht endlich öffnen. Denn auch die Zeit des Wartens wird an ihre Ende kommen und was dann mit uns sein wird, wenn er gegangen ist, wissen wir nicht. Es ist Zeit: Macht die Herzen weit und die Türen in der Welt hoch! Bleiben Sie behütet!

30. November

Advent – Zeit der Ankunft. Die Adventszeit ist die Zeit der Vorbereitung und Erwartung. Kirchlich gesehen beginnt sie am 1. Advent – im Geschäftsleben ist sie jedoch schon ausgeweitet auf Mitte September. Von diesem Zeitpunkt an gibt es in den Läden Lebkuchen, Plätzchen und ähnliche Artikel, die auf die Adventszeit hinweisen. Viele Menschen bedauern diese Entwicklung. Auf diese knapp vier Wochen vor Weihnachten drängen sich die Erwartungen und Vorstellungen. Manches Versäumte muss im Advent noch schnell nachgeholt werden. Bis Weihnachten muss alles erledigt sein. Besuche, Feiern für alle Alters- und Sozialgruppen, Weihnachtsfeiern häufen sich in diesen Tagen.

Doch wer weiß es noch, dass die Adventszeit eigentlich die „stade", eine ruhige, stille Zeit im Kirchenjahr ist, eine Zeit der Besinnung und Einkehr, ja, dass die Adventszeit – allen Plätzchen und sonstigen Versuchungen zum Trotz eine Fastenzeit ist, die Zeit der Vorbereitung auf das Kommen Jesu. Nein, haben Sie das nicht gewusst? Es ist wirklich so. Früher haben sich die Christen nicht mit Plätzchenfuttern auf's Weihnachtsfest vorbereitet, sondern mit Fasten. Wenn Sie möchten, nehmen Sie sich in dieser Ad-

275

ventszeit auch immer wieder die Zeit, über die Frage nachzudenken: „Wie bereite ich mich selbst auf die Ankunft Jesu vor?" Bleiben Sie behütet!

Dezember

1. Dezember

Es ist eigentlich schade, dass man heutzutage fast nichts mehr in der Schule auswendig lernt. Und selbst wenn, dann speichern Schülerinnen und Schüler auswendig gelernte Lieder höchstens im Kurzzeitgedächtnis. Wirklich abgerufen und nachhaltig gelernt werden Lieder doch erst, wenn man sie immer wieder singt. Ich bedauere es immer wieder, wenn Menschen in den Gottesdienst kommen und mit dem Liedgut, das dort gepflegt wird, nichts anfangen können. Dabei kann die Musik das Herz öffnen – und sie kann es über das Singen eines Liedes sowohl durch die Melodie als auch durch den Text. Das können Sie gerade jetzt in der Adventszeit, besonders spüren, wenn in den Gottesdiensten Lieder gesungen werden wie: „Macht hoch die Tür, die Tor macht weit, es kommt der Herr der Herrlichkeit!" In diesem Sinne: „so kommt der König auch zu euch! Ja, Heil und Leben mit zugleich!" Amen, ja, Herr, komm auch zu uns! Bleiben Sie behütet!

2. Dezember

Kennen Sie Carlos Bacca? Der Kolumbianer hatte den letzten Strafstoß im Elfmeterschießen gegen England im Achtelfinale der Fußball-WM in Russland 2018 so schlecht geschossen, dass der englische Torwart Jordan Pickford ihn halten konnte. Es ist schon bitter, wenn die eigene Mannschaft wegen des eigenen Fehlschusses aus dem Turnier ausscheidet! Carlos Bacca kommentierte einen Tag später das Ganze auf Instagram folgendermaßen: „Es ist nicht das, was ich gewollt habe, doch ich glaube an Gott. Und heute akzeptiere ich Deinen Willen (…) Denn meine Stärke kommt von Dir." Der Stürmer vom spanischen Erstligisten FC Villareal dankte zugleich allen, die Kolumbiens Nationalelf unterstützt hätten. Auch für die Kritiker hatte er eine Botschaft: „Danke auch denen, die kritisieren, sie überlasse ich der Hand Gottes." Ob Gott wirklich wollte, dass Kolumbien gegen England ausscheidet, lasse ich dahingestellt, aber ich finde es beeindruckend, wenn ein Mensch das Gute, aber auch das weniger Gute, eine Niederlage, dankbar von Gott annehmen kann. Das macht das Leben leichter, weil man sich immer in Gottes Hand geborgen weiß. Bleiben Sie behütet!

3. Dezember

Jedem Menschen tut es gut, wenn ihm andere ihre Anerkennung aussprechen. Kinder benötigen Lob und Anerkennung ganz besonders. Wie aber ist es mit den Eltern? Woher bekommen die ihre Anerkennung? Normalerweise würde man sagen: Dadurch, dass aus den Kindern etwas wird. Wenn die Kinder ihren Eltern sagen: Ich bin glücklich, ich habe eine tolle Familie, ich habe eine berufliche Aufgabe, die mich erfüllt und möchte auch nirgendwo anders wohnen. Oft ist es aber so, dass Eltern ihre eigene Selbstachtung daraus ziehen, wenn die Kinder genau dasselbe machen wie sie – es kann ja gar nicht alles verkehrt gewesen sein damals. Wer so denkt, begibt sich auf einen Holzweg. Der libanesische Philosoph Khalil Gibran gibt zu Recht Eltern den Rat: Versucht nicht, eure Kinder euch gleich zu machen! Wichtig ist doch, dass unsere Kinder glücklich werden … das ist übrigens auch Gottes Wille. In diesem Sinne: Bleiben Sie behütet!

4. Dezember

Herzlichen Glückwunsch! Sie haben gewonnen! Ja, ganz ehrlich! Sie sind ein Siegertyp! Auch ohne den Millionengewinn bei Günther Jauch! Denn die Chance geboren zu werden, ist sehr viel kleiner als ein Sechser im Lotto. Sie wurden sorgfältig durch die Eizelle aus einem Pool von 300 Millionen Mitbewerbern ausgewählt. Ja, so war es tatsächlich: Kein einziger Mensch – nicht einmal ihre eigenen Eltern – haben genau SIE gewollt, es war ein anderer, der Sie ausgewählt und JA zu Ihnen gesagt hat: Gott selbst. Oder glauben Sie ernsthaft, dass Sie ein Produkt des Zufalls sind? Ja, auch das ist eine Glaubenssache – genauso wie die Überzeugung, dass Sie ausgewählt worden sind. Denken Sie an diesen Hauptgewinn in der Nacht Ihrer Zeugung. Und wenn Sie in diesem Leben noch einmal ein Vorstellungsgespräch haben und darauf hoffen, aus dem Kreis der Bewerber ausgewählt zu werden, sind das „Peanuts" dagegen! Sie sind das Ergebnis des besten Spermiums in jener Nacht. Was immer Sie aus diesem Hauptgewinn machen, es liegt an Ihnen – aber vielleicht gehen Sie heute ein bisschen mutiger durch diesen Tag, denn Sie sind ein Gewinner, so oder so. Bleiben Sie behütet!

5. Dezember

Ist Ihnen Barbara von Nikomedien ein Begriff? Sie lebte im dritten Jahrhundert in Kleinasien. Barbara wurde wegen ihrer Zuwendung zum Christentum und ihrer Taufe auf Betreiben ihres heidnischen Vaters inhaftiert. An ihrem Todestag, dem 4. Dezember, also dem gestrigen Tag, soll sie auf dem Weg zum Hinrichtungsplatz an einem Kirschzweig hängen geblieben sein. Diesen abgebrochenen Zweig soll ein dabei stehender Mitchrist aufgehoben und ins Wasser gestellt haben. Drei Wochen später – am Weihnachtstag – trug der Kirschzweig leuchtende Blüten. Für die Christenheit ist dies ein Zeichen dafür, dass das Leben siegen wird, dass – dem Tod zum Trotz – es einst eine Auferstehung gibt und dass Gott die Macht über den Tod hat. Probieren Sie es selbst aus! Ich verspreche Ihnen: Am Heiligen Abend – spätestens am 25. Dezember – blüht der am Barbaratag abgebrochene Kirschzweig in ihrer Vase. In diesem Sinne: Freuen Sie sich auf Weihnachten und auf die Auferstehung … und bleiben Sie behütet!

6. Dezember

Nikolaus! Der berühmte Bischof aus dem kleinasiatischen Ort Myra bewegt an diesem Tag besonders die kindlichen Gemüter. Mann, was hatte ich als kleiner Junge Angst, wenn der Nikolaus an die Haustür klopfte! Unvergessen ist auch sein goldenes Buch, aus dem er Unarten, aber auch gute Seiten vorlas. Wenn ich mir heute die Legenden durchlese, die sich um diesen christlichen Bischof ranken, dann stelle ich fest: Die Sache mit dem Goldenen Buch und das Verlesen von irgendwelchen im Grunde völlig unwichtigen Untaten, haben mit Nikolaus nichts zu tun. Er war ein Mann, der sich um die Bedürftigen in seiner Gemeinde gekümmert hat, der nicht nur Gottes Wort verkündigt hat, sondern auch – im Rahmen seiner Möglichkeiten – materiell und finanziell geholfen hat. Nikolaus von Myra war also weder ein Mann im roten Mantel mit roter Zipfelmütze, noch war er ein Mann mit einem erhobenen Zeigefinger, der die Kindererziehung übernehmen musste, wenn die Eltern das nicht so recht auf die Reihe kriegen – nein, er war einfach für die Bedürftigen in seiner Gemeinde da! In diesem Sinne ist er mir bis heute ein Vorbild. Bleiben Sie behütet!

7. Dezember

Bald ist Weihnachten. Das wird eine schöne Zeit. Man kann endlich einmal ein bisschen durchatmen – und sich auch mal beim Fernsehen erholen. Ein Weihnachtsklassiker ist seit vielen Jahren der Film „Kevin allein zuhaus". Eine ganz unscheinbare Szene aus diesem Film ist mir besonders in Erinnerung: Kevin geht abends kurz bevor er sein Heim gegen die Einbrecher verteidigt in die Kirche. Dort trifft er den stets finster dreinblickenden Nachbarn, der sich genau neben ihn setzt. Der alte Mann und der kleine Kevin kommen ins Gespräch. Hierbei fällt der Satz: „Man kommt immer hierher, wenn man mit sich nicht zufrieden ist." In der Tat: Immer, wenn etwas mit mir oder mit meinem Leben nicht stimmt, wenn ich ein Problem irgendwie nicht in den Griff zu bekommen scheine, frage ich nach Gott und suche auch mal seine Gegenwart in einer Kirche. Aber was ist, wenn's mir gut geht? Vielleicht wäre das auch ein Grund, in die Kirche zu gehen, ein Grund, einfach mal „danke" zu sagen, „danke, lieber Gott, für alles, was Du mir täglich schenkst!" Bleiben Sie behütet!

8. Dezember

So langsam neigt sich das Jahr dem Ende zu. Die Fernsehsender bringen ihre Jahresrückblicke. Ein fester Bestandteil dieser Rückblicke sind die Zusammenstellungen der Menschen, die im zu Ende gehenden Jahr verstorben sind. Die meisten sind einem ein Begriff. So ist das Leben, denkt man sich meistens … und der Tod gehört halt dazu. Aber der Tod eines berühmten Menschen hat mich im Jahr 2015 dann doch zumindest berührt: Pierre Brice. Winnetou war der Held meiner Jugend. Der Apachenhäuptling, der für den Frieden sogar auf seine große Liebe Ribanna verzichtete. Ich weiß nicht, ob es die Ideale waren, die Winnetou verkörperte, oder einfach die Tatsache, dass sich mit dem Tod von Pierre

Brice auch ein Teil meiner eigenen Jugend zu verabschieden schien. Wahrscheinlich von beidem etwas. Auf jeden Fall ist es gut, wenn sich mit den Jahren die Ideale, die wir in der Jugend gehabt haben, nicht ganz von uns verabschieden. Welche Ideale hatten Sie denn früher? Und haben Sie diese immer noch? Oder sind sie verschüttet gegangen in dem Einerlei von Alltag und Erholung vor dem Fernseher? Mögen wir nie ganz vergessen, wovon wir als Kinder geträumt haben! Bleiben Sie behütet!

9. Dezember

„Der Wohlstand ist der größte Feind des Glaubens und der Kirche!" Diesen Satz sagte mir vor vielen Jahren einmal ein Bekannter und ich habe diesen Satz auch nie vergessen. Ganz einfach, weil ich glaube, dass er wahr und unwahr zugleich ist. „Der Wohlstand ist der größte Feind des Glaubens". In der Tat: Wenn es uns gut geht, dann lassen wir doch alle gerne den Herrgott einen guten Mann sein und genießen das Leben in vollen Zügen. Ach ja, geht's uns gut! Aber wenn Not und Sorgen kommen, wenn Probleme drohen, die wir nicht beeinflussen können, dann suchen wir den himmlischen Beistand: „Herr Gott, hilf!" In der Bibel ist das seltsamerweise genau anders herum. Paulus fragt die Römer: Wisst ihr nicht, dass Gottes *Güte* euch zur Umkehr führt? Ja, es ist Gottes Zuwendung, das Schöne im Leben, das Glück und die Erfüllung, in all diesen schönen Dingen möchte Gott gefunden werden. Denn in diesen Dingen erfahren wir Gottes Güte, erfahren wir Gott selbst. Mögen Sie in heute ganz viele Erfahrungen der Güte Gottes machen können. Bleiben Sie behütet!

10. Dezember

Wundern Sie sich eigentlich noch über irgendetwas? Oder ist Ihnen alles, was Ihnen begegnet, geläufig, langweilig und letztes Endes uninteressant – nach dem Motto: ‚Ich hab's doch sowieso gewusst!' Wenn dies der Fall ist, dann ist das schade! Das Leben steckt doch nach wie vor voller Überraschungen. Manchmal liege ich abends im Bett, lassen den Tag vor meinem geistigen Auge Revue passieren und denke mir: Nie hätte ich damit gerechnet, dass mir dieses oder jenes heute passieren wird. Damit meine ich natürlich nicht nur positive Dinge. Kinder, deren Lebenserfahrung noch nicht so groß ist, haben die Fähigkeit, sich über Dinge zu wundern und dann auch zu freuen, die für uns Erwachsene selbstverständlich geworden sind. Sie sind mir in dieser Hinsicht immer wieder ein gutes Vorbild. Denn ich meine: Die Fähigkeit, zu staunen und sich zu wundern, ist das Wichtigste, was wir brauchen, um gute Christen zu werden. Oder was meinen Sie: warum sind so viele Physiker tiefgläubige Menschen? Sie wundern sich immer wieder über die Genialität der Schöpfung Gottes. In diesem Sinne: Verlernen Sie es nicht, sich heute über das zu wundern, was Ihnen begegnet. Es ist nicht selbstverständlich! Und bleiben Sie behütet!

11. Dezember

Kennen Sie noch Heinz Schenk, den Moderator der Unterhaltungssendung „Zum Blauen Bock"? Ich erinnere mich noch daran, dass meine Großeltern den „Blauen Bock" immer sehr gerne gesehen haben. Heinz Schenk war aber nicht nur Moderator, sondern auch Schauspieler und Songschreiber. Sein bekanntestes Lied, mit der er es im Jahr 1978 sogar bis in die ZDF-Hitparade geschafft hatte, hieß „Es ist alles nur geliehen". Als ich es neulich zufällig hörte, wurde ich sehr nachdenklich. In der Tat: Der Blick auf unser Leben und unsere Welt könnte sich ändern, wenn uns nur bewusst wäre: „Es ist alles nur geliehen!" Heute hätte Heinz Schenk Geburtstag; auch deshalb gebe ich ein paar Zeilen aus seinem Lied zu bedenken: „Man sieht tausend schöne Dinge und man wünscht sich dies und das, nur was gut ist und was teuer macht den Menschen heute Spaß. Jeder will noch mehr besitzen, zahlt er auch sehr viel dafür, keinem kann es etwas nützen, es bleibt alles einmal hier. Alle Güter dieser Erde, die das Schicksal dir verehrt, sind dir nur auf Zeit gegeben, und auf Dauer gar nichts wert." In diesem Sinne: Denken Sie doch heute einmal darüber nach, was in Ihrem Leben und darüber hinaus denn auf Dauer etwas wert sein könnte! Bleiben Sie behütet!

12. Dezember

Ich bin mir sicher, Sie haben in ihrem Umfeld auch Menschen, die Ihnen das Leben schwer machen. Aber heute – weil Adventszeit ist – stellen wir uns einmal vor, alle unsere Mitmenschen, unsere Nächsten, ja, auch diejenigen, die uns das Leben schwer machen sehnen sich – wie wir selbst – nach einer liebevollen Gemeinschaft, nach Verständnis und Unterstützung, nach einem aufmunternden Lächeln, einer liebevollen Geste und dem Gefühl „Ich bin hier nicht allein". Wenn es uns gelingt, anderen Menschen dieses Gefühl vermitteln zu können, dann lassen Sie uns heute damit anfangen! Es liegt zunächst an uns selbst, das Klima in der Familie oder am Arbeitsplatz, aber auch in unserer Stadt und unserem Land – sowie unser eigenes Innenklima zu verbessern. Wollen wir Anerkennung von anderen, dann lassen Sie uns anderen erst einmal Anerkennung schenken! Nur das, was wir selbst geben können, erhalten wir vom Leben zurück – und zwar um ein Vielfaches vermehrt. Bleiben Sie behütet!

13. Dezember

Es wird in Bayreuth nur wenige Haushalte geben, in denen kein Adventskranz steht oder hängt. Der evangelische Pfarrer Johann Hinrich Wichern hat ihn vor rund hundertsiebzig Jahren in Hamburg eingeführt. Eigentlich hatte er ursprünglich einen mit Tannenzweigen geschmücktes Wagenrad mit 24 Kerzen aufgehängt. Da dies aber für Otto Normalverbraucher zu teuer war, ging man dazu über, jede Woche eine neue Kerze anzuzünden.

Haben Sie schon einmal einer Kerze beim Brennen zugesehen? In der Adventszeit zünden wir ja nicht nur deshalb Kerzen an, weil wir damit die Dunkelheit vertreiben – dafür sind unsere Glühlampen und Neonröhren ja viel effektiver.

Nein, so eine Kerze hat schon einen besonderen Reiz. Sie gibt ein besonderes Licht ab und wird dabei immer kleiner, sie verzehrt sich vor Licht. In dieser Hinsicht ist so eine Kerze auch Zeichen für Jesus Christus, dessen Geburt wir an Weihnachten feiern. In ihm hat Gott seine Liebe zu uns Menschen gezeigt. Er hat uns nicht allein gelassen in all unserem Schlamassel, sondern hat unser Dasein auf sich genommen, hat sich verzehrt in Liebe zu uns. Das ist großartig und eigentlich unfassbar. Bleiben Sie behütet!

14. Dezember

In seinem autobiographischen Roman „Im Schatten des Lichts" schreibt Dr. Karl Würzburger – sein Vater Dr. Albert Würzburger ist der Namengeber unserer Dr.-Würzburger-Straße: „Es gibt Dinge, die einmal geredet, jedes weitere Wort ersticken. Stattdessen rühren sie Gedanken auf, die den Kopf zu sprengen drohen." In der Tat! Solche Worte gibt es. Ist so etwas Ihnen selbst schon einmal passiert? Dass Sie einen Satz gesagt haben, der anderen – auch wenn er vielleicht die Wahrheit war – unheimlich weh getan hat, der anderen fast den Kopf gesprengt hat? Nachher tut es einem vielleicht leid, aber auch die Bitte um Entschuldigung hilft dann oft kaum noch etwas. „Es gibt Dinge, die einmal geredet, jedes weitere Wort ersticken. Stattdessen rühren sie Gedanken auf, die den Kopf zu sprengen drohen." Wie wahr! Vielleicht passen wir in Zukunft noch ein bisschen mehr auf mit dem, was wir sagen – auch wenn wir meinen, es wäre die Wahrheit. Zuweilen ist eine freundliche kleine

Unwahrheit viel barmherziger als die nackte Wahrheit. Bleiben Sie behütet!

15. Dezember

„Ich glaube nicht an Gott, ich habe zu viel von der Welt gesehen!" Diesen Satz habe ich einmal gehört – und: ob Sie's glauben oder nicht: Er machte mich zornig! Wird dadurch doch nichts Anderes gesagt als: „Ihr dummen Christen! Euer Sinn für die Realität ist verstellt! Ihr habt keine Ahnung von der Welt!" Und ich frage mich: Ist das wirklich so? Oder ist es nicht vielmehr so, dass Christen ganz genau erkennen, wo es in der Welt hakt, wo etwas schiefläuft und warum wir so wenig dagegen unternehmen? Ja, Christen haben eine Vision von einer Welt, die anders ist als die vorfindliche, in der die Menschen einander achten und nicht übervorteilen, in der nicht jeder egoistisch auf das Seine blickt, sondern Rücksicht geübt wird, und Liebe. Gerade diese Vision von einer besseren Welt – Jesus hat sie „Reich Gottes" genannt – gibt Menschen immer wieder die Kraft, sich der Zerstörung entgegenzustellen ... auch in unseren Familien. Deshalb: Glauben Sie ruhig weiter an Gott! Und bleiben Sie behütet!

16. Dezember

Erinnern Sie sich noch an das Lied von DJ Ötzi „Ein Stern, der deinen Namen trägt", den er seiner großen Liebe schenken will und der in 1000 Jahren, wenn wir nicht mehr da sein werden, immer noch scheinen wird und dann immer noch der schönste von allen ist. Natürlich machte vor allem die eingängige Melodie dieses Lied zum Kassenschlager. Aber auch inhaltlich hat es mit Sicherheit den Nerv Vieler getroffen. Was bleibt, wenn ich einmal nicht mehr da bin? Was bleibt von mir übrig? DJ Ötzi schenkte seiner Liebsten einen Stern, der dann immer noch nach ihr benannt sein wird und der immer noch scheint. Aber im Ernst. Was bleibt? Haben Sie sich das schon einmal gefragt? Ganz ehrlich: Wissen tue ich das auch nicht. Aber ich brauche das auch gar nicht zu wissen, denn – wenn es einmal so weit ist – kann ich all das, alle meine Fragen und Sorgen hinüberwerfen zu Gott – wie ein Tau von einem Schiff ans Land. Er passt auf mich – und genauso auf Sie auf – jeden Tag ihres Lebens und darüber hinaus. Deshalb brauchen wir nicht unbedingt einen Stern, der unseren Namen trägt. Bleiben Sie behütet!

17. Dezember

„Die kleine Lisa sucht ihre Eltern! Bitte kommen Sie zum Center-Management im 1. Obergeschoß!" wie oft wird es in diesen Wochen vor Weihnachten eine solche oder ähnliche Durchsage geben. Kinder, die ihre Eltern im Gedränge verlieren, Eltern, die ihre Kinder im Geschubse verloren haben ... Gewiss, jeder will noch schnell dieses oder jenes besorgen, damit es ein schönes Fest wird – und für den Einzelhandel ist Weihnachten sowieso ein nicht zu unterschätzender Wirtschaftsfaktor.

Aber dass immer wieder der Kontakt zwischen Eltern und Kindern abreißt, ist nicht im Sinne des Erfinders. Es ist für mich auch ein bisschen ein Zeichen dafür, dass in dem ganzen Weihnachtstrubel die Menschlichkeit immer wieder auf der Strecke bleibt. Deshalb: bei all der wichtigen Vorbereitung für ein schönes und erfülltes Fest: Achten Sie aufeinander! Gerade vor und an Weihnachten sind viele Menschen besonders einsam, weil sie niemanden haben. Haben Sie ein Auge für die Menschen in ihrer familiären und nachbarschaftlichen Nähe. Damit es auch für diese ein gesegnetes Weihnachtsfest wird. Bleiben Sie behütet!

18. Dezember

In meiner Abiturklasse am Richard-Wagner-Gymnasium haben wir einmal darüber diskutiert, ob Gott in unsere Welt und in unser eigenes Leben helfend eingreift, oder ob er sich darauf beschränkt, uns Menschen bei unseren Schicksalsschlägen durch den Glauben allenfalls Kraft und Stabilität zu vermitteln. Sie werden sich vorstellen können, dass wir zu keinem abschließenden und allgemeingültigen Ergebnis gekommen sind. Es ist und bleibt eine Glaubensaussage, ob und wenn ja wie Gott auf unser kleines Leben Einfluss gewinnt. Es gibt Menschen, die sind fest davon überzeugt, dass Gott sie einen Weg führt gerade weil sie von schlimmen Schicksalsschlägen bisher verschont geblieben sind; und von solchen Menschen kann man Glauben auch lernen. Und es gibt wiederum Menschen, die verspüren gerade in den Katastrophen des Lebens, wenn der Ehepartner oder der Vater oder die Mutter stirbt, dass da jemand bei ihnen ist, aus dessen Hand sie nicht fallen, der sie stützt und dafür sorgt, dass sie nicht abstürzen.

Vielleicht kann man das eine vom anderen auch gar nicht trennen. Wichtig ist doch vor allem, dass wir immer wieder die Gewissheit bekommen, in diesem Leben nicht ganz auf uns alleine gestellt zu sein, sondern Gottes Hilfe immer wieder neu erfahren, in guten Begegnungen, in schönen, lustigen und ausgelassenen Stunden, aber auch und besonders im Leid und Schmerz. Mögen wir dieses Grundvertrauen nie verlieren. Bleiben Sie behütet!

19. Dezember

Ja, was meinen Sie? Hat Gott andere Maßstäbe bei unserer Beurteilung hat als wir selbst? Ich glaube, die Maßstäbe Gottes zu verstehen, fällt uns deshalb besonders schwer, weil er eben in der Tat total andere hat als wir in unserer Welt. Er fragt nicht nach Ihrem Leistungen, nicht nach Ihrem Aussehen und nicht einmal nach Ihrem Gutsein. Nein, das interessiert ihn nicht. Sie, liebe Zuhörerinnen und Zuhörer, sind Gott recht – so wie Sie sind. Er sieht ihr Menschsein und er weiß, dass Ihr Wert viel größer ist als Ihre Leistungen, die doch immer wieder zurückbleiben hinter dem, was Sie eigentlich wollen. Das heißt dann natürlich auch, dass wir vor Gott uns nicht auf unsere Leistungen zu berufen brauchen. Der evangelische Theologe Dietrich Bonhoeffer hat einmal gesagt: Es fällt Gott nicht leichter, mit unseren Sünden fertig zu werden, als mit unseren vermeintlichen Guttaten. Wir sind Gott recht – einfach so, weil wir „wir" sind. Und das ist allemal ein Grund, dankbar zu sein ... vielleicht gleich heute in Ihrem Abendgebet oder spätestens im Weihnachtsgottesdienst. Bleiben sie behütet!

20. Dezember

Always look on the bright sight of Life! Schau immer auf die strahlende Seite des Lebens! Wenn das 'mal so einfach wäre! So habe ich mir damals gedacht, als ich das Lied von Monty Python das erste Mal hörte. Immer auf die strahlende Seite des Lebens blicken! Das ist leichter gesungen als getan. Wir in unserer komplexen Gesellschaft müssen doch langfristig planen, und das heißt, wir machen uns auch Sorgen, ob der Plan auch so ausgeführt werden kann. Und wir tun dies, obwohl wir wissen: Sorgen belasten unseren Alltag, belasten unsere Beziehungen, unsere Familien, beeinträchtigen unser Leben. Die Sorge um irgendetwas oder irgendjemanden holt uns halt immer wieder ein. Und die Aufforderung, immer auf die Sonnenseite des Lebens zu blicken, erreicht uns dann kaum. Aber vielleicht hilft umso mehr der Blick zurück! Manches hat sich in unserem Leben zum Guten gefügt, auch wenn wir nie und nimmer damit gerechnet haben! Deshalb dürfen wir auch getrost in die Zukunft blicken, mit Gottes Hilfe, mit seinem Eingreifen für uns rechnen. Er hat uns früher immer wieder geholfen - er wird es auch in Zukunft tun. Sein Leben unter diesem Vorzeichen zu betrachten, ist Glaube. Ich wünsche Ihnen, dass Ihnen ihre Sorgen und Ängste nicht über den Kopf wachsen, sondern dass sie den Glauben und die Zuversicht finden, die ihnen helfen, ihr Leben zu meistern. Bleiben Sie behütet!

21. Dezember

Und Gott sah an alles, was er gemacht hatte, und siehe, es war sehr gut! So endet ein Schöpfungsbericht in der Bibel. Ja, es war sehr gut! Es war! Leider nicht sehr lange. Am Anfang heißt es so schön, der Mensch ist nach Gottes Bild geschaffen. Läßt sich Größeres vom Menschen sagen? Doch plötzlich ist der Wurm drin in dieser Geschichte vom Menschen. Da ist erst die Sache mit dem Apfel. Und eine Seite weiter schon der Mord. Kain erschlägt seinen Bruder Abel. Mensch, Kain, was machst du? Man könnte zur Tagesordnung übergehen, wenn es nur eine alte Geschichte wäre, eine Geschichte aus längst vergangenen Zeiten. Aber doch macht diese Geschichte uns bis heute noch zu schaffen. Gott hat den ersten Kain nach seinem Bruder gefragt. Er hat geantwortet: Soll ich meines Bruders Hüter sein? - Ja, Kain, das sollst du, so schreit es in mir. Du musst es sogar. Aber das Wort bleibt mir im Halse stecken. Ich weiß, ein kleiner Kain steckt auch in mir. Ich sage auch: Was geht mich das an? Oder: Es ist mir doch egal, wie es anderen geht. Und es gibt auch so etwas wie Wortkeulen, die töten können.

Ein Verhaltensforscher hat festgestellt: Eine Gesellschaft ist in höchster Gefahr, in der nicht mehr nach den Mitmenschen gefragt wird, in der immer wieder gesagt wird: „Soll ich meines Bruders Hüter sein?" Ich glaube, es ist vielfach die Angst, selbst zu kurz zu kommen, die uns unsere

Mitmenschen egal sein lässt. Kains Blut pulsiert auch in meinen Adern! Und doch: Auch Kain steht schließlich – so überliefert es die Bibel – unter einem besonderen Schutz Gottes. Gott sei Dank! Bleiben Sie behütet!

22. Dezember

Neulich hörte ich so mit halbem Ohr den Refrain eines Liedes im Radio. Dort hieß es „Gott muss ein Seemann sein!" So ein Blödsinn, habe ich mir spontan gedacht. Aber dann hörte ich weiter: „Keiner geht verloren, keiner geht verloren! Er lässt die Mannschaft nie allein! Gott muss ein Seemann sein!" In der Tat! In diesem Sinn glaube ich, ist das Bild sogar recht treffend. Gott lässt uns, seine Mannschaft tatsächlich nie allein! An Weihnachten kommt er von der Brücke sogar hinunter in den Mannschaftsraum und dann noch tiefer sogar in den Maschinenraum. So einen Kapitän kann man sich nur wünschen! Dann geht keiner verloren, auch sie nicht! Da bin ich mir sicher! Denn auch Sie bleiben ganz sicher behütet!

23. Dezember

Pithachóras! Haben Sie diesen Namen schon einmal gehört? Die griechische Austauschschülerin, die wir vor ein paar Jahren zu Gast hatten, sagte uns diesen Namen, als sie uns als Gastgeschenk einen seltsam geformten Becher überreichte. Es war der Becher des Pythagoras. Der griechische Philosoph und Mathematiker hatte einen geheimnisvollen Becher entworfen. Diesen sollten sich seine Studenten mit Wein füllen und dann austrinken. Das Geheimnisvolle an diesem

Becher besteht darin, dass er ausläuft, wenn man ihn mit zu viel Flüssigkeit befüllt. In der Tat läuft er dann komplett aus. Was Pythagoras damit seinen Studenten begreiflich machen will: Es kommt darauf an, Maß zu halten, nicht zu viel zu wollen, sich mit dem zufrieden zu geben, was uns geschenkt ist. Ach Mann, habe ich mir gedacht: Hätten doch bloß Adam und Eva im Paradies diesen Becher gehabt! Wäre der Becher zu Zeiten des Turmbaus zu Babel buchstäblich in aller Mund gewesen. Diese beiden biblischen Geschichten deuten an: Die Weltgeschichte wäre anders verlaufen, wenn die Menschen zum rechten Zeitpunkt einmal Maß, um nicht zu sagen: innegehalten hätten. Und wie ist es mit uns? Können wir auch einmal Maßhalten? Bleiben Sie behütet!

24. Dezember

Weihnachten! Endlich ist Weihnachten da, das Fest, an dem wir Christen feiern, dass Gott Mensch geworden ist: „Und Maria gebar ihren ersten Sohn und wickelte ihn in Windeln und legte ihn in eine Krippe, denn sie hatten sonst keinen Raum in der Herberge." An diese Sätze habe ich mich erinnert, als ich mich neulich mit einem Lehrer aus Rheinland-Pfalz unterhalten habe. Er unterrichtet an einer Mittelschule … in seiner Klasse sind – wie er selbst sagt – hauptsächlich lernschwache und verhaltensauffällige Schülerinnen und Schüler: „Meine Stunden sind immer wieder recht chaotisch, weil die Aufmerksamkeit der meisten bereits nach etwa zehn Minuten rapide abnimmt", meinte er. Aber dann fügte er hinzu: „Eine große Ausnahme hat es neulich gegeben. Denn er hatte die Mutter eines Schülers, die ein paar Wochen zuvor eine weitere Tochter bekommen hatte, in seinen Unterricht gebeten, damit sie den Schülerinnen und Schülern etwas über die Entbindung erzählen könne. Hierzu solle sie bitte auch ihr Baby mitbringen. „Das war eine ganz besondere Stunde!" erzählte er, „so viel Aufmerksamkeit und Disziplin hat es vorher nie gegeben. Es war die Gegenwart des Kleinkindes, durch die die Schüler geradezu verwandelt wurden." Ja, habe ich mir gedacht: Wie an Weihnachten! Lassen Sie sich doch im Geiste das Jesuskind in den Arm legen … ich bin mir sicher: Auch Sie werden dadurch verwandelt werden. Also, ich wundere mich nicht mehr, weshalb mir Gott in einem Kleinkind begegnet. Bleiben Sie behütet!

25. Dezember

Weihnachten – die geweihte Nacht, nun ist sie schon wieder vorbei! Aber ist uns überhaupt klar, was wir an Weihnachten feiern. Im Nordbayerischen Kurier fand ich vor Jahren einmal eine Umfrage, wie das Weihnachtsfest in den Familien denn gefeiert wird. Für die meisten ist es ein Fest, bei dem endlich mal die Familie wieder zusammen kommt, bei dem man gut isst und einander Geschenke macht. Im Grunde ist das nichts anderes als eine Art „winterliches Wohlfühlfest". Der Sinn von Weihnachten spielt vielfach keine Rolle mehr. Ein Weihnachtslied formuliert es treffend: „Gott wird Mensch, dir Mensch zugute! Gottes Kind, das verbindet sich mit unserm Blute!" Also, wenn das kein Grund zum Feiern ist: Gott bleibt nicht im Himmel, sondern er kommt auf die Erde, er wird einer von uns, weil er es am eigenen Leib kennenlernen möchte, wie wir uns fühlen, wie wir arbeiten, wie wir manchmal auch Angst haben, weinen, leiden und einst sterben. Und weil er in Jesus ein echter Mensch geworden ist, kann er bei uns sein ... in jeder Stunde, an jedem Tag! Welch ein Grund zur Freude, zur echten Weihnachtsfreude! Bleiben Sie behütet!

26. Dezember

Der 26. Dezember ist der Tag des ersten christlichen Märtyrers. In der Apostelgeschichte wird berichtet, wie Stephanus zum Diakon in der urchristlichen Gemeinde in Jerusalem gewählt wurde und kurz darauf von einer wütenden Volksmenge gesteinigt wurde. Wir Menschen in Deutschland mögen da denken: „Gott sei Dank sind diese Zeiten vorbei." Dem ist – weltweit gesehen – aber längst nicht so. Das Christentum ist die am meisten verfolgte Religion – über 200 Millionen Christinnen und Christen werden gegenwärtig benachteiligt und verfolgt (bis vor wenigen Jahren war das in einem Teil Deutschlands ja auch noch der Fall), ja, viele Christen werden mit dem Tod bedroht und sogar hingerichtet. Die Person des Stephanus erinnert mich an diese himmelschreiende Ungerechtigkeit und lässt mich fragen: Wie kann ich meinen verfolgten Schwestern und Brüdern im Glauben helfen? Haben Sie da Ideen? Bleiben Sie behütet!

27. Dezember

Haben oder Sein! So lautet der Titel eines Buches, das in meinem Bücherregal steht. Der Autor macht darin deutlich, dass es unser Problem ist, dass wir meinen, wenn wir möglichst viel besitzen, sind wir auch glücklich. Ist das so?

Gewiss, es ist schon entlastend, wenn man sich keine Sorgen darum machen muss, wie man in den folgenden Tagen seinen Lebensunterhalt bestreiten soll. Aber aufs Ganze gesehen sind reiche Leute nicht glücklicher als arme – eher im Gegenteil! Wer viel besitzt, kann auch viel verlieren! Wichtiger als das Besitzen ist in der Tat das Sein. Wie sind die Menschen, die mir jeden Tag begegnen? Wie sind sie so drauf? Was belastet eigentlich denjenigen, der zwar alles hat, aber zugleich mir mein Leben schwer zu machen versucht. Ist der glücklich? Glücklich zu sein ist in der Tat keine Frage des Besitzes, glücklich zu sein ist eine Frage der Lebenseinstellung! Ich bin der festen Überzeugung, dass es Gottes Schöpfungsziel war, glückliche Menschen zu erschaffen. Entdecken Sie das Glück in Ihrem Leben, dies ist auch Ihre göttliche Bestimmung! Bleiben Sie behütet!

28. Dezember

Am Jahresende ziehen viele Menschen Bilanz. Was war gut in diesem Jahr, was war weniger gut? Welche Rechnungen sind noch zu begleichen? Oder sollte ich besser fragen: Mit wem habe ich noch eine Rechnung offen? Wer hat mich in diesem Jahr betrogen? Und wie kann ich es ihm heimzahlen? Ja, es gibt wohl kaum einen

Menschen, der nicht schon einmal solche Gedanken in sich getragen hat. Dabei ist es uns gar nicht bewusst, dass Rache- und Vergeltungsgelüste uns selbst niederdrücken. Georg Schmalzing, der Reformator Bayreuths wurde über drei Jahre wegen seiner lutherischen Predigten in der Stadtkirche im Bamberger Hofgefängnis inhaftiert und kam im Februar 1530 nur deshalb frei, weil er Widerruf leistete und dabei versprach, sich nicht für das erlittene Unrecht rächen zu wollen. Er soll bei seiner Freilassung zum damaligen Bamberger Generalvikar Paul Neydecker gesagt haben, als dieser ihn noch einmal an sein Versprechen erinnerte: „Wenn ich auf Rache aus wäre, dann wäre das gerade so, als würde ich Gift schlucken und darauf warten, dass Ihr sterbt!" In diesem Sinne: Schlucken Sie kein Gift – sondern bleiben Sie behütet!

29. Dezember

„Wir stehen zu 100 % hinter unserem Trainer", sprach der Manager eines Bundesligaclubs … und drei Stunden später verkündete er dessen Rauswurf: „Nach reiflicher Überlegung sind wir zu dem Schluss gekommen, dass die sportliche Wende mit diesem Trainer nicht zu schaffen ist. Schweren Herzens müssen wir uns von ihm trennen." Auf seine Lüge wenige Stunden zuvor angesprochen, meinte der Manager kalt lächelnd: „Ach wissen Sie, ein bisschen Flunkern gehört doch dazu!"

Aber ganz ehrlich: Das ist kein Flunkern mehr. Da wird eine glatte Lüge verbreitet, und der Lügner hat dabei nicht einmal ein schlechtes

Gewissen. Was ist das für eine Gesellschaft, in der man sich auf das gegebene Wort nicht mehr verlassen kann? Im Fußball-Bundesliga-Geschäft wird man inzwischen hellhörig, wenn die Vereinsführung Treuebekenntnisse zum Trainer verkündet. Dann vermutet man – meistens zu Recht –, dass es bald wieder eine Entlassung geben wird. Ja, denke ich mir da, es ist schon klar, dass man nicht immer sagen muss, woran man denkt und was man im Sinn hat, aber Fußballmanager sollten wir uns nicht zum Vorbild nehmen. Sonst wiegt einmal unser eigenes Wort weniger als eine Feder! Oder – wie Jesus einmal gesagt hat –: „Eure Rede sei jaja oder nein, nein – alles andere ist vom Bösen!" Bleiben Sie behütet!

30. Dezember

„Glauben Sie an die Existenz von Engeln?" so fragte mich neulich völlig unvermittelt ein Schüler. Ich war etwas überrascht und meinte dann nachdenklich: „Ich *glaube* nicht an die Existenz von Engeln. Ich *weiß*, dass es sie gibt!" Im nachfolgenden Gespräch konnte ich dann meine Behauptung noch etwas deutlicher machen. Engel sind für mich Menschen, die an meiner Seite stehen, dich mich aus manchem Schlamassel herausholen, die mich retten, die mir verzeihen, die mich annehmen wie ich bin, ... meine Frau, meine Kinder, meine Familie, meine Freunde, meine Kollegen ... sie alle können Engel sein – ebenso wie jener gelbe Engel an der Autobahn, der vor Jahren mein mit einem Kupplungsschaden liegengebliebenes Auto abschleppte, meine Familie und mich mitnahm und uns einen Miet-

wagen überließ. Ja, glauben Sie es mir: Es sind
Engel unter uns – und vielleicht sind Sie selbst
heute auch einer. Bleiben Sie behütet!

31. Dezember

„Wonach du sehnlich ausgeschaut, es wurde
dir beschieden. Du triumphierst und jubelst laut:
Jetzt hab' ich endlich Frieden! Ach Freundchen,
rede nicht so wild, bezähme deine Zunge! Ein
jeder Wunsch, wenn er erfüllt, kriegt augenblicklich Junge!" Ja, vielleicht haben Sie das auch
schon an ihren Kindern oder früher an sich selbst
beobachtet. Kaum ist der eine oder andere
Wunsch an Weihnachten erfüllt, kommen neue
Wünsche. Das ist – finde ich – an sich auch gar
nichts Schlechtes, denn wer sich nichts mehr
wünscht, der erwartet nichts mehr vom Leben.
Kleinen Kindern fällt immer wieder etwas Neues
ein, was sie sich wünschen könnten, was sie
noch gerne zum Spielen hätten. Aber wie ist das
mit uns, den Älteren, denen, für die das Weihnachtsfest längst seinen Glanz von früher verloren hat? Haben wir eigentlich noch Wünsche,
Träume, Hoffnungen. Ein neues Jahr, das ist so
eine Möglichkeit, sich noch einmal bewusst zu
machen, was man noch für Erwartungen hat,
welche Hoffnungen in uns schlummern, welche
Träume wir haben. Nutzen wir den Beginn dieses
neuen Jahres, uns über unsere Wünsche und
Hoffnungen für uns selbst und unsere Mitmenschen klar zu werden! Überlegen wir Ziele, für
die es sich zu leben lohnt. Und dann könnte es
sein, dass auch für uns irgendwann mitten im
Neuen Jahr plötzlich ein Weihnachten vor der

Tür steht, ein Weihnachten, an dem uns ein Wunsch erfüllt oder an dem ein Ziel erreicht wird. In diesem Sinne wünsche ich Ihnen ein gesegnetes Neues Jahr.

.